元華文創

文化|傳播
實證與應用

Demonstration and application of cultural communication

在目前以傳播形定的資訊社會中，主流文化仍主導著大部分閱聽人的想法，
但如何在潛移默化中，讓大部分閱聽人可以受到媒體所影響，
此須透過一定的傳播技巧與方法，這才是文化傳播。

陳建安——

著

自 序

　　這是一本建安在近五年來所撰寫各種不同與文化傳播有關的期刊論文集結成書。當所有人都在寫關於網路傳播或者新媒體時，我卻認為，雖然網路與新媒體是目前最潮、最時尚、最應景，也是當下主流的領域，但，號稱內容為王的新聞傳播領域中，內容應該從哪邊來呢？又或者哪裡才有原創的內容呢？文化，是一切生活的總稱；而媒介又是建構生活最重要的工具。所以，文化應該是被媒介所建構而成，又或者說，我們時時刻刻透過媒介在傳播、散布文化。從廣義的文化傳播來說，就是透過媒介在散布各種生活裡的主流文化、大眾文化。這個道理應該簡單易懂，但，顯少人去關注文化傳播，反倒是去關注科技所帶來的各種新鮮、便利與進步。主要的原因在於文化是被動的，是被利用的；而科技與網路是主動的，是推波助瀾的。相比之下，透過科技因素進行傳播是可以在短期內達到效果，但是正因為尋求這種短平快，卻忘了文化才是內容為王的最大依據。

　　傳播本身是跨領域、跨時代、跨受眾，且最接近生活與潮流的一門科學。在傳播的不同種類中，從自身（內向傳播）到大眾傳播，最後則是跨文化傳播。為何把跨文化傳播放在最後呢？因為，跨文化傳播本身就不容易進行，並且不單僅透過大眾媒介傳播，還有更多細節、方法與步驟同時並進，所以，跨文化傳播不是一種理論，更多是一種實踐、方法與模式。跨文化傳播就是文化傳播。跨文化指的是不同種族，但文化是指不同族群，不管是不同膚色的種族，或者是同膚色的族群，為何需要傳播呢？因為透過信息、符號或者意念的交換、交流，以期待建構可以相互交集的共識或者共同性。這也是為何本書是不同領域結合文化傳

播所寫書的各種不同實證案例，透過這些案例來一一佐證文化傳播的強大與不易操作。

最後，文化傳播是必須融合內容、結合科技與整合傳播三合一的一種理論、一種模式。說起來容易，但做起來難。可以是透過自媒體發聲，提高個人知名度；也可以是透過標籤化把某城市形象進行符號化；更可以透過短視頻記錄某非遺的各種美好，傳承下一代；甚至可以是在最大公約數下的文化，拉近兩岸分峙前，曾經相似且接近的那一塊。這本書的出版僅是開始，文化傳播之於我，更多在於實踐與提醒。提醒自己身為新聞傳播人，在動態的社會下，透過所學去實踐各種跨領域，去記錄各種跨領域下的各種文化傳播。

感謝對我這本書付出的各位朋友，也感謝願意看我這本書的您！

陳建安

目　次

第一章 新媒體下文化傳播的定義與功能

一、文化傳播的界定

文化傳播（cultural communication），很多學者認定的定義，就是文化擴散（Cultural diffusion），是指文化從一個社會傳到另一個社會，從一區域傳到另一區域以及從一群體到另一群體的互動現象。因為文化是被動的，必須透過人類或媒介，由文化源地向外輻射傳播或由一個社會群體向另一群體的散布過程，所以，被稱之文化擴散。這個文化擴散，又分為直接傳播和間接傳播。直接傳播通常由具備文化（強勢文化）的人們，早期通過商隊、軍隊，現代透過媒介（電視、電影或者社交媒介）等途徑，直接傳播某種精神或物質方面的文化內容，例如：早期新的農藝技術和發明創造等，以及晚期的偶像劇、文創產品等；間接傳播，其實與直接傳播也有相關。間接傳播所表現出的是一種比較複雜的文化擴散力，主要指某一社會群體借用主流媒介或主流文化，或者該社會群體的生活型態，向外散布的一種刺激傳播，例如：美式生活、哈日、哈韓等。

基於上述說法，又有其他學者認定文化傳播是一種跨文化傳播。跨文化傳播，有人又稱之為國際傳播，所以，在英語翻譯可說是Intercultural Communication 或 cross-cultural communication。跨文化傳播是社會訊息的跨文化傳遞，或者是社會訊息系統的跨文化運行。是比較不同文化在各歷程的變遷，就是各種文化訊息在時間和空間中流動、

共用、互動溝通和建立不同文化中，人與人之間共存關係的文化交往過程。所以，綜合上述兩種定義，文化傳播，就是各人類生活過程中，各種食衣住行育樂、甚至包括宗教、信仰或者精神、道德等各種層面的訊息交換、形塑、重構與宣傳、散布的過程，就稱之為文化傳播。

　　文化傳播聚焦兩個核心，一是文化，二是傳播。過去在許多學術研究裡面，大部分文化傳播的研究學者們，大多在強調文化本質、文化內容或文化型態，但可能忽略傳播或工具的重要性。這原因可能在於研究文化傳播的學者們，多聚焦於與人類學、社會學、文化學或語言學等領域有關，但鮮少從文化如何被動形成？或該透過什麼途徑進行傳播？哪種方式對文化散布比較有效果？這點跟早期傳播研究的傾向是類似的，因為大多數人都認為，只有好內容，才會讓傳播產生效果；但殊不知，從加拿大多倫多學派學者麥克魯漢提出「媒介即資訊」開始[1]，內容似乎已經不重要，媒介或者傳播途徑，才是重點。麥克魯漢對傳播媒介在人類社會發展中的地位和作用的一種高度概括，其含義是：媒介本身才是真正有意義的訊息，即人類有了某種媒介才有可能從事與之相適應的傳播和其他社會活動，因此，從漫長的人類社會發展過程來看，真正有意義、有價值的訊息「不是各個時代的傳播內容，而是這個時代所使用的傳播工具的性質，它所開創的可能性及帶來的社會變革。

　　另外，人之所以為人的原因，是透過文化傳播途徑而成。傳播是人的天性亦是文化的本性，但正因為傳播是人類的天性，反而大家忽略它的重要性。文化傳播對人類來說，相當重要，不僅拓展了人類的文化時間和文化空間，從而也拓展了人類生命存在的時空形態。文化傳播可謂是文化研究之網的紐結，抓住了文化傳播，也就抓住了文化研究的關鍵。文化與傳播可說是互動和一體的，文化的傳播功能是文化的首要和

---

[1] 麥克盧漢、周憲、許鈞。理解媒介[M]。商務印書館，2000。

基本的功能，文化本身必須具有被形塑、被傳播的本質，文化才有其真正功能存在。換句話說，文化的各種對人類產生的功能，都是基於文化的傳播功能基礎上展開的。傳播是促進文化變革和創新的活性機制，一切文化都是在傳播的過程中得以生成和發展的。文化傳播產生於人類生存和發展的需要，且深度地捲入我們的日常生活之中，成為當代人類的主要生存方式和生存空間。

　　綜言之，文化傳播是人類特有的各種文化要素的傳遞擴散和遷移繼傳現象，是各種文化資源和文化訊息在時間和空間中的流變、共用、互動和重組，是人類生存符號化和社會化的過程，是傳播者的編碼和解讀者的解碼互動闡釋的過程，是主體間進行文化交往的創造性的精神活動[2]。進一步說，文化傳播在新媒體的發展下，給傳統文化傳播造成了不小的影響，既帶來了一些機遇，也造成了一些挑戰。打破了以往傳播方式的局限性，對內容模式進行創新，全方位的推動傳統文化在新媒體中的傳播。促進了多元文化的生成和發展，同時也加速了全球化進程。傳媒的世界化和世界的傳媒化是當今時代的一個顯著特徵。透過傳播認知文化、認知社會和人類自身，將成為人類認識史上的一場變革。

二、文化傳播的影響層面

　　文化傳播可影響層面，包括人、媒介與社會等三個因素。我們所處的時代是一個文化傳播的時代。20 世紀人類最大的改變是文化傳播對人類社會和人類生活的全面滲透。文化傳播作為人類存在和發展的表徵和特權，是人類認識世界和改造世界的軟武器和工具。文化傳播既改變

---

[2]　莊曉東。文化傳播論[J]。雲南藝術學院學報，2002。

了人類也改變了世界，人類的生存和發展一刻也離不開文化傳播。文化傳播無處不在、無時不有，深度地捲入我們的日常生活之中，包括：時尚、飲食，甚至說話的方式。我們可以說，文化傳播是人類生活的主要樣式，是人類社會最普遍、最重要、最深層和最複雜的現象之一。一個人的生活方式就是他的文化傳播方式，也可以說，一個人的文化傳播方式就是他的生活方式，誠如過去俗諺常說：風行草偃，或者身教、言教。這種說法也正如美國文化傳播學者威爾伯‧施拉姆（Wilbur Schramm）所言：「我們既不完全像神，也不完全像動物。我們的傳播行為證明我們完全是人。」[3]這就是文化傳播對個人（individual）的影響。

文化傳播也總是和人類生活的各個方面交織在一起，成為人與人之間、民族與民族之間、國家與國家之間必不可少的交往活動。英國學者特倫斯‧霍克斯（Terence Hawkes）認為，人在世界上的作用，最重要的是交流。當代人對社會生活的闡釋，當代人的文化實踐活動和文化創造活動都與傳播息息相關。[4]文化傳播成了當代人類的主要生存方式和生存空間。這個就是文化傳播對社會的影響。若再細論文化傳播對社會影響，其實就是從主流文化的形成、意見氣候形成或者從烏合之眾、腦中的圖像或者框架理論[5]等面向，可以說得更清楚。當文化結合商業，或者媒介工具時，透過媒介優勢去鋪陳，將所設定議題加以凸顯、宣傳，容易將所欲設定的議題轉換成主流議題；若在經過意見領袖、媒介報導數量，將媒介真實轉換成每個人的主觀真實，也就是形成每個人腦

3　威爾件‧施拉姆、威廉‧波特‧施拉姆，等。傳播學概論 第 2 版：[英文][M]。北京大學出版社，2007。

4　T‧霍克思。結構主義與符號學[M]。南方叢書出版社，1988。

5　框架是人們解釋外在真實世界的心理基模，用來做為瞭解、指認、以及界定行事經驗的基礎。框架一詞深受加拿大裔美籍社會學家厄文‧高夫曼（Erving Goffman）的影響，探討世界經驗的組織方式，就是理解社會事件時的基本參考架構。

中的圖畫。這種媒介真實就會形成客觀真實，也就是成為你我平常生活
中的「文化型態」。這樣的「文化型態」，就形成你我生活的社會。當
這些優勢或者主流文化在刻意去引導輿論或者文化型態時，也會因為不
同地區不同種族的差異，而逐漸形成文化霸權[6]，或者文化帝國主義。
這就是文化傳播更大層面的影響，也是跨文化傳播經常研究的重點與角
度。

　　傳播或者媒介，從正面角度來說，確實是促進文化變革和創新的活
性機制，畢竟有需求才會動力，而傳播與媒介是實踐需求的方式。文
化，不是一個凝固的實體，而是一個發展變動的過程，是一個「活」的
流體；文化不是「靜態」的而是「動態」的，這點與傳播「動態本質」
相關。所以，文化傳播不僅是一個理論，更是一個可被實踐的方法、工
具。因為，人類文化是一個不斷流動、演化著的生命過程，人類文化一
經產生就有一種向外「擴散」和「傳遞」的衝動，該如何擴散與傳遞，
就必須找到合適的方法與途徑。不同文化的差異性、社會性和符號性，
也使不同文化間的文化傳播「勢所必然」並成為可能。誠如傳播學者威
爾伯・施拉姆（Wilbur Schramm）稱文化傳播「是社會得以形成的工
具。」而人類學家愛德華・薩皮爾（Edward Sapir）更強調：「每一種
文化形式和每一社會行為的表現，都或明晰或含糊地涉及傳播，而這些
描述清楚說明文化傳播的可能性、普遍性以及在社會發展中的重要
性。」[7]更是證明文化傳播對個人與社會的影響甚大，而這個影響絕非
只是「效果」或者「使用與滿足」。

6　文化霸權是安東尼奧・葛蘭西所提出的哲學和社會學理論。它指的是：一個社會階層可
　　以通過操縱社會文化（信仰、解釋、認知、價值觀等），支配或統治整個多元文化社
　　會；統治階級的世界觀會被強制作為唯一的社會規範，並被認為是有利於全社會的普遍
　　有效的思想，但實際上只有統治階級受益。階級都要透過其知識分子在公民社會爭取到
　　知性與道德上的領導權。

7　愛德華・薩皮爾原著，閻紀宇譯。遮蔽的伊斯蘭[M]。臺北，立緒文化，2002。

　　同樣地，在新媒體時代，會不會因為新媒體特性，讓文化傳播對個人或者對社會影響層度降低？若從傳播角度去理解文化傳播的真正意涵與影響力時，也就是去討論或理解我們的日常文化和我們與世界的關係為何？我們如何理解周圍的世界？如何理解我們的社會？歷史上人們彼此是如何交往的？文化傳播的本質及其特徵何在？媒介變遷與社會發展和人類文明有何內在關聯？是媒介在控制人還是人在控制媒介？如何理解文化傳播的功能及其與人的全面發展的關係？如此等等。我們就不難理解，文化之於傳播，是不可分離的；任何時代的文化形成，都會相對應那個時代的傳播或者媒介。究竟是文化先於傳播存在，還是傳播先於文化存在，在文化傳播來說，根本是個偽命題。因為，隨時都有文化被傳播宣傳，也隨時有傳播去形成文化。如果，這是文化傳播的本質，那在新媒體時代，文化傳播的影響力可能更大、更深層。因為當每個閱聽人人手一支手機，當每個閱聽人都因為有自我選擇能力而忽略新媒體背後可能的陰謀時，每個人無時不刻被媒體所形塑，而這個社會也因為全面媒體化，導致目前的社會型態或者個人行為模式，早就被「傳播或者媒介形定」，這就更證明在新媒體時代，文化傳播的影響更深、更遠。新媒體碎片化、全面化的特性壟罩了整個社會，讓每個閱聽人不知不覺的被侵入當時主流文化傳播的思維與想法，最後形成迷因[8]現象，然後真正的真實就被眾人所忽略了。這點跟短視頻上有眾多相同內容短視頻的理由相同，也跟麥克魯漢所提及「媒介即信息」概念相同。而新媒體所依賴的傳播科技，讓這種強大的文化傳播無法被破解。

　　文化傳播何以可能？我們為什麼要研究它呢？畢竟傳播是人的天性，亦是文化的本性。文化傳播隨人類的產生而產生，隨著社會的發展

---

[8] 迷因類似作為遺傳因數的基因，為文化的遺傳因數，也經由複製（模仿）、變異與環境選擇的過程而演化。

而發展。文化傳播衝破各式各樣的社會藩籬，從時間和空間兩個維度展開，是歷時性和共時性的過程。文化的產生與發展、變遷與轉型、差異與衝突、整合與創新、生產與再生產，都與文化傳播緊密關聯。文化與傳播，或言文化與媒介、傳播科技的關係，誠如科技社會建構論者強調，人們如何控制、影響或使用科技去進行傳播。簡言之，人們或文化都是推動傳播科技的「馬」（horse）。不過，仍有部分科技決定論者則強調，科技或者傳播媒介如何影響人們的習俗、生活方式、關係，甚至理念。他們是將科技視為「馬」（horse），而文化則看作「馬車」（the cart）。上述說明文化與傳播間的關係，就是文化是嗎？還是傳播是馬？誰帶動誰發展呢？但是，大部分傳統的文化傳播的研究，似乎比較傾向文化決定了文化傳播的效果與方向；但在新媒體下的文化傳播，傳播科技似乎從馬車轉變成馬，文化只是在馬車上被覆蓋其中的內容，所以，在新媒體下的文化傳播，傳播技巧與傳播科技的占比，似乎變得更重要。

　　文化傳播是文化創新與發展的動力系統，在文化傳播活動中，人類對資訊的收集、選擇、加工和處理，處處都包含著人類的智慧，彰顯著人類文化的創新。因此，我們認為，文化傳播是人類特有的各種文化要素的傳遞擴散和遷移繼傳現象，是各種文化資源和文化資訊在時間和空間中的流變、共用、互動和重組，是人類生存符號化和社會化的過程，是傳播者的編碼和解讀者的解碼互動闡釋的過程。從當今的新媒體的傳播能力來說，新媒體的特性可以真正隨時實踐與推動各種文化傳播活動；而這種跨越種族與時空的傳播行為，就是文化和傳播技術的結合。換句話說，當我們談論文化傳播相關問題的時候，單純局限在文化是不夠的，因為在談論完以後進入實踐過程，首先面對的就是文化的傳播問題，面對如何使得文化更好地傳播，實現文化傳播後邊界的跨越問題。

所以，文化傳播焦點轉向傳播學領域，也有其必然的因素[9]。支撐「傳播」這個落腳點的，就是促使傳播學產生和引發其他領域強烈關注的，也是當前日新月異的大眾傳播媒介。如何從中探索大眾傳播媒介或者新媒體產生，文化傳播的作用，其實也是對新媒體下對文化傳播定義與功能的重構。

　　如何善用在新媒體下的文化傳播，是可結合傳統傳播理論中的議題設定、議題建構，甚至在訊息推出或傳播時，可善用不同的宣傳方式，例如：直播 KOL 帶領方向（意見領袖）、大量短視頻播出，或者融合影音組合方向，降低閱聽人認知門檻；並在新數字技術降低製作內容的成本下，多元地製作不同版本、不同受眾的內容，讓不同的閱聽人可以依照自己需求而有所感。文化傳播不需要有太高大上的內容，但必須很清楚地描繪出你的閱聽人或者受眾在哪裡？文化傳播不需要花大錢、做大事，而是每個細節、每個步驟中，巧妙利用新媒體的即時、個人與互動等特性，與閱聽人和受眾玩在一起，這樣的文化傳播，就容易被接受。所以，新媒體下的文化傳播，不只是理論，更是一種方法。

---

[9]　葉俊。跨文化傳中的"文化中心主義"障礙及其超越[J]。中國新聞傳播研究，2016，000(002):P.127-136。

第二章　文化傳播與宗教傳播

第一節　文化傳播對地方信仰保存的重要性初探
　　　　──以臺北保安宮為例

一、前言

　　真正的傳播效果，是具有積累的效果。文化傳播之於宗教，可被稱為信仰傳播。影響信仰傳播效果的三大理想要素，則是訊息（Messages）、模式（Model）與威權或者力量（Might）。[1]信仰傳播往往期待傳播受眾的心靈土壤有接受訊息的準備，因為，信仰或者文化，嚴格來說，很難直接傳播，直接傳播的是「信條」或者「教義」，是種形而上的傳播行為。所以，訊息的篩選、傳播的模式，以及透過何種方式塑造威權，就是效果的體現。就此基礎上，包括書籍（宗教出版品）與各種傳播媒介的使用，就成為傳遞意識形態之「信仰」的重要方法與載體。

　　臺灣地方寺廟分布的狀況與省籍、族群以及農業人口比例有關，而與教育人口多寡幾無任何關聯[2]。其中以釋迦牟尼、關聖帝君及玄天上帝的寺廟數以較高速率在增加，而神格較高的觀世音菩薩和媽祖呈現似

---

[1] 陳嬿如。信仰傳播效果的 3M 模式[J]，福建廈門大學學報哲學社會科學版。2011(1)。P118-125。

[2] 余光宏。臺灣地區民間宗教的發展：寺廟調查資料的分析[J]。臺北中央研究院民族學研究所集刊，1986(53)。

乎少有增減的穩定狀況。其次，王爺廟在相對的成長方面呈先盛後衰趨勢外，實際數目上也是增加得有限；而祖籍神方面（例如：保生大帝，是大陸漳州、泉州來臺灣移民所帶過來），增加的廟數有限，而相對的比例卻有大幅下降的態勢。一般而論，我們可以發現，在臺灣社會中，比較其有普世性的神佛（如釋迦牟尼、關聖帝君、玄天上帝、觀世音菩薩和媽祖）等，普受民眾崇拜，且維持歷久不衰的狀況。相對地，比較其有地方性的神祇則日趨衰微。

　　世俗化[3]是現代社會變遷極為重要的特質，更與臺灣地區宗教變遷密切關聯。對臺灣民眾而言，理性化更是導致臺灣宗教變遷的重要內涵之一。現代教育是理性化最具體的表現，也是促成現代人追尋理性化最基本也是最重要的動力。地方信仰發展至今仍舊具有濃厚的巫術性與非理性的成分，於是當民眾教育程度普遍提升，亦即理性程度愈來愈高時，地方信仰的發展就會遭到阻力。但是否每種地方信仰，是否誠如上述所言，因社會變遷中「世俗化」與「理性化」兩種因素而產生衰微呢？其實不然，普世性的釋迦牟尼、關聖帝君、玄天上帝、觀世音菩薩和媽祖，在臺灣現今社會仍保持歷久不衰。相對地，因閩南商人與移民傳入臺灣地區的保生大帝信仰，全盛時期遍布臺灣各區，包括：臺北、新北、桃園、臺中、嘉義、臺南與高雄等地，宮廟數量超過 300 多間[4]。可是，隨著上述宗教世俗化，以及社會理性化影響，地方信仰，包括保生大帝，信仰人口與宮廟數量逐漸遞減。

　　就臺灣地區而言，臺南市是保生大帝廟宇密度最高的區域，而臺南

---

[3]　世俗化（Secularization）是西方宗教社會學提出來的理論概念，主要用來形容宗教逐漸由在現實生活中無處不在的地位和深遠影響退縮到一個相對獨立的宗教領域裡，政治、經濟、文化等層面逐漸去除宗教色彩。德國社會學家韋伯（Max Weber）用除魅（disenchantment）來形容現代生活的理性化。

[4]　謝貴文。保生大帝的信仰研究與回顧分析[J]。嘉義，世界宗教學刊，2010(16)。

市學甲區慈濟宮更是臺灣保生大帝開基祖廟，也在 1977 年「尋根熱潮」的報導下，成為臺灣地區知名的旅遊景點。當時該廟宇的董事長周大圍先生，發起成立臺灣保生大帝聯誼會，促進兩岸保生大帝的團結和諧與文化交流，也為兩岸保生大帝的信仰奠定良好基礎。同樣地，臺南市研究保生大帝的學術論文與專文等，除數量較多以外，將保生大帝的廟宇分布數量、歷史源流、信仰模式與聚落發展等，均深入探討分析。

　　不過，相較於臺北市保安宮的轉型，似乎為祖籍神的地方信仰指出另一條路，從「地方寺廟」轉成「文化寺廟」。透過文化的包裝，例如：利用傳播媒介宣導保生大帝的理念，更透過其他權威機構，像 2003 年榮獲聯合國教科文組織亞太文化資產保存獎，或者教育體系，成立「保生民間宗教學院」，培養道學與宮廟人才，成功展現許多異於單純地方寺廟的文化內涵。這種「成功模式」，就是本文所討論，如何透過「文化傳播」、「信仰傳播」的方式，維持地方信仰的威權與傳統，進而保存祖籍神背後所代表的地方文化。

二、臺灣宗教與文化傳播

　　根據美國研究機構皮尤研究中心（Pew Research Center）提出的「宗教與公眾生活計畫報告」（Religion and Public Life Project），在全球宗教多樣性指數（Religion Diversity Index）最高區域中，臺灣名列第二。[5]位居第二的臺灣地區，最大的宗教族群是民間信仰，比例高達 45%，佛教則超過 20%的比例緊接在後，獨立宗教和其他宗教的比例在 13%-15%之間，基督教則大約占 7%。

5　宗教與公眾生活計畫報告。[EB/OL] [2014-04-16]。https://www.thenewslens.com/article/3235。

　　深究臺灣宗教對臺灣社會的影響，除信仰人口眾多、信仰多元化
之外，臺灣宗教之於臺灣社會來說，具有相當教化意義，而其中不難發
現，大部分的宗教，均習慣透過媒體力量，例如：電視、雜誌、出版品
或者弘法活動，進行教義傳布與教化人心[6]。輔仁大學沈孟湄[7]老師指
出，如何善用媒體以實踐信仰傳播，一直是各宗教致力的傳播目標。以
臺灣地區而言，從 1996 年解嚴，臺灣宗教管制政策與傳播法規鬆綁之
後[8]，宗教和媒體的互動關係甚至逐漸由「購買媒體」的買賣關係，轉
變由「經營媒體」的代理關係。傳播者從以前的宗教內部神職人員、信
徒，漸漸擴大到不具宗教承諾的媒體專業人士，例如：慈濟慈善事業基
金會（以下簡稱慈濟功德會）所經營的「大愛電視臺」，除部分屬於神
職人員與信徒外，大部分都屬於電視臺營運所需的專業人士。

　　宗教和大眾媒體互動後，衍生成媒體仲介的宗教（mediated
religion），導致宗教與媒體間範疇漸趨模糊。這種「媒體仲介的宗
教」，對外傳播訊息已不再限於宗教的範疇，而是進入一個製造文化論
述象徵的場域，涉及更為廣泛的社會文化整合發展[9]。簡言之，宗教傳
播之於受眾，不能局限在宗教實踐的狹隘角度，應該改由社會實踐多元
性，把宗教傳播延伸到「社會的意義」，這就是種「文化傳播」。所謂
「社會的意義」，就是主張以社會服務或者社會改革為主的，進而促使
社會穩定。因此，許多宗教在從事宗教傳播時，少提及信仰問題，主要

---

[6]　陳建安。宗教出版品傳播效果研究初探：以臺灣佛教雜誌為例[J]。臺北。臺北市立圖書
　　館館刊，2016(34)。

[7]　沈孟湄。從宗教與媒體互動檢視臺灣宗教傳播之發展[J]。臺北。新聞學研究，
　　2013(117)。

[8]　臺灣宗教傳播的發展沿革，主要是分為三期，分別是「明鄭、清領、日據時期」（宗教
　　伴隨殖民地勢力而生）、「戒嚴時期」（宗教傳播進入廣播電視媒體）與「解嚴後」
　　（宗教投入媒體經營）等三個時期。

[9]　同注 6。

強調人道關懷與社會參與，這似乎就是臺北市保安宮目前所建立的「文化寺廟」。而宗教的社會穩定功能具體表現在兩個方面，其一，通過一系列動作與措施，在信徒內部對共同的宗教理念進行了建構，使信眾緊密團結在宗教（組織）理念的周圍，約束和規範其行為，使之符合宗教理念的要求；其二，通過媒體的擴張，使自身宗教理念與當代社會主流價值觀相融合，努力維護當代社會的集體無意識，影響非信眾的心理和行為，使之有利於社會系統的穩定運行。而透過媒體擴張的手段，就是文化傳播的手段之一。

　　文化傳播之於宗教「信仰傳播」，誠如上面內文所提，應有三階段，或言須滿足三因素，方能達到信仰傳播的真正效果。第一是「訊息」（messages），也就是內容（content），或者從行銷角度來看，就是故事（story）。信仰，傳遞的是概念、認知，是該宗教最深層的意涵。但對地方宗教而言，因省籍、種族與語言等因素，往往說故事過程，無需太多高深道理與教義，同文同種與家鄉概念，讓地方信仰進入門檻較低，容易讓受眾接受。所以早期臺灣農村社會，祖籍神明的數量成長比較快、比較多元。加上第二是「模式」（model），以信仰來說，就是祭祀、儀典等。每種宗教信仰都會有模式，而地方宗教更是。例如：臺南市學甲慈濟宮的香陣結構，其中還包含黃牛作報馬、後社蜈蚣陣與傳統性藝閣等，這就是存在保生大帝信仰裡面的模式。每種模式舉辦，主要期待透過行為（各式祭典活動）、態度（團體組織氛圍）強化對該信仰的認知（教義與意識形態）。

　　第三則是威權或者信仰力量（might），這點往往被忽略。媒介具有強大的動員力量，例如：舉辦某項祭典活動需要有信徒參與時，宗教會透過媒介對外宣傳。但是，若非受眾對該信仰有強大的認同感，往往一次兩次參與以後，會因為現實因素，例如：時間分配、家庭或者工作安排等衝突，導致會慢慢退出該地方宗教的各種活動，除非在特定時

間、特定人物的影響下，會強迫自己參加。這結果跟上述文章所提到的理性化有關，也跟該宗教並沒有建立自身的威權或者力量有關。當受眾教育程度提高，宗教裡的神話與非理性，慢慢會淡出受眾的選擇因素，取而代之的是，該宗教是否與自身生活有密切的關聯？或在哪部分，該宗教或該寺廟是屬於值得去保存或者跟別人不一樣的？例如：臺北保安宮每月的祭改，其流程與程序相當標準與科學，讓一般老百姓清楚與簡單知道如何去操作？不會影響它們既有的生活；另外，保安宮榮獲聯合國教科文組織亞太文化資產保存獎、或者臺南市學甲慈濟宮獲得臺灣知名旅遊勝地等，都是在建立威權。當威權建立之後，這個地方宗教就會有受眾，有了受眾無形就會產生信仰力量。不過，要達到第三點的效果是比較難的，正因如此，也被慢慢忽略。

三、文化傳播的實踐方法：從人到媒體

提到威權，若以政治學的定義，可分成威權鞏固、威權擴散與威權輸出等三種。其中，威權擴散指的是威權體制與價值的擴散。借用在信仰或者文化傳播來說，威權體制的建立，就是訊息與模式的建立，更明確來講，就是神明傳說與科儀典禮的傳播；而威權價值的擴散，就是信仰力量的擴大與影響。國外學者 Ambrosio[10] 提出「適當性」（appropriateness）與「有效性」（effectiveness）兩種主要機制來勾勒出威權的擴散架構（framework）；適當性是指當威權的正當性（legitimacy）越高，威權的規範與實踐也就越容易散布；此外，有效性則是當威權所展現的實力越強大，就會引起越來越多的人或者信眾跟

---

[10] Levitsky, Steven & Lucan A. Way. Competitive Authoritarianism: Hybrid Regimes after the Cold War[M]. New York, NY: Cambridge University Press,2010.

著學習。

　　若將上述定義落實具體，威權其實愈簡單愈有效。愈簡單愈容易接近，姑且不論是真實接觸或者想像；因為愈容易接近，影響力愈大就愈有傳播效果。若舉臺灣地區宜蘭縣本身的定位來說，很多人認為宜蘭縣是文化大縣，但什麼是文化？宜蘭縣認為「幸福」就是文化。而幸福是什麼？幸福就是有感覺。因為文化太虛無飄渺，但是幸福似乎更容易貼近民眾。所以，以宜蘭縣政府立場，就是打造一座幸福的城市，例如：建立免費旅遊巴士、到處設立公園與觀光景點。當民眾發現自己假日有地方去，又不須花大錢；又聽到所有親朋好友都喜歡來宜蘭。從感官到心靈都滿足，這就是有感。當民眾有感之後，就會相信宜蘭就是幸福城市，就是文化城市，那在進行文化保存時，不僅師出有名，更是事半功倍。再舉另外一個信仰傳播的例子，例如：觀世音菩薩等於救苦救難，這是多麼簡單的道理；而桃園三結義裡面的關羽、關聖帝君，又是以「正氣」、「義氣」兩種威權來建立其神格，這點也是威權建立最典型的例子。

　　那文化傳播或者信仰傳播該如何建立威權呢？首先必須定義什麼是文化傳播？文化傳播不是一個束之高閣的理論，而是一種媒介運用方式或者一種媒介行銷組合。媒介指的是任何形式的媒介，也就是廣義的媒介定義，可能是一個人，像美國選舉過程中的候選人造神運動（形象塑立）；或者某種儀式，例如：每年九月分山東曲阜的祭孔大典，強調尊師重道；或更像某些產品的組合廣告，在在都指出文化傳播適用於不同主題的重要佐證。

　　同時，就學理範圍來說，適合套用在文化傳播的理論基礎，也並非指單一理論。例如：當許多人相信媒介具有動員能力，更具有凝聚共識功能，也期待運用媒介塑造一個屬於傳播者所掌控的虛擬真實與美好文化。而這種期待似乎只要時間一久了，似乎就會美夢成真。但事實卻

是，這種期待，時間一長了，結果似乎與想像不太一樣。為什麼呢？是文化傳播失去效果了嗎？其實不然，只是執行者並沒有深入理解文化傳播真正內涵與作用，更不清楚在執行過程中，還有時間、環境等仲介因素的影響，導致在執行過程中，流於上層的自我感覺良好，並無實際的效果存在。

若深入談傳播效果大小時，可從媒介影響閱聽人（受眾）的程度切入。閱聽人本身的認知、態度與行為，是直接影響閱聽人的外在的效果表現；認知，就是用來內化、結構、合理化事件的模型或小系統；態度，就是對某件事情的情感傾向。態度，是比較容易理解的媒介效果，因為態度可以直接影響行為，但是因為時間變長之後，會因為搞亂來源與資訊間的關係，而產生睡眠效果[11]，把資訊欲達成的目的張冠李戴；相對地，若是可以讓受眾的態度轉變成認知，形成自我對外在世界某種固定評量標準，這就是心像理論[12]，也是傳播效果最高價值，更是文化傳播期待達成的目標。

許多透過文化傳播形式去建構理念或者去保存某些文化傳統過程中，初期都比較順利，因為透過大量資訊與故事的組合，讓受眾基礎的態度與情緒容易滿足，甚至利用每些儀式或者活動，吸引大量受種接觸。可是，當文化傳播方法執行到後面，可能是人為忽略，或對整體環境回饋訊息搜集不全，更或是忽略態度轉換認知過程中可能需要的投入資訊量的大小判斷錯誤，臨門一腳往往錯失目標，進而讓文化傳播功虧

---

[11] 睡眠效應是指在信源可信性下的傳播效果會隨時間的推移而發生改變的現象。也就是說，傳播結束一段時間後，高可信性信源帶來的正效果在下降，而低可信性信源帶來的負效果卻朝向正效果轉化。

[12] 美國新聞學者、社會心理學家李普曼（Lippmann），於1922年《民意》一書中提到，他認為大多閱聽者無形中會受到傳媒之影響，並最早提出心像理論者，認為受播者因外在環境所塑造的心像，往往是長期累積的結果，而接收的訊息則足以影響人們腦海中的影像，這種現象被稱為塑型作用（Stereotyping）或者心像理論（mental images）。

一簣，而這點跟地方信仰初期信眾頗多，但隨著時間演變卻慢慢消失，其道理是完全一致的。

其實，文化傳播於媒介運用過程時，光共識建立就是一門學問。例如：一條老街改造之前，就必須讓先當地居民與改造團隊建立共識。初期在大量美好且簡單的訊息鋪陳下，當地居民很容易在態度傾向，但一旦改造過程成產生噪音，當共識無法塑立其威權時，就容易被推翻，或者陽奉陰違。何謂「威權」？其實就是種力量，更是種生活的目標[13]。這種目標就應該被包裝成偉大的期待，例如：再生紙運用，就是救地球。其實再生紙的目標是希望少砍一棵樹，對地球植被的一種保護。但是，若冠上更高的目標，並加以宣傳包裝，其威權就會被建立，每個人都會力量去拒絕浪費紙張，去使用再生紙。這種帶點麻醉效果的方式，就是文化傳播終極手段，透過威權，讓受眾容易記住，並把資訊內容昇華到道德與人類未來層面。而達到這種效果，仍有許多技巧性需要被突破，例如：訊息數量與內容型態、媒介出現時間點與注意受眾回饋等，也是很重要的；甚至如何突破時間產生的質變，更是許多文化傳播遇到的重要瓶頸之一。

西方研究明星學的莫杭（Edgar Morin）曾以社會學取徑出發，發現偶像和粉絲之間並不只有「明星產業」中利益價值的交換，粉絲更希望透過任何能和偶像互動的管道（如書信、粉絲俱樂部見面會等），展現出自己的慾望認同；而這些明星的出現，是為了反映每個人在生活中會遭遇的問題，也就是每個人對於生命的追尋。[14]明星，是文化的產物，文化是社會的伴生物，它包括表現的符號（形式）和思想價值（內容）兩種。符號是指專門人士、或者傳播者書寫（各種著作）、圖畫，

---

[13] 同注 1。

[14] 艾德嘉‧莫杭著。鄭淑玲譯。大明星：欲望、迷戀、現代神話[M]。臺北：群學，2012。

也指一切可以被認知為符號的活動和人造物（如儀式、陳設、建築物）[15]。思想價值，其實就是本文所提的威權、信仰力量。誠如明星學上面所提，粉絲與明星間不單僅有利益價值的交換，更希望反映每個人對於生命的追尋。同樣地，初期的信眾在接觸地方神明時，除了感受宮廟裡面屬於形而上的符號、圖畫或者儀式外，更希望透過與神明的交流，得到信仰的力量。

雖然很多寺廟都擁有「聖顯」（hierophany）[16]，誠如芝加哥宗教學派耶立阿得（Mircea Eliade）認為，某些東西之所以會被人們賦予神性，乃因它自己顯現它的「不同凡響」，例如：神跡或者聖籤。但是，宮廟為求神秘感，給予的指標過於玄幻、崇高，而不是落入凡塵的仙女，信眾經過幾次的不理解之後，漸漸失去信心與興趣，再加上同業競爭（例如：媽祖、觀世音菩薩等），許多地方性或者祖籍性的信仰神明，就失去其信眾。

文化傳播，指的是一定主體或者服務，通過言語或姿勢、表情、圖像、文字等符號系統，傳遞或交流知識、意見、情感、願望等資訊，並使一定受眾受到影響的過程。簡言之，文化傳播，更像是一種潛移默化的過程，讓普羅大眾於不知不覺中被同化或者被麻醉。文化傳播定義隨著時代而改變，已不是單指某文明擴散到其他地區這種狹隘的說法。在當今社會裡，更精准的表述是，文化傳播是指各種文化保存過程中，如何建立共識的一種手段。它傳播的範圍可能是針對某群體、某聚落，也可能是全人類。傳播行為本來就具備「動態」本質，沒有正確與否？只有適用與好用的標準。若單就文化傳播執行過程的方法進行論述，可發

---

[15] 王立陽。文化的生成——保生大帝信俗的個案研究[J]。大陸：西南民族大學學報（人文哲社版），2012(6)，P55-59。

[16] Eliade, Mircea, The Sacred and the Profane: The Nature of Religion.[M]. New York: Harper & Brothers, 1961, P.11.

現文化傳播的方式與執行步驟，比較符合社會學與教育學所重視的多層模型研究方式。這種多層模型（Multilevel Models），主要在試圖解決上述兩者不同數據長久存在的鴻溝。在應用上，總體層次著重於社會系絡的解釋效果，個體層次則關注以個人背景、心理特質與認知的解釋途徑，兩者皆具一定理論背景，但在分析單位的相異下，結合兩者不同性質數據的分析結果，往往會得到意想不到的結果。多層模型原本被使用在政治學領域，逐漸被廣泛應用在其他領域，其重點在於利用個人調查基礎上，去分析總體效果的探索[17]。

　　為何信仰傳播或者文化傳播常常「事倍功半」、「效果不彰」呢？上文已經提及，可能是方法錯誤，加上對於總體環境判斷不夠精准。方法錯誤在於之前研究文化傳播時的立論基礎過於單一，從單面向深入各種變因之可能，或者刻意強調控制變項，以求研究與調查的不可確定性降低；對總體環境判斷不夠精准，則太過於相信宗教形成時的背景因素，例如：香火圈或者祭祀圈的概念，殊不知在大環境與教育普及、媒介宣傳等不同效果影響，信仰早已經不單純，不再是單純對偶像的心靈寄託或者反映宗族、祖地的情感，更涉入許多考慮，例如：信仰之間的對比，或者信眾考慮自己的投資報酬率等。我們必須清楚，在數字科技進步的環境裡，大數據都已經成為分析的方法之一，而借用政治領域的多層模型方法，這種結合多種變因與環境因素，所建立的新分析模式，應該適合動態效果研究的文化傳播理論。畢竟文化傳播理論在執行過程中，也是同樣注意時間演變，利用多元媒介組合，重視各種回饋（人或者組織）與環境（社會與國家）變因，這也是種個體與總體合併的多層模式研究法。

---

[17] 黃信豪。多層模型於選民投票行為研究的應用：以 2004 年總統選舉為例[J]。臺灣：東吳政治學報，2005(21)，P161-201。

四、個案：臺北市保安宮：與時俱進的造神運動

宗教是一種信仰文化，它用不同方式對生命和世界作出詮釋，對人類具有啟迪、安慰、寄情作用，並給現實人生一個溫暖安定的精神家園。精神性文化內容是宗教的核心，但惟有這些根本性的精神物態化，及可被信眾所體驗或檢驗評估，這才是宗教文化永續發展的一種指標。宗教文化發展的評價緯度必須以信仰性文化精神實現為主，以及合乎消費主義背景下個體對身心和諧的終極追求，也是為解除現代人普遍存在的精神焦慮、文化失落和信仰空虛[18]。以往宗教主要精神方向就是止惡為善、重視積德和道德教化，但在網路發達、資訊傳遞快速的現在，宗教文化所扮演角色不僅止於此，除了教化，更須重視如何解決精神焦慮、文化失落與信仰空虛的問題。這些問題與傳統宗教信仰裡的精神性內容（教義），並不違背，反倒是替地方信仰找出一條新的道路，讓傳統宗教可以永續發展。

以臺灣為例，許多神明最初都屬於族姓私佛，後因展現有益於地方的神跡，而成為地方共同的信仰。最普遍的是由大陸或臺灣其他廟宇分香者，這些神明常會選擇在風水寶地建廟，象徵與地方居民成為「命運共同體」，也常與祖廟保持連結，一層層擴展「地方」的範圍，這就是香火圈。就神跡展現而言，神明成為地方的守護神後，除維護居民日常生活的平安外，也會在重大事件中帶領地方度過危機，這不僅表現出人神之間親密的關係，也可看到神明靈力「聖顯」的過程。此外，廟宇不僅能使同姓連結更加深化，也能包容少數外姓居民，使地方凝聚成一個共同體，形成祭祀圈。祭祀圈會因聚落分合、行政區劃或信眾意見而有

---

18 高宏存。市場化對位與宗教文化價值錯位[J]。大陸。福建論壇人文社會科學，2011(4)，
  P56-59。

所變動，且以縮小、分裂者居多。現今祭祀圈之丁口錢、頭家爐主等指標雖已淡化，但仍可從收契子、選舉制度與社區公益服務等，看見民間信仰的地域性，以及神明與地方的緊密關係，這種關係並擴及至旅外鄉親[19]。

保生大帝崇拜在臺灣的發端，具有多方面的因素，福建移民在艱難困苦中萌發的對原鄉神明的認同和依戀是一個重要的因素。這種認同和依戀建立在現實需要的基礎上，即崇拜保生大帝能夠護佑平安，實現安居樂業，這對於在早期臺灣的惡劣自然條件下求生存和發展的移民而言尤為重要。保生大帝宮廟擴增的過程，正是閩南移民開發臺灣路線的歷史反映，難怪保生大帝在臺灣還被尊號為「開臺大道公」，因為他與漳、泉移民相伴相隨，是早期入臺的閩南人披荊斬棘、開拓新家園的精神支柱。[20]任何一個民族或地域的宗教，都是該民族或地域的一種信念和實踐的完整體系。保生大帝崇拜的傳播與發展，恰恰說明福建與臺灣同屬一個「信念和實踐的完整體系」，這樣的發展，也正符合上文所提及的香火圈與祭祀圈兩種概念，換句話說，保生大帝的的確確是兩地同胞的共同文化財富，其在閩臺關係史上占有重要的位置[21]。

保生大帝的信仰在臺灣發展，似乎快接近三百年時間，在許多祖籍神的地方信仰中，可說是一枝獨秀。但以管理學角度來說，企業為配合長期經營就必須要轉型，轉型目的在於找出新的營運方向、模式，並重新塑競爭優勢、提升社會價值，達到新的企業形態的過程。這點對信仰傳播而言，就是除重視信眾培養外，更注意環境與社會回饋，訂出不同階段的信仰模式與內容，讓信眾在信仰保生大帝時，會獲得更多其他方

---

[19] 謝貴文。論神明與地方關係的建立與發展:以高雄地區的保生大帝信仰為例[J]。臺灣。高雄文獻，2013(3-2)，P35-66。

[20] 林國平、彭文宇。福建民間信仰[M]。大陸：福建人民出版社，1993，P353-355。

[21] 廈門吳真人研究會編。吳真人與道教文化[M]。大陸：廈門大學出版社，1993，P99

面的滿足，進而讓此種信仰文化永續發展。而臺北市保安宮的轉型，從「地方寺廟」轉成「文化寺廟」，似乎為祖籍神的地方信仰指出另一條可能的路，透過文化包裝，或者教育體系，或者社會公益，展現許多異於單純地方寺廟的文化內涵。這種「成功模式」，就是透過「文化傳播」的仔細安排，合理且恰如其分的維持地方信仰的威權與傳統，進而保存祖籍神背後所代表的地方文化。這種現象，可以是種與時俱進的真正的造神運動。

臺北市保安宮，又稱大龍峒保安宮，位於臺北市大同區哈密街六十一號，俗稱「大浪泵宮」或「大道公廟」，為臺灣的二級古蹟。在清朝與艋舺龍山寺、清水岩祖師廟有臺北三大寺廟之稱。保安宮的創建，相傳是清乾隆七年（1742 年），由渡海來臺的福建同安人來到大浪泵拓墾後，返回故里福建泉州府同安縣白礁鄉慈濟宮，將守護神——保生大帝，乞靈分火至大龍峒，名為「保安宮」，寓有保佑同安人之意。發展至今超過兩百多年的臺北保安宮，在現任保安宮董事長廖武治先生與保安宮執事們的努力下，已經成功打造地方信仰的新模式——「文化寺廟」。本文針對保安宮轉型成功的過程中，匯整出三點因素，簡單解釋造就新保安宮的原因。

一、保安宮到處都是媒介，並建立威權：本文不探究保生大帝的「本質」（宗教信仰），或者精神性內容（教義傳達），僅單純就臺北市保安宮成功轉型過程中，誰扮演了重要角色？在臺灣地區，有些宗教人物影響臺灣人的一舉一動，例如：佛光山的星雲大師，抑或者慈濟功德的證嚴法師。許多信眾可能不知道星雲大師與證嚴法師所代表的人間佛教的真正教義是什麼？但是很清楚知道佛光山為宣揚佛法，鼓勵出家眾走進社會，服務大眾；更清楚知道有災難的地方，就會有慈濟功德會的出現。這是為什麼

呢？文化傳播是從人到媒介，是從無形到有形，沒有固定的步驟，沒有一定的標準。但，舉凡能夠傳播宗教教義，或者由宗教延伸出來的威權（信仰力量）的任何形式，都是傳播的載體。以臺北市保安宮為例，從個人影響（廖武治先生本身學經歷、各種祭改的法師們）、符號表徵（保生大帝、二級古蹟與廟宇建築）、活動舉辦（保安宮文化祭、民間宗教學院）、媒介運用（大道季刊的固定發行、影音記錄與網站更新）與威權建立（聯合國教科文組織（UNESCO）亞太文化資產保存獎、各種傳統科儀制度的建立）等。它的一舉一動都在傳遞臺北保安宮的特別之處，不僅是傳統地方信仰寄託處，更是一個二級古蹟維護、並將建築藝術推向國際的推手；此外，導覽制度、藝文講座、宗教學院、各種神佛傳說到科儀制度等，讓保安宮的角色從宗教文化的從心神領會，轉到體驗內容（活動參與、學術講座）、分享心得（圖書館、社會救助等），甚至昇華到文化保存（生活美學素質提升）。

二、保安宮順應社會趨勢，從宗教到教育、社會：位於臺灣地區臺北市的環境下，市民普遍教育水準偏高、各種訊息傳播速度快，對保安宮來說，如何透過信仰傳播取得信眾信任，是個挑戰。過去的香火圈或者祭祀圈，在大臺北進步的氛圍下，似乎消失無蹤，或者不具強制力。而神佛傳說或「聖顯」，又被歸類於迷信或巫術，無法大量散布傳播。因此，保安宮開始透過廟宇改建、爭取二級古蹟殊榮，作為轉型的第一步，並爭取臺灣與國際文化相關組織的認同。第二步則是利用導覽方式、民間的藝文研習班，重新建立過去的「香火圈」；第三步透過教育講座、社會服務等工作，重新塑立對地方信仰的定位，從新認識地方信仰，轉而協助推廣與宣傳。檢視這三個步驟，其實與上文提起的信仰

傳播過程中的「資訊」、「模式」與「威權」相同。臺北市保安宮則是把文化傳播裡最難的工作先完成，就是建立「威權」。維護且保存地方古蹟，是淺顯易懂的概念，先不管保安宮是有意或者無意著眼於二級古蹟的維護與保存，但在建立信眾對文化的尊重與保護這層面，這個門檻比宣傳教義低，比較容易操作。但要如何找到這個切入口，以及完美的完成或詮釋這個概念，就非常不容易，這也正是臺北市保安宮認真之處。此外，臺北市保安宮更致力於不同階層的照護，包括：學生助學金、一般社會救助、銀髮族義診與救助等，以及對於信眾們的民間藝文講座，學術講座與道教人才培養等，把宗教衍生到教育、社會與文化，這正是保安宮與時俱進的重要證據，更是轉型成「文化寺廟」的必要歷程。

三、保安宮透過活動說故事，不忘本：臺北市保安宮，很會說故事，從古蹟建築的導覽行程，以及每年一次的「保生文化祭」，都是透過故事告訴信眾，先民從大陸來臺灣墾荒，傳統社會生活裡的點點滴滴；並透過神明繞境、藝陣表演與家姓戲的演出，讓民眾集體參與，達到情感表達與族群認同的目的，並加以鞏固保生大帝的祭祀圈。此外，每年農曆三月十五的保生大帝神誕日，更會依例以三獻古禮進行，由鼓初嚴到迎神、唱保生大帝靈應贊，至望燎後結束整個典禮，場面莊嚴肅穆。除此之外，透過保健養生與義診活動，承續保生大帝懸壺濟世精神，展現保生大帝「醫神」的角色。另外，保安宮的過火儀式，是大臺北地區內碩果僅存且保留同安原鄉特色的宗教習俗，不但並未特意觀光化，更是一切以不破壞舊旨籌辦，如過火前的起乩問時、聖駕巡境、依聖意指示置材薪等流程，皆維持百年習俗之特色；還有藝文活動、音樂饗宴與文物展覽等，不僅將保生大帝成功轉換成具現代

性的神明，更以傳統民俗信仰祭典為基礎，再賦予新的文化質素，使之轉型成為一個兼具宗教、文化、民俗特色的活動。

五、結論

文化，不能只是紙上談兵，必須變成生活，成為自然而然的態度，但絕非一蹴可及。臺北保安宮「文化寺廟」的模式發展，似乎就是把原本的地方信仰，轉變成為臺北地區不同群體生活一部分，這種方式就是一種文化傳播的實踐。為什麼臺北市保安宮可以如此的華麗轉身，轉變成具高威權的地方宗教文化帶頭人呢？其實就整個文化傳播過程中，可以用選舉形象理論與心理學歸因種理論來說明。

形象理論主要用在選舉過程裡的投票行為研究。選民在選擇候選人時，並非真正認識「候選人是什麼樣的人」，而是透過大眾媒介或人際傳說，認為「候選人像什麼樣的人」，這種加入了相當濃厚「傳播活動」的取向，與其界定為「候選人取向」，不如界定為「形象取向」。任何人物、或產品，可以據其「本質」，透過造型、潤飾、包裝、行銷等手段，將其形象風格突顯、甚至可以擴大為「光環效果」，但如果沒有這樣的「本質」，上述各種技術手段，並無法憑空創造一個不存在的形象。而臺北保安宮與保生大帝兩者，均具備這種本質，簡單，而且有故事。二級古蹟加上「醫神」保生大帝的祖籍神地方色彩，自然而然就具備「文化」的形象與內涵，若再加上包裝與行銷，「文化寺廟」的形象就慢慢塑立。

當然，臺北市保安宮想轉型成為「文化寺廟」這個形象時，應該歷經許多挑戰與時間的考驗。從文獻數據[22]得知，保安宮從 1989 年開始建

---

[22] 財團法人臺北保安宮。保安宮歷史源流[EB/OL] [2018-10-01]。http://www.baoan.org.tw

立圖書館、1992 年進行保安宮廟務改造、1995 年開始進行保安宮古蹟重修工作、2002 年獲得臺灣地區內政部內政獎章、臺北市臺北文化獎,到 2003 年獲得聯合國教科文組織(UNESCO)亞太文化資產保存獎時,歷經將近十五年時間,才讓「文化寺廟」的雛型慢慢建立。加上 2005 年「保生民間宗教學院」的開辦,加上「保生文化祭」成為每年臺北市重要宗教文化活動時,臺北市民如同心理學歸因理論的「第一印象」與「定型效果」,對於保安宮等於文化寺廟的形象,就會慢慢穩定,進而在內心裡將保安宮的形象與定位確認下來,並且會將自己所見所聞進行散布,這就是歸因。

本文試著從許多研究臺北保安宮的學術論文、期刊論文與專著中尋找成功要素,也試著將這些成功要素歸納成文化傳播成功的步驟與方法;從簡單的資訊散布,到傳播模式的建立,以及最終形成威權的步驟,臺北保安宮憑著保生大帝祖籍神的既有威望,加上超過二百多年的寺廟建築,將傳統寺廟成功轉型成文化寺廟。這過程無法用簡單的傳播模式或者理論去解釋,更無法說明信眾為何會如此相信臺北保安宮、也無法知道臺北保安宮平時都是香客絡繹不絕的原因。以上陳述,就是一種文化傳播成功的模式。

文化傳播的多層模式分析法,粗淺的告訴我們,不能用單一方式或者途徑去保存地方信仰,因為當滿足了信眾的需求,卻無法在現實環境壓力下存續,這就是目前地方文化保存的困難之處。我們期待用更多地方信仰保存成功案例來佐證文化傳播的重要與必然,但雞生蛋蛋生雞的循環辯證,往往因沒有找到任何適切的方法去及時保存地方信仰,卻讓地方信仰輕易陷入消失的危機。所以,文化傳播之於地方信仰保存的方法與步驟,可能有效,但仍必須有一位較為開明的執行者,方有機會為地方信仰保存找到出路,而臺北保安宮的轉型,正是最佳的佐證。

第二節　如何透過文化傳播強化兩岸共識
　　　　——以媽祖信仰為例

一、分峙：兩岸產生認同差異

　　文化是人類活動、且成為彼此之間共同符號的符號化結構。文化包含文字、聲調、圖騰、語言乃至於文學、繪畫等，皆可包含在文化的範疇當中。另一方面，文化同時指涉了同一歷史時期的遺蹟與遺物的綜合體，同樣的工具、用具、製造技術等是同一種文化的特徵，而非文化殖民或侵略。良好的文化互動有助於文化汰除陋習或其它尚須革新的成分，亦有助於本是同根卻因政治、社會等等因素而分歧的兩個群體破除因相互不瞭解所致之誤會。因此，文化交流對於兩岸的和平發展、穩定互動等，增加互利的利基，具有相當幫助。臺灣社會因政治的因素，使本應追根溯源的文化互動、探尋交流等，逐漸與大陸漸行漸遠，甚至發展出與史不符的文化認同，這可說是一種偏見。倘欲消弭上述所說偏見的影響，則須從強化文化交流及互動方面著手。無有文化，則無身分認同，價值混亂之下的認同容易被他者價值填充，反而稱了有心人士的如意算盤。

　　文化，其實是一個不穩定的概念，容易會隨著社會歷史的變遷而改變，呈現出不同的文化內涵。當 1949 年中國國民黨撤離到臺灣地區後，所謂的中華文化，預示著倘若未能傳承，將隨時間與地區不同，漸漸有所區隔。雖然許多民間信仰、生活習慣都來自中國大陸家鄉故里，例如：閩南文化的媽祖信仰，但因政治對峙原因，讓中華文化的解釋朝向不同方向發展[23]。文化，本身具有被動性，是透過人類與土地所詮

---

[23] 王甫昌，《族群接觸機會？還是族群競爭？：本省閩南人族群意識內涵與地區差異模式

釋。是故，就連隔海相望最近的閩南文化，同樣因不同環境影響，產出不同政策與文化內涵，而形成閩南文化與閩臺文化的些微差異。如何透過何種方法與工具，建立屬於兩岸的共識，健全兩岸對於中華文化的認同，應該是目前最重要的目標之一。

部分臺灣民眾對大陸存有偏見認知，這主要指大陸同胞的行為表現、精神面貌等在臺灣人心目中的抽象反映和得到的認識和評價。這種認識與評價雖屬於單方面的想像，但反映在對「陸客」負面認知持續增加，以及對大陸政府的認知較為固化[24]。臺灣學者楊開煌[25]認為：「臺灣民眾對大陸的原始印象都是負面的，這些負面事實，似乎很多來自媒體報導，和政府的政治社會化內容在方向上相對一致，因為不論國民黨的『反共教育』或目前執政黨的『去中國化』教育，都以殘暴、不民主、無法治、黑暗大陸來塑造中國。」此外，作為臺灣地區資訊重要來源的新媒體傳播大量碎片化、片面化，甚至是錯誤不實的資訊，都是導致臺灣同胞對大陸難以獲得系統、全面、正確的資訊。

在這些「刻板印象尚不能被消除」情況下，必須透過有效的方式，減少和降低臺灣同胞對大陸的刻板印象工作。文化是一個民族產生和發展最穩定的因素，也是最重要的凝聚力；但文化認同不等於民族認同，不過，文化認同卻能長期存在並影響廣泛。文化認同具有強大的向心力，從而使人們產生共同的文化歸屬感。「以文化人」對人們產生同化作用，正是本文最重要核心價值。但，又該如何以文化人呢？

人類情感就是種有意義的文化象徵交流形式，是人類最基本的支撐力量和創造力量。情感需要激發、需要互動、需要共用。人類集體的情

之解釋》，《台灣社會學》第 4 期，2002，頁 11-74。

[24] 陳孔立。「臺灣人」群體對中國大陸的刻板印象‧台灣研究集刊，2012（3）：1-6。

[25] 楊開煌、劉祥得。社會接觸及政治態度影響台灣民眾對大陸印象、認知、政策評估之分析。臺灣：遠景基金會季刊（12-3）。2011.07。

感交流所形成的集體記憶與想法，就是一種文化。文化，是可以演進的，更可以交流、學習與傳播。文化最早的研究來自於遺傳學，進而慢慢演進至語言、種族主義等[26]。若要建立共同的文化價值觀（共識），進而面對共同目標時，方法就很重要。文化共識建立，不應被視為是一種所欲的「結果」，而應視其為是一種「策略」，是一種「過程」，也是一種「行動」。但目前兩岸文化交流，似乎被誤解成類似 Gramsci[27]下的「文化霸權」，把「文化交流」認為是中國大陸為獲取政治及經濟霸權的手段，並刻意以自己的意識形態去統一兩岸。這個結果與想像，就是造成臺灣人民「知陸反陸」的最直接因素。

臺灣民眾對於政治宣導與活動，往往都具有預設立場與政治傾向。這種立場與傾向所場生的預防針效果，容易讓政策宣導或觀念散布時，產生一層隔閡或者無效宣傳。加上兩岸文化交流的不對稱、不平衡，與沒有制度性的保障，看似熱火朝天的兩岸文化交流，但都沒有發揮相對應的效果。[28]這種結果，反讓熱衷於兩岸交流的民眾，對於經貿交流或文化交流、社會接觸等手段，是否可進一步促成兩岸之間的合作與交流，提升兩岸人民之間的相互認識和理解，以便消除偏見和誤解，產生質疑。[29]不過西方文獻仍認為，透過大量的文化交流所產生的社會接觸，對於分峙的兩邊，具有重要影響力，且大多數的研究仍然主張，正面且有意義的社會接觸，讓接觸的雙方降低族群的歧視[30]。

---

[26] 路易吉・盧卡・卡瓦裡・斯福爾劄著，石豆譯，《文化的演進》，北京：《中國社會科學出版社》，2018.07。

[27] Gramsci, Antonio.*Selections from the Prison Notebooks*, New York: International Publishers，1971.

[28] 鄧小冬，《影響兩岸文化交流效果的因素分析》，《九鼎》，2017.09。

[29] 王甫昌，《族群接觸機會？還是族群競爭？：本省閩南人族群意識內涵與地區差異模式之解釋》，《台灣社會學》第 4 期，2002，頁 11-74。

[30] Allport, Gordon W. *The Nature of Prejudice. Cambridge*, MA: Addison-Wesley,1979.

　　兩岸具有共同的語言與相當接近的歷史背景。文化同源、百姓同宗是兩岸整合頗為肯定的因素。截目前為止，雙方仍未脫離和平改變兩岸現狀的範疇，以及追求和平統一的目標軌道上。但是，為何兩岸目前發展仍限於經貿文化與社會等「低度政治」（low politics）的交流層面，而未如所預期般地擴及「高度政治」（high politics）的互動層面呢？兩岸未來是否會完成整合或者統一，仍有賴於持續在「良性互動」的軌道上邁進，使更多的整合條件獲得滿足，則統一或將成為事實。因此，本文特別提出，以閩南地區民間信仰中大量出現各種神祇的「祖廟」，以此聯繫臺灣相應的信仰社群促進兩岸的文化交流。這種文化交流，是以民間宗教文化（例如：媽祖文化、關公文化）之名，強化寺廟組織之間、村與村之間，或信仰社群之間的聯繫軌道。如何善用該種良性互動的聯繫軌道，有效進行傳播宣傳，強化兩岸對統一產生認同與共識，也正是本文意義所在。加上因福建的地緣關係、兩岸民間信仰同源同種，確實是可透過傳播包裝方式深化兩岸人民對閩南文化的深度瞭解，其中包括文化傳承、信仰活動、家族宗祠或生活習慣，讓兩岸人民主動用手觸摸、感受閩南文化的溫度，進而滿足兩岸整合過程中，文化交流所應扮演的那種相互依存的重要角色。這也正是為何本文會以民間信仰──媽祖作為強化兩岸共識的主要原因。

二、媽祖：和平女神，凸顯文化軟權力

　　隨著兩岸關係不斷發展，各種文化交流活動異彩紛呈，民間信仰交流成為兩岸民間往來的重要活動之一。閩臺民間信仰在積極開展交流交往的過程中，不斷發生變化，從零散、自發的狀態逐步呈現頻繁性、大規模、學術性、多元化等特點，極力的推進兩岸信眾往來、增進兩岸民眾的理解與善意、溝通兩岸民眾感情，換句話說，當前神明信仰從以前

到現在，仍是兩地民眾日常生活的一部分。根據學者徐曉望[31]估計，
「福建全省平均每 500-600 人擁有一座大中型民間信仰宮廟。」這種現
象可說「福建民間信仰活動場所，從繁華市區到窮鄉僻壤，不論是街頭
巷尾，還是角落旮旯，都有宮廟穿插其中，可謂無處不在，無村不有，
點多面廣，用星羅棋布形容亦不為過。」[32]此外，根據台灣「內政部」
於 2019 年 1 月公佈最新統計，目前臺灣平均每 1 萬人擁有 6.6 座寺廟或
教堂，其中以連江縣、澎湖縣、臺東縣、金門縣、宜蘭縣、屏東縣等，
甚至是平均每萬人都超過 15 座以上。從上述資料可見民間信仰活動在
閩臺兩地所具有的廣泛性和普遍性。因此，兩岸文化交流仍可以民間信
仰為主線，通過民間信仰活動的交流互動廣泛接觸臺灣基層民眾，也通
過這種民間互訪讓臺灣民眾多接觸大陸、多瞭解大陸並最終形成共識，
達到文化的認同感。閩臺兩地民間信仰的同根同源，閩臺民間信仰在對
臺交流中的獨特優勢日漸突出，不斷推動閩臺兩地民間交流，充分發揮
了民間信仰文化在促進兩岸和平發展中的積極作用。

　　部分研究[33]曾以具體民間信仰（尤指民間廟宇）調查為基礎，探討
其對社區的整合功能與價值中發現，基於信仰基礎的情感視角考慮，傳
統民間信仰在當代村莊公共生活中發揮著重要整合功能[34]。林美容[35]等
人在透過臺灣地域性民間信仰活動來看臺灣傳統漢人社會組織的研究
中，提煉出「祭祀圈」概念，後來又發展出「信仰圈」概念。「祭祀

[31] 徐曉望。關於福建民間信仰的調查與研究[A]。福建省政協民族宗教委員會、福建省宗教研究會。宗教與現代社會[C]。福建教育出版社，1997。

[32] 劉大可。傳統與變遷：福建民眾的信仰世界[M]。社會科學文獻出版社，2010。

[33] 陳彬、陳德強。《民間信仰能促進社會整合嗎》？《民俗研究》。2013(1).P90-98。

[34] 袁松：《民間信仰的情感之維與村莊公共生活的整合——以桂北村落為考察物件》，《湖北民族學院學報》（哲社版）2009 年第 4 期。

[35] 林美容：《由祭祀圈到信仰圈——臺灣民間社會的地域構成與發展》，《中央研究院民族學研究所集刊》，1998 年第 63 期。

圈」與「信仰圈」是兩種不同的地域性民間信仰組織型態，一種是社區性的多神祭祀，社區居民有義務共同參與；一種是區域性的一神信仰，由信徒志願組織而成。兩者均顯示閩南地區的漢人以宗教的形式來表達社會聯結性（social solidarity）的傳統。

媽祖是兩岸沿海各省居民主要的宗教信仰對象之一，隨著人口遷徙和華僑外移，自宋、元、明、清乃至今日，媽祖信仰不斷的傳播和擴展，目前已遍及海內外各地，其中臺灣的媽祖信仰則是在明清之際由大陸移民渡海來臺時引進。四百多年前，先民們從大陸沿海移民台灣，為祈求航海平安、謀生順利，隨身帶著媽祖的香火，提供心靈上的慰藉。由於媽祖神力庇佑、靈驗無比，全臺灣各地信眾紛紛建廟奉祀，媽祖信仰於是遍及臺灣各個角落，成為臺灣民間最大的宗教信仰。前全臺灣大大小小的為祖宮廟合計超過二千座，幾乎每個鄉鎮都建有媽祖廟，而且全臺灣的媽祖信徒多這一千四百萬人，占臺灣人口總數的 61%之多。[36]臺灣主要媽祖宮廟都是各個地方的政經活動中心，地方士紳積極參與媽祖宮廟事務，從事社會公益慈善事業，並將大眾對媽祖的虔誠信仰，將媽祖慈悲為懷、救苦救難的無私無我精神發揚光大，這點，也反映出信眾對鄉土的認同與關懷。近年來，由於全臺各地紛紛舉辦媽祖文化節，例如：大甲鎮瀾宮媽祖文化節、苗栗白沙屯媽祖繞境等，讓媽祖信仰在臺灣的傳承再次受到高度的重視。

民間信仰裡的族群性，是利用民間信仰來界定不同的人群，同時這是一種地方政治，利用地方界定出一個與其他人群對立的群體。地方雖有許多記憶，哪些記憶得到宣揚，哪些卻根本不再是記憶的問題，這就是個政治問題[37]。文化保存，其實就是地方少數威權所形成的共識。族

[36] 邱冠斌。《台灣媽祖信仰傳承之個案研究──以 2009 臺北縣媽祖文化節為例》。《中華大學行政學報》。2010(7)。P131-139。

[37] 周建新。《地方性與族群性：客家民間信仰的文化圖像》，《廣西民族大學學報(哲學社

群性的形塑，有諸多方式，其中之一就是透過對空間或信仰儀式的生產
與再生產。因為不同人群的族群性，並非聽任心理過程的反復無常，而
是透過某些刻意銘記於地景中，成為公共記憶，這種公共記憶就是一種
場景、符號，就是生活。由於媽祖在臺灣擁有眾多信仰人口，並有眾多
香火鼎盛的廟宇，且在歷史、政治，與社會變遷等不同因素下，媽祖在
臺灣人的社會連結及文化中占有一定的地位。從民間信仰的族群性角度
而言，媽祖文化對於兩岸文化交流或者走向統一之路，絕對占有優勢與
夯實基礎。

　　文化交流，是相當重要的軟權力。1990 年美國學者約瑟夫・奈
（Joseph S・Nye）在《註定領導：變化中的美國力量的本質》（*Bound
to lead：The changing Nature of American power*）這本書中提出軟權力
（soft power）概念。他認為，一個國家的軟權力主要有三個來源：對
他國具有吸引力的文化、在國內外事務中得到普遍遵守和認真實踐的政
治價值觀、正當合理並且具有道德權威性的對外政策以及塑造國際規則
決定政治議程的能力。綜合國內外研究[38]，一個國家軟權力主要由歷史
性、現實性和未來性三要素構成。歷史性要素的核心是一國的優秀文化
傳統。現實性要素就國內層面而言，主要包括一國被普遍認可的流行文
化、良好的社會制度、具有一定普世性的政治經濟模式和價值觀、國內
的善治、國家凝聚力等；國際層面包括國家形象、由道德聲望或者訴求
而產生的全球影響力、全球責任的擔當能力、他國對本國的依存度、有
利於促進世界和諧的外交理念、政策以及制定國際規則的能力等。未來
性要素的核心是源自於教育科研體系的國家綜合創新能力，包括制度創
新和技術創新能力。在這些要素中，文化和制度是國家軟權力的核心要

　　會科學版）》。2010.05(32-5)。P10-14。

[38] 孫斌。《以軟權力促進兩岸統一研究》。《齊齊哈爾大學學報（哲學社會科學版）》。
　　2017-03

素。這正是為何上文提到，兩岸閩南文化中的媽祖「海峽和平女神」，
必然成為兩岸親情溝通、促進兩岸民眾身分認同的的重要基礎。

民間信仰地方性的張顯，往往是客觀存在的一種常態，是在一定區
域流行的神明信仰所延伸的象徵符號，例如：祖廟進香、巡臺活動。以
媽祖信仰而言，二〇〇〇年媽祖宗教直航事件，信仰社群行動代表了臺
灣媽祖信徒的需求，並且引發了部分兩岸人士的呼應，使得此事件可稱
為民間信仰影響兩岸政治里程碑式的事件。這位曾在清朝協助施琅「統
一」臺灣的神祇，似乎會再次如其在帝制中國歷史上受到國家權力之象
徵性收編，而能在現代的兩岸政治中，透過宗教交流的方式，促進兩岸
統一嗎？其實，兩岸民間信仰早已經受到區域環境影響產生變化，甚至
被動地改變某些文化價值觀。對臺灣人民來說，對於某些信仰價值觀與
宗教儀式，在面對兩岸交流時，卻已在心中產生歧異，這種歧異就是一
種文化區域性的影響。因此，若要恢復或整合兩岸對「海峽和平女神」
一詞共識時，方法就很重要。簡言之，媽祖文化對兩岸交流，占有優勢
與夯實基礎，但是如何透過有效方法讓這種優勢與基礎可發揚功效，推
進兩岸統一之路，是目前當務之急。

三、傳播：潛移默化，強化共識與記憶

文化，其實是一個不穩定的概念，容易會隨著社會歷史的變遷而改
變，呈現出不同的文化內涵。雖然許多民間信仰、生活習慣都來自中國
大陸家鄉故里，例如：閩南文化的媽祖信仰，但因政治分峙原因，讓中
華文化的解釋，也朝向不同方向發展。人類情感，就是一種有意義的文
化象徵交流形式，是人類最基本的支撐力量和創造力量。情感需要激
發、需要互動、需要共用。人類集體的情感交流所形成的集體記憶與想
法，就是一種文化。文化，是可以演進的，更可以交流、學習與傳播。

文化最早的研究來自於遺傳學，進而慢慢演進至語言、種族主義等[39]。這點也正是為何在邁向兩岸一家親過程中，特別強調所謂的文化交流，以及相互依存的重要性呢？最主要理由在於兩岸同文同種，本屬於同一生物基因，加上語言相同、生活習俗相近，相較於後天發展的經濟、政治等層面的交流，更可視為整合的核心價值。

　　儀式互動，是情感形成的主要機制，也是情感互動的主要表達媒介。從某種意義上說，情感的本質特性是社會性和互動性。人們有「情」才會感，有「感」才會動，情感互動強調情感交流的雙向性、互動性、共用性。現代心理學強調「情感乃是『帶目的性的』現象，因此，它可以表現為包括信仰、判斷、理性和思想的認知狀態。每種情感都表達了主體有特殊意義的內驅力、本能、需要、動機、目標或期望」。[40]人類是地球上最具情感的動物，「人類的認知、行為以及社會組織的任何一個方面幾乎都受到情感驅動。在人際互動中，情感是隱藏在對他人的社會承諾背後的力量。不僅如此，情感也是決定社會結構形成的力量」[41]。不過，由於情感具有隱秘性、私人性和個體性，不易被察覺，因此需要激發和喚醒。

　　透過大眾媒介進行文化傳播，傳遞經驗與想法，對於文化保存與觀念傳達似乎是不錯的方式與工具。但在目前眾聲喧嘩的資訊社會中，大眾媒介對於資訊傳達的效果轉弱，加上新媒體與互聯網等因素，讓面對面情感互動與表達，被隱藏在網路之後，形成假性的雙向、互動與共用。更遑論若涉及兩岸關係的議題，更是無法正確探知雙方內心想法，更無所謂的共識建立。如何透過媽祖信仰強化兩岸共識目前最欠缺的就

[39] 路易吉・盧卡・卡瓦裡・斯福爾劄著，石豆譯，《文化的演進》，北京：《中國社會科學出版社》，2018.07。

[40] [意]史華羅。中國歷史中的情感文化[M]。北京：商務印書館，2009。

[41] [美]喬納森・特納。人類情感[M]。北京：東方出版社，2009。

是不知道善用媒介進行文化傳播。從過去研究文獻中不難發現[42]，若從傳播視角檢視兩岸媽祖文化的傳播方式時，確實存在著對「文化傳播」該名詞的概念定義與操作步驟上的誤區與不解。其中包括對於媽祖文化品牌誤用與品牌意識不清、新媒體利用程度低[43]與宣傳力度不夠、缺乏場景行銷與線上整合包裝，以及太多有目的性、單向度的宣傳角度，導致讓媽祖文化本身夯實的基礎無法被利用。

本文並非針對媒介行銷或者包裝去詮釋或者說明如何透過媽祖文化強化兩岸共識，而是透過解釋文化傳播的概念定義與操作步驟，提出目前宗教文化在促進兩岸交流過程中，部分效果無法彰顯的原因在於，文化傳播並非單一方式或者手段，而是一種思維；文化傳播不是一種目的，而是一種過程；文化傳播的最終目標在於重構與再現過去先人的記憶與場景，透過媒介無所不在、巨細靡遺的宣傳方式，讓兩岸民眾在認知上檢視自己身分的認同，與過去歷史記憶的情感歸屬。這樣的媽祖文化，才能在強化兩岸共識中，發揮事半功倍的功能。

文化傳播，指的是某種主體或者服務，通過言語或姿勢、表情、圖像、文字等符號系統，傳遞或交流知識、意見、情感、願望等資訊，並使一定受眾受到影響的過程[44]。簡言之，文化傳播，更像是一種潛移默化的過程，讓普羅大眾於不知不覺中被同化或者被麻醉。從傳播效果角度分析文化傳播，清楚知道文化傳播對於人們的影響可以分成認知、態度與行為三個層次，這三層效果是一個不斷累積、層層遞進的過程[45]。

---

[42] 陳淑媛、徐麗娟。《大眾傳媒視角下的媽祖文化傳播》。《安慶師範學院學報(社會科學版)》，2010-10(29-10)。P121-125。

[43] 陳大鵬。《博客在現代媒體中的運用和發展》。《軍事記者》，2007(10)。

[44] 陳建安。淺談文化傳播對地方文化保存重要性。廈門大學《中華文化與傳播研究》（第五輯）。2019.06

[45] 謝精忠。基於受眾的美劇跨文化傳播效果探析[D]。江西師範大學，2014。

美國傳播學者李普曼在 1922 年《公眾與論》中就提出了「擬態環境」
的概念，他認為我們所說的「媒介環境」，並不是現實環境「鏡像」的
再現，而是大眾傳播媒介通過象徵性的事件或者資訊選擇與加工，重新
加以建構後再向人們提示的環境。而一般人經過長期暴露在媒介資訊
下，往往都會被媒介真實所洗腦，只不過時間比較長。在態度部分，媒
介傳播資訊過程，通常包含各種價值判斷，對形成和維護社會規範和價
值體系起著一定的作用，這樣的作用會讓一般人產生喜惡與情緒反映，
只不過態度的形成往往是一時興起。因為當態度傾向上媒介動員的激
發，就會產生行為，而這種態度引發行為的過程，往往時效是比較短
的，例如：某種熱銷商品，經過一段時期後，就乏人問津。

　　文化傳播有項很重要的功能，就是社會教化功能。人們從家庭走向
社會，從個體走向群體，要不斷地通過文化接觸瞭解文化內容，以防止
違反社會規範，而人的社會化過程又不是一次所能完成的，要通過文化
傳播不斷地接受社會教化；若從傳播學角度來看，文化傳播最後目標就
是建構傳播者所欲的「擬態社會」。而當「擬態社會」再透過媒介長期
宣傳與包裝，釋放更多適合這個「擬態社會」的媒介真實，量變產生質
變，就形成長期以來的潛移默化，那就是共識。共識建立後，又該如何
長長久久？文化傳播並不是一個理論，而是一種方式，或說是一種組
合。當所傳播的主題並非一種具象產品或者個人時，而是傳遞某種模
式、想法或者理念時，文化傳播就是很好的一種手段，而宗教、社會規
範或者意識形態等，都是利用文化傳播手段達到效果。就學理來說，適
合文化傳播的理論基礎，也並非指單一理論。許多人都相信媒介具有動
員能力，更具凝聚共識的功能，更期待運用媒介去塑造一個屬於傳播者
掌控的虛擬真實與美好文化，時間一久了，似乎就會變成主觀的媒介真
實。但這種期待，運用在實際例子中，其結果似乎與想像不太一樣，為
什麼呢？

　　若以民間信仰裡的媽祖文化為例，兩岸從一開始交流，媽祖文化已被國家權力進行象徵性收編，但結果似乎效果不彰，這意味文化傳播失去效果嗎？其實不然，只是執行者並沒有深入理解文化傳播真正內涵與作用，進而在執行過程中，流於上層結果的自我感覺良好，並無實際的效果存在。許多透過文化傳播形式去建構理念或者保存某些文化價值觀或者文化記憶時，初期都比較順利，因為透過大量資訊與故事的組合，讓受眾基礎的態度與情緒容易滿足；可以當文化傳播的方法執行到後，可能是人為忽略，或對整體環境回饋訊息搜集不全，更或是忽略態度轉換認知過程中可能需要的投入大小，進而讓文化傳播功虧一簣。其實，文化傳播落實在媒介操作時，光共識建立就是一門學問。共識，就是話語權、是某個所欲推廣或者保存領域裡的「威權」。當共識無法塑立其威權時，就容易被推翻，或者陽奉陰違。

　　何謂「威權」？其實就是種力量，更是種生活的目標[46]。這種目標就應該被包裝成偉大的期待，例如：再生紙運用，就是救地球。其實再生紙的目標是希望少砍一棵樹，對地球植被的一種保護；但若冠上更高的目標，並加以宣傳包裝，其威權就會被建立，每個人都會力量去拒絕浪費紙張，去使用再生紙。這種帶點麻醉效果的方式，就是文化傳播終極手段，透過威權，讓受眾容易記住，並把資訊內容昇華到道德與人類未來層面。而達到這種效果，仍有許多技巧性需要被突破，例如：訊息數量與內容型態、媒介出現時間點與注意受眾回饋、善用新科技與品牌故事，以及資料運營等等，也是很重要的；甚至如何突破時間產生的質變與壁壘，都是許多文化傳播個案遇到的重要瓶頸之一。

　　文化傳播之於兩岸交流，非單一方式或單純媒介手段，非單一符號而是種語境建構，非是一種傳播而是概念教育。這個過程聚焦於重構與

---

[46] 陳嬿如。《信仰傳播效果的 3M 模式》。福建廈門大學學報哲學社會科學版，2011(1)。

再現，並透過共識建立塑造威權，進而將族群性特點發揮，回饋到兩岸政治氛圍。兩岸共有的媽祖文化，除海上和平女神的指稱之外，周圍配套訊息與議程設置，亦須同步進行，例如：傳統中華文化美德的強調與聚焦、利用新科技吸引青年族群留意與注意，以及建構場景，激發情感植入深度思維與想像，進而達到文化傳播的終極目標，讓宗教交流不再是停留在對偶像或神祇的崇拜，而是回到原點清楚文化脈絡，承認文化起源，強化文化認同，這才是運用媽祖文化的最大化功能。

四、未來：持續交流構建新模因

　　未來如何透過看似無目的性的文化交流，達到有目的性的文化自性的建立，滿足「兩岸一家親」的內涵，正式透過媽祖文化傳播強化兩岸共識的主要目標。如何把口號與觀念落實到兩岸同胞對媽祖文化相關活動實際的參與，或者透過媽祖文化活動強化兩岸同胞的社會接觸長度、寬度與廣度，讓兩岸文化交流可以連續，讓兩岸人民以媽祖文化仲介更進一步理解彼此，這或許才是真正實際兩岸一家親的最佳途徑。部分研究媽祖文化的學者認為，臺灣同胞去湄州進香，不只是表面的往湄州媽祖島去進香，更可說臺灣漢人對祖先所來自的鄉土及文化的回歸與瞻仰。在某種意義上，媽祖文化已經成為臺灣同胞對故土思念的象徵，以及對中華傳統文化的認同[47]。

　　這種回祖廟參拜行為，是來自於民間信仰裡「分香」，及傳統信仰裡「香火」重要概念的驅使。透過民間信仰的縱貫性，把香火視為某種道統，把分香視為該道統的傳承與延續。透過各個地域不同的分香行為，神明系統似乎成為人間行政體系的翻版，更是體現中國大區域的

---

[47] 陳秋蓮。《淺議閩台文化認同及發展對策》。《新西部》，2013(17)。

「象徵一體性」[48]。但是，參與分香或回祖廟找尋傳承與道統的信仰社群，似乎忽略除積極找回神明體系的脈絡外，在現實社會中，該如何詮釋「香火」或者「分香」概念？還有，除信仰道統外，對於臺灣一般祭祀社群而言，這個道統又有何其他隱含意義呢？媽祖的神明體系，因兩岸交流被延續與傳承，但非媽祖信仰族群又該如何被說服，這些媽祖的宗教文化交流，其實是種兩岸共同記憶與文化維護的一種方式呢？這種維護是否存在著目的性呢？這些問題都是媽祖這品牌進行文化傳播時，應該被注意的問題與細節。

宗教認同是一種基於群體、組織的成員或範疇資格的制度性認同，而信仰認同是基於個人精神選擇的個人價值認同，進而把宗教作為一種群體行動，把信仰視為一種「以認同為基礎的精神單位」。它或許就以宗教為歸屬，或者出離了宗教的體制範圍，直接以個人的精神追求為宗旨。不論是哪種形式，宗教認同與信仰，是個長時間的概念工程。通過一個某過程，從一個人的頭腦跳入另一個人的頭腦之中的。這個過程可以被稱之為「模仿」。社會大眾在媒介傳播範圍下，媒介內容總是不顧一切地要進入到每一個人的大腦，雖然大眾腦中的圖像，還是有篩選。但就主流文化來說，大眾對目前所處的文化環境，似乎是敞開心房讓資訊長驅直入，毫無力量去阻擋。這種被稱為模仿基因，簡稱「模因」。文化傳播，或言宗教傳播，是最具備某種「模因」潛力，透過完整規劃包裝執行，是有機會將兩岸一家親、兩岸一體性的基本概念植入兩岸同胞的認知當中。當模因形成，這種肌肉記憶，就會在關鍵時刻發揮其反射式的回饋，這個結果，正視文化傳播體現媒介大效果論的證明。

---

[48] 曾鈴。〈社群整合的歷史記憶與祖籍認同象徵：新加坡華人的祖神崇拜〉。《海洋文化學刊》(13)，2012-12。P21-45。

第三節　宗教出版品傳播效果研究初探
——以臺灣佛教雜誌為例

一、研究背景

　　宗教是人類最原始的社會現象，在人類的發展歷程中起著重要的作用。社會學的三位大師馬克思、塗爾幹和韋伯都就曾從不同角度研究過宗教。馬克思關注宗教所包含的強烈的意識形態要素，認為宗教對社會中存在的財富和權力的不平等提供了正當理由。塗爾幹認為宗教的重要性是它存在凝聚的功能，尤其是能保證人們定期集結在一起鞏固共同的信念和價值觀。韋伯則探討了宗教在社會變遷中發揮的重要作用，尤其是對西方資本主義發展的作用。宗教在人類發展史上曾經有著極為崇高、神聖的地位。然而隨著科學技術的不斷進步和現代政治與社會管理的不斷發展，迫使宗教從原有的神聖地位逐漸走下了神壇，正呈現著不斷世俗化的與被世俗化的趨勢，或言走向現代化的過程中，宗教似乎正在轉變[49]。

　　在今日社會現代性、理性突顯的技術官僚時代，伴隨著宗教傳統意義的消解，道德與倫理的基礎慢慢弱化；科學理性精神固然不可缺少，但涉及理想、精神等問題，科學又無法給予我們欲知的答案，現代科學技術在滿足人性需求方面顯得蒼白無力，它無法為人類生存提供意義，也無法滿足個人價值、自由等超越性的要求，世俗化的負面效應隨之呈現。人類社會陷入世俗化的悖論之中。所以，現代社會離不開宗教，宗教必須在現代社會的運行中發揮其積極作用。於是，當代宗教如何正當

---

[49] 戴康生、彭耀(2000)，《宗教社會學》，大陸：社會科學文獻出版社。

的實現其積極的社會功能又成為一個新的課題，而通過大眾傳媒使當代宗教的正面功能得以彰顯似乎是一條捷徑。

從傳播學重視媒介作用的角度來看，大眾傳播媒介在宗教世俗化的過程中起了很重要的作用。大眾傳媒的不斷發展，為宗教世俗化提供了武器和平臺。隨著文化工業的不斷前進，大眾媒介的傳播形式塑造了我們的思想、文化和關係，不過，與此同時大眾傳媒本身的不斷「世俗性」的舉動，又深深的傷害著當代社會內部賴以生存的理性精神和對「終極關懷」的渴望。而宗教活動，卻因為使用媒介這個過程中，慢慢弭補了社會化所依賴的穩定來源。所以，研究宗教與傳播媒解過程中，必須注重宗教存在的社會功能與意義，而這種從原本政教合一，到世俗化，最後轉變利用現代化媒介的過程中，讓宗教再度站上社會穩定的重要來源，正是為什麼臺灣會有這麼多宗教出版品與雜誌、電視臺與媒介的緣故。

臺灣宗教多元，宗教出版品眾多，是不爭事實。根據美國研究機構皮尤研究中心（Pew Research Center）提出的「宗教與公眾生活計畫報告」（Religion and Public Life Project），在全球宗教多樣性指數（Religion Diversity Index）最高的國家中，臺灣名列第二。[50]位居第二的臺灣，最大的宗教族群是民間信仰，比例高達 45%，而佛教則以超過 20%的比例緊接在後，獨立宗教和其他宗教的比例在 13%-15%之間，基督教則大約占 7%。

深究臺灣宗教與宗教文化對臺灣社會的影響，除臺灣信仰人口眾多、信仰多元化之外，臺灣宗教之於臺灣社會來說，具有相當教化意義，而其中不難發現，大部分的宗教，均習慣透過媒體力量，例如：電

---

[50] 請參考 https://www.thenewslens.com/article/3235

視、雜誌、出版品或者弘法活動，進行教義傳布與教化人心。沈孟湄[51]
指出，如何善用媒體以實踐信仰傳播，一直是各宗教致力的傳播目標。
以臺灣地區而言，1996 年解嚴，臺灣宗教管制政策與傳播法規鬆綁之
後[52]，宗教和媒體的互動關係甚至逐漸由「購買媒體」的買賣關係，轉
變由「經營媒體」的代理關係。傳播者從以前的宗教內部神職人員、信
徒，漸漸擴大到不具宗教承諾的媒體專業人士，例如：慈濟慈善事業基
金會（以下簡稱慈濟功德會）所經營的「大愛電視臺」，除部分屬於神
職人員與信徒外，大部分都屬於電視臺營運所需的專業人士。

　　不過，仍有神學家與學者對於宗教與媒體緊密結合提出質疑。質疑
有效而媒體曝光顯著的傳播，是真的宗教傳播，抑或是根本與宗教無關
的商品傳播活動與消費文化呢？為突破現有爭辯框架，部分學者力陳宗
教傳播並非僅是分送資訊的行動，宗教和大眾媒體或動後衍生媒體仲介
的宗教（mediated religion），促使宗教與媒體間的範疇漸趨模糊。這
種經過媒體仲介的宗教，不再限於宗教的範疇，而是進入一個製造文化
論述象徵的場域，涉及更為廣泛的社會文化整合發展（Hoover &
Lundby, 1997, pp.298-309）。簡言之，宗教傳播不能侷限在宗教實踐的
狹隘角度，改由社會實踐多元性，把宗教傳播延伸到「社會的意義」，
而這就是種「文化傳播」。

　　所謂「社會的意義」，就是主張以社會服務或者社會改革為主的，
在從事宗教傳播時，少提及信仰問題，主要強調人道關懷與社會參與。
而這類觀點在基督教與天主教相關的宗教傳播出版品中，主要是關注教

---

[51] 沈孟湄(2013)，《從宗教與媒體互動檢視臺灣宗教傳播之發展》，臺北：《新聞學研
　　究》第 117 期。

[52] 臺灣宗教傳播的發展背景，根據沈孟湄，《從宗教與媒體互動檢視臺灣宗教傳播之發
　　展》，2013 年發表在新聞學研究第一一七期提到，臺灣宗教傳播主要是分為三期，分別
　　是「明鄭、清領、日據時期」(宗教伴隨殖民地勢力而生)、「戒嚴時期」(宗教傳播進入
　　廣播電視媒體)與「解嚴後」(宗教投入媒體經營)等三個時期。

育、醫療、社會改革與政治參與。而佛教在「入世佛教」興起後，傳播內容更強調社會參與，超越明清佛教遁世而超生死得解脫的自利行為。而這部分的佛教出版品，傳播物件早已由信徒取向，擴大到大眾取向，例如：慈濟功德會下面的的人文志業出版，也部分透過與遠流、皇冠等出版社合作出版「看不出慈濟色彩的書」，這正是慈濟功德會提到：「運用當代發達的科技，就能真正在二十億佛國，現廣長舌相」。

　　媒體結合宗教究竟有無效果？媒體是社會皮膚（social skin）是無庸置疑的，而大眾透過媒體瞭解世界，更是媒體最大功能；換言之，「媒介真實」往往被大眾視為瞭解這世界的真正真實。所以，閱聽大眾或言受眾、讀者在面對媒體時，往往會從全盤接受到慢慢考慮那些內容是真的？那些內容適合他或她的需求？這正是媒介大效果到有限效果，最後用轉變成使用滿足、效果萬能論等。

　　若單就佛教與社會大中之間關係而論，張強[53]指出，如何透過宗教力量疏導大眾，以及成為每個人的心理慰藉而言，佛教主張通過心靈的解脫消解現實的苦難，尤其注重對信眾心裡的舒緩和引導，進而進行社會控制或言社會教化；就社會控制而言，佛教具體表現為人本精神、內化理念與包容意識。人本精神，是佛教社會控制的基本立場；而內化理念，是佛教社會控制的實現方式，強調通過心實現轉變，看重對信眾精神世界的改造與重建。佛教本身是開放的、發展的，總是隨著變動的處境不斷成全著自身，順應時代、適應社會，以便更好的發揮社會控制功能。這種例子，明顯就佛教善用媒體，以針對大眾需求進行疏導的最佳方式。

---

[53] 張強(2012)，《世俗世界的神聖帷幕——從社會控制角度看人間佛教的社會承擔》，大陸：南京大學哲學系博士生。

　　另外，中國佛學院碩士研究生行空法師也指出[54]，對居士[55]而言，學習佛法的作用有包括：「眾生愛護生命」、「促進人類文明與進步」、「理解到人生難得」、「拯救人生」、「知規‧明理‧解思」、「擁有智慧得到加持，生活順利」、「感覺到生命存價的價值與意義」、「擺脫煩惱」、「懂得念佛的益處」、「理解到人生無常」、「增進信願行」、「樹立人生的方向和歸依」、「懂得做人的道理」、「增進對佛教的瞭解」。這更明確告知，佛教之於信眾或一般大眾，有種類似使用與滿足的傳播效果，或者潛移默化的文化傳播或者涵化理論效果。

二、研究現況

　　當代社會的發展有兩個重要的特徵。其一，是伴隨著後現代思潮蔓延的社會結構多元化趨勢。其二，社會各個多元部分之間產生了高度的關聯性。與此同時，宗教賴以依附的總體性社會結構也相應地出現了變化，演變為多個子系統的成立和整合。作為社會總體，它在各自的互動系統、組織制度和社會結構之間，不斷分化、相互分離；各個子系統也逐步形成自己的運動機制，以借助有限可能性原則，按照分割、分層和功能分化三種分化方式發展起來。在此過程中，社會的總體性結構之中的層次或分層也逐漸明晰起來。每個社會子系統的自身同一性和邊界一方面得以明確，另一方面則借助於更高層次的功能分化，取得社會進化的效果。特別是其中的功能分工，可以促使總體社會的每一個子系統，明確自己的存在或發展的邊界，趨向自理自治，與整個社會保持共存和

---

[54] 行空法師(2012)，《以居士教育實踐「人間佛教」——對北京市佛教文化研究所佛學培訓班的調查分析》，中國，中國佛學院研究所。

[55] 居士是一種提倡在家修行的佛教修行方式與思想的人，中文信徒稱之為在家眾。

預設的關係。附著於總體性社會結構的宗教,隨之在存在及其形式的層面上,產生了相應的功能分化。

同時,市場經濟全球化的發展趨勢,帶動了社會在其相對於國家和市場的層面上呈現出多樣化的態勢,國家與社會的互動關係發生了深刻的變化,新的權力架構和體制得以形成。宗教與現代社會公共生活的關係同漸複雜,其有別於政治性、國家上層建築性質的社會性得以體現,當代宗教的邊界日益明確。就當代宗教的功能和邊界而言,其致力於社會慈善、民間互助,其有利於國家(政治)、市場的「第三部門」的社會特徵已浮出水面。

作為「第三部門」的宗教在當今社會中的首要功能便是維護社會的穩定。這種功能既是宗教不斷世俗化,作為組織、部門參與社會活動的必然選擇,也是當代社會對宗教(組織)必然要求。而當代宗教的社會穩定功能具體表現為兩個方面,其一,通過一系列動作與措施,在信徒內部對共同的宗教理念進行了建構,使信眾緊密團結在宗教(組織)理念的周圍,約束和規範其行為,使之符合宗教理念的要求;其二,通過媒體的擴張,使自身宗教理念與當代社會主流價值觀相融合,努力維護當代社會的集體無意識,影響非信眾的心理和行為,使之有利於社會系統的穩定運行。

就現況來說,臺灣宗教呈現多元發展,整個臺灣的社會穩定與文化傳承似乎被大量宗教所主導,佛教四大教團[56]的影響力,更是除民間信仰以外最大的宗教勢力。為何佛教與佛教媒體會如此發達呢?誠如《星雲模式的人間佛教》[57]一書中指出,「弘揚〈人間佛教〉,就是為了重整如來一代時教,要讓佛法落實在人間,發揮佛教的教化之功,使能對

---

[56] 臺灣佛教的四大教團,主要是星雲大師的佛光山、證嚴法師的慈濟功德會、聖嚴法師的法鼓山文化與中台禪寺等。

[57] 滿義法師(2005),《星雲模式的人間佛教》,臺北:天下文化

人有用。為了發揮佛教的功能，確實把佛法落實在人間，大師主張，舉凡著書立說、講經說法、設校辦學、興建道場、教育文化、施診醫療、養老育幼、共修傳戒、佛學講座、朝山活動、掃街環保、念佛共修、佛學會考、梵唄演唱、素齋談禪、軍中弘法、鄉村布教等，這些都是人間佛教所要推動的弘法之道，也是人間佛教的修行之道。」這就是文教弘法。為何強調文教弘法呢？為長久以來，一般社會人士總把佛教定位於慈善工作上，總認為佛教之於社會的主要功能，應該是從事恤孤濟貧的慈善救助。星雲大師表示，「佛教最大的功能，應該是宣揚教義，是以佛法真理來化導人心、提升人性的真善美，帶動社會的和諧安定，繼而促進世界的和平，這才是佛教最終的職責所在，這才是最究竟的慈善救濟」。這正是臺灣佛教發展之於媒體緊密結合的最大原因。

在近年不景氣衝擊下，臺灣大部分出版品首刷印行數量較以往明顯下降，但宗教出版品卻沒有因而減少，仍然不斷推出新的書籍，以多元化出版選題創造讓讀者有更多的選擇機會。例如：早期 1994 年佛光山的「傳燈：星雲大師傳」，因熱賣而於 2006 年改版為「雲水日月：星雲大師傳」等。雖然，這些出版品內容與佛教的信念與想法不可脫離，但在佛教團體大力推廣下，這些出版品不僅盡到弘法利生的目標，也借著內容刊行，將佛教中文化的、知識性的資訊與理念精神，傳遞到一般大眾。所以，佛教出版品對於信徒的影響，在佛教組織弘法過程中扮演著關鍵性的角色。[58]

臺灣佛教出版品，不僅種類眾多，印刷數量也比一般出版品多。就種類而言，包括佛教性的報紙、雜誌、善書、通訊與一般圖書[59]等。本

---

[58] 李懷民(2002)，《宗教團體出版問題研究——以佛教慈濟文化為例》，臺灣：南華大學出版事業管理研究所。

[59] 佛教出版品中，沒有 ISBN 的出版品通常可以分為兩大類，一是內部通訊，例如：小報，另一種是勸人向善的善書。但這部分的出版品較不容易統計與定義，所以，本研究一開始就鎖定報紙、雜誌與圖書，再依照較適合涉入性、便利性、多元性與時效性四種

研究將結合文獻分析勾勒佛教雜誌的重要性，輔以小樣本線上隨機問卷
進行調查，藉此結果來分析探討佛教傳播對讀者產生的效果為何？又是
呈現什麼樣貌？希冀從小樣本中去窺探佛教雜誌對一般民眾的影響為
何？

三、宗教與文化傳播

　　世界上恐怕沒有哪一項文化傳播，如宗教傳播那樣成功。自人類有
了宗教那天起，便有了宗教傳播，否則宗教意識也僅於個人的思想意
識，而並非一群人的共同信仰，所以，沒有傳播，便沒有宗教。宗教是
什麼？宗教是神與人的神聖交往活動，是人與神的溝通行為。宗教的語
言學內涵就是「聯繫」，古人用「聯繫」一詞來概括宗教。而宗教傳播
就是溝通人神之間關係的象徵性互動行為，這種互動行為，本質上就是
一種傳播活動。所以，可說沒有傳播就沒有宗教，傳播更是構成宗教文
化變遷，進而導致社會變遷的一種力量。[60]

　　文化傳播，指的是一定主體通過言語或姿勢、表情、圖像、文字等
符號系統，傳遞或交流知識、意見、情感、願望等信息，並使一定的受
眾得到影響的過程。施拉姆把這一定義概括為：A 通過 C 將 B 傳遞給
D，以達到效果 E。這裡 A 是資訊發出者，B 是資訊，C 是通向資訊接
受者，D 是途徑或媒介，E 是傳播所引起的反映。因為文化傳播其中有
一項很重要的功能，與宗教息息相關，就是社會教化功能。社會化是社
會溝通的直接目的，文化傳播作為人的社會溝通，不僅在溝通人們的關
係，更主要的是在協調和統一人們的社會行為，確定人們的行為規範，

　　特性篩選調查標的。

[60] 袁愛中(2010)，《宗教與傳播關係探析》，大陸：西藏民族學院學報，第 32 卷第二期。

達到社會化。人們從家庭走向社會，從個體走向群體，要不斷地通過文化接觸瞭解這些文化內容，以防止違反社會規範，而人的社會化過程又不是一次所能完成的，要通過文化傳播不斷地接受社會教化。反之，如果人們不進行文化溝通，就不可能完全擺脫「自然人」而成為「現代人」。

從傳播效果角度分析文化傳播，可清楚知道文化傳播對於人們的影響可以分成認知、態度與行為三個層次，這三層效果是一個不斷累積、層層遞進的過程[61]。其中認知層次效果主要表現在資訊對人們認知系統的作用。李普曼在 1922 年《公眾與論》中就提出了「擬態環境」的概念，他認為我們所說的媒介環境，並不適現實環境的「鏡像」的再現，而是大眾傳播媒介通過象徵性的事件或者資訊選擇與加工，重新加以建構後再向人們提示的環境；在態度層次部分，大眾傳播媒介在傳播過程中，通常包含著各種價值判斷，對形成和維護社會規範和價值體系起著一定的作用；行為層次，則是說明大眾傳播媒介的影響除表現在認知與態度領域同時，還通過一些具體行為示範直接與間接影響人們的行為模式。

上述文化傳播與該模式所產生的影響與效果，似乎與佛教出版品出版流通期望達到的目標是不謀而合。星雲大師曾在 2013 年提到[62]，人間佛教就是要從淨化心靈的根本之道做起，這點與希望達到認知層次相當；但，也不是因此而偏廢物質方面的建設，而是要教人以智慧來運用財富，以出世的精神做入世的事業，從而建立富而好禮的人間淨土，這是與態度層次相當，以入世的態度與人間大眾配合。所以，人間佛教是佛說的、是人要的，是淨化的、是善美的。最後，為順應時代與眾生的

---

[61] 謝精忠(2014)，《基於受眾的美劇跨文化傳播效果探析》，大陸：江西師範大學傳播學院

[62] 星雲大師等人著(2013)，《人間佛教的發展》，臺北：佛光文化

根基，早在 1954 年開始，發起暢印精裝本的佛書，讓佛教成為大家都看得懂的讀物，這又是與行為層次相當。從上述推論很清晰指出，宗教與媒介關係密切，而宗教使用媒介衍生的文化傳播，其效果明顯影響人們的認知態度與行為等層面。

星雲大師說：「佛教要有前途，必須發展事業」。而《星雲模式的人間佛教實踐》一書中[63]，星雲大師又提起，「文化是宗教的一大命脈，也是佛教前途之所系。」該書更指出，「星雲模式之所以可以成功傳播〈人間佛教〉的過程中，主要是運用四大面向進行，包括：佛教藝術、傳播媒介、學術研究與增加對話。」其中所謂利用「傳播媒介」與資訊科技的發展，以今人熟悉方式弘法於人間，正是佛光山弘法成功之處。其中方法靈活、管道多樣，讓弘法工作更是不斷現代化，例如：成立出版社、圖書館、佛光翻譯中心，出版一系列有關〈人間佛教〉的書籍，流通於世界等。另外，為讓宗教出版品在文化弘法過程中具有其圖書分類，正視宗教出版品的存在地位，佛光山也順利讓美國國會圖書館正式把佛光山及星雲大師作品在國會圖書分類法之佛教分類法，設立單獨的分類號，並將〈人間佛教〉與佛光山教團正式納入《國會圖書館主題標目》之中。

佛門常言，「弘法為家務，利生為事業。」「弘法利生」因而成為佛家的口頭禪。 據《眾許摩訶帝經》記載，佛陀菩提樹下悟道，初度五比丘，標誌著佛陀弘法之始；佛陀培訓出六十位大阿羅漢後，對他們說，「我從無量劫來勤行精進，乃於今日得成正覺，正為一切眾生解諸系縛，汝等今日悉於我處得聞正法，漏盡解脫，三明、六通皆已具足，天上、人間離其系縛，可與眾生為最福田，宜行慈濟隨緣利樂。」巴厘《相應部》說明每一位弟子都是沿不同的路線雲遊，以便最大限度弘法

---

[63] 請參考注 9。

利生。佛陀為什麼如此強調遊化？原因之一是，佛陀在雲遊過程中，走入人群，無數苦難眾生才有機會向他請教。佛陀如同世間良醫，針對眾生不同的煩惱，對症下藥，隨機說法，引導人們步入正確的人生之路。「走入人群，隨機施教」，成為歷代佛教所遵循的最重要的教育原則[64]。

六祖惠能大師臨終時囑咐弟子以三十六對法說法度眾生，「若有人問汝義，問有將無對，問無將有對，問凡以聖對，問聖以凡對；二道相因，生中道義。」三十六對法的核心是說無定說，對機而說。惠能的弟子深得其精髓，針對每一個人特有的問題，依據其根基、成長環境、教育水準和具體情境，個別開導，逐漸形成各自的家風：「示言句」、「逞機鋒」、「解公案」、「參話頭」、「德山棒」、「臨濟喝」、「雲門餅」、「趙州茶」、「慈明罵」等。所有這一切都體現了禪宗隨機施教的獨特教育風格。

鑒於以上分析，清楚瞭解佛教的根本問題，不是一個理論的問題，而是一個如何實踐的問題。弘法僅僅是一種手段，其真正的目的是引導人領悟佛法的精髓，瞭知宇宙人生的真相。這才是弘法的目的，針對當今人的問題，對症下藥，再充分利用媒體與高科技成果，運用人們喜聞樂見的方式，隨機施教，或許就是新的弘法模式。而並非僅佛光山單一教團所關注的問題，舉凡所有臺灣各種宗教教團，均致力於如何透過最佳途徑，完成弘法利生的目標。出版，就成為這些宗教教團的首選利器。

當然，現代化出版傳播特性，也讓宗教弘法無遠弗屆，主要是導因於現在出版傳播，不在單只是傳統紙本，更有其他載體形式出現，這種新型態載體形式的出版，容易讓各種內容全球化、影響普及化。若再加上網路傳播特性，例如：互動、即時，讓單一主題的媒介真實，例如：

---

[64] 資料來源：健釗法師宣講紀錄(2012)，http://www.plm.org.cn/pdf/talk_kc_7.pdf

宗教教義的弘法，輕易地到達全球任一處。此外，出版傳播中「故事性」的運用，更容易讓傳播過程產生強大吸引力與傳播效果，不僅讓出版品具強大的可讀性與感染力，更讓傳播效果更具深層，讓傳播效果並不只侷限於直接受眾，而更能形成二次傳播或者多次傳播，從而在傳播的廣度與深度方面形成不可比擬的優勢[65]。這點也是為何佛教教團，通常會以傳統出版品方式，初期以大量故事或傳記方式推廣弘揚教義。

在多元宗教（religious pluralism）現代化與多元文化（multicultural）的社會中，宗教傳教工作必須現代化的發展，如何舉辦吸引信徒參與的傳教策略，藉此讓他們對宗教產生興趣，是宗教發展的課題。傳統宗教若想永續發展，宗教必須回歸到宗教自身的獨特性，以新的語意形式來替現代人找出可被接受的生命意義。而佛教在社會變遷中，佛教教團多元化發展、現代化弘法布教、佛教服務模式創新、佛教事業化與國際化發展與各宗教間融合交流等，均可瞭解佛教發展是朝「動起來」、「走出來」方向邁進的。那要達到上述目標，首先透過出版品，是最容易的。因為透過圖書出版品，更容易與社會連結，在理念上與現代社會相應，這就是目前佛教出版品蓬勃發展的主要因素。[66]

四、臺灣的佛教雜誌

本研究之所以用「佛教雜誌」研究佛教文化傳播效果，主要有二大因素，其一是歷史因素[67]，早期在大陸僧人尚未渡海來臺時，不管是明

[65] 穆雪(2011)，《淺析故事性在圖書出版傳播過程中的運用》，大陸：《出版發行言就》第 10 期。

[66] 張婉惠(2009)，《臺灣戰後宗教傳教多元化與現代化之研究──以佛光山為例》，臺灣：佛光大學社會學系。

[67] 請詳見文獻探討 2.3。

鄭、清領時期，臺灣佛教僧人極少、知識程度不高，沒有大規模的僧團活動[68]；但那時候大量的天主教與基督教大量傳入臺灣，除了利用醫療傳道外，西方傳教士也利用室內與露天布道，並於現場發送書籍與小冊子[69]，這些就是宗教雜誌的前身。日據時期，日本佛教派僧侶軍隊來臺布教，並在布道外出版日文版教會月刊。[70]臺灣光復後，因為文盲過多，加上許多宗教媒體局限於宗教範疇，導致宗教性質雜誌或者刊物僅對內發行[71]，文字傳道難以在民間發揮作用。不過，當時國民黨政權為徹底清除日本宗教殖民臺灣教界，尤其是佛教的影響，改為支持大陸來臺華僧，讓大陸佛教成為漢傳佛教的正統。[72]

　　這波「去日本化」、「文化中國化」，讓日本佛教刊物消失，中文宗教刊物興起，其中第一本由佛教僧侶東初老人集合幾位佛教青年，在 1949 年於臺北北投法藏寺創辦第一份本土佛教刊物《人生雜誌》。原本在大陸發行的中文佛教期刊，也紛紛在臺復刊或者創刊，例如：《台灣佛教》或者《海潮音》。[73]可是，為何佛教雜誌為何會一枝獨秀呢？因當時臺灣屬於戒嚴時期，新聞與報紙受到管制，雜誌這平面媒體是官方較能夠接受的傳道型式[74]。所以，從 1949 年到臺灣解嚴前，「佛教雜誌」對佛教的「文字傳道」來說，的確起了相當大的作用。

　　另外，臺灣佛教界會大量透過「佛教雜誌」進行弘法，確實跟早期

---

[68] 闞正宗(1999)，《臺灣佛教一百年》，臺北：東大出版社。

[69] 吳學明(2006)，《臺灣基督教長老教會研究》，臺北：宇宙光全人關懷。

[70] 林弘宣、許雅琦、陳佩馨譯(2009)，《素描福爾摩沙：甘為霖台灣筆記》，臺北：前衛出版社

[71] 王天濱(2003)，《新聞傳播史》，臺北：亞太圖書。

[72] 丁仁傑(2004)，《社會分化與宗教制度變遷：當代臺灣新興宗教現象的社會學考察》，臺北：聯經出版。

[73] 如註 20。

[74] 闞正宗(2004)，《重讀臺灣佛教，戰後臺灣佛教・正編》，臺北：大千出版。

中國佛教傳入相關。姚麗香[75]等研究發現，第二次世界大戰後（1949年），臺灣發行的佛教雜誌，超過三分之二是由中國佛教法師，而非臺灣佛教法師所創設的。而這也跟民國時期，大陸佛教界有一批真才實學的僧人和居士，先後成立各種各樣佛學機構，並推動民國時期佛教的發展，大量透過「佛教雜誌」傳達佛教理念有關。其中包括：「覺社」，由太虛法師主持成立，並出版同名雜誌，後改名為《海潮音》月刊；「中華佛化教育社」，由太虛法師應劉仁宣等人之請，約熊希齡、章太炎、王一亭、丁福保等人發起成立中華佛化教育社，出版《心燈》旬刊；另外，還包括：《佛學叢報》、《佛學月刊》、《佛教月報》、《覺社叢書》、《佛化雜誌》、《中國佛教會公報》與《佛學半月刊》等[76]。當太虛大師與部分佛教人士、子弟渡海來臺後，例如：星雲大師等，均是以從事出版雜誌與文化事業為最先的弘法志業途徑。

除上述因素外，中國佛教高僧大德來臺之後，透過佛教雜誌方式來進行弘法，亦有其歷史因素。從 1910 年代民國肇建、廢除科舉、帝國垮台起，傳統宗教管制次第鬆綁，在許多新式機構中，開始有僧俗人物在社會或者政治上變得更加活躍；同時，新的經濟中心崛起，例如：天津、上海等國際商埠，宗教事業的結構與視野也為隨之一變，而新一代大亨的資產成為宗教慈善最有力的後盾。其中最有名的「印光法師」，也在新技術與部分大亨居士的支持下，包括像高鶴年、狄楚青與丁福保等人，透過佛教出版方式，讓「印光法師」所著《印光法師文鈔》廣為流傳，進而引發影響中國近二十年的「淨土運動」，影響佛教甚鉅；而高鶴年等人就是在近代中國最早的佛教期刊《佛學叢報》中，向大家介

---

[75] 姚麗香(1994)，《臺灣光復後佛教出版刊物內容分析》，臺北：靈鷲山編【臺灣佛教的歷史與文化】。

[76] 吳平《近代上海的佛學團體及佛教報刊雜誌》，資料來源：國際佛學網（http://www.buddhistweb.org/2013/07/10658）

紹「印光法師」[77]。從此証明早期佛教雜誌的影響力，不容小覷。

　　另，國民黨政府來臺灣初期，也因為為了與西方交好，對西方宗教較為友好；雖對大陸佛教青睞有加，但渡海來臺佛教人士，為擴大影響與弘法利生，也紛紛向前輩學習，陸續創辦或恢復各種佛教刊物進行發行與跨地域宣傳，希望可以影響民眾開始對佛教皈依。所以，現今臺灣佛教蓬勃發展，主要奠基於臺灣早期工商業發展後的大量資金支持，以及大量使用大眾傳播工具（以佛教雜致與出版品為主）進行弘法，以產生無遠弗屆的強大影響力。[78]不過，因臺灣於 1987 年宣布政治解嚴，臺灣公共媒體——主要是電視台與報紙的全面開放與自由發展，讓平面媒體的「佛教雜誌」，在弘法事務也漸漸退居第二線。

　　其二，是「佛教雜誌」本身特性因素。「佛教雜誌」與一般出版品的差別在於：取得便利、內容多元；其中就內容而言，「佛教雜誌」除佛教相關事務外，更有一般生活內容、素食養生等，較能融入讀者或者信眾；加上每期出刊時間較短，時效性高、雜誌頁數較少、編排格式多元，容易傳播等特性，對信眾或者一般讀者來說，都比花較長時間閱讀佛教圖書來的更方便。所以，即便資訊傳播科技發達，對許多佛教團體而言，雜誌似乎還是文教弘法的最基本工具。但，誠如上述所言，自解嚴之後，宗教傳播也邁入新的階段。報禁解除，臺灣的佛教日報《福報》、《醒世報》陸續創刊；廣播媒體、衛星電視頻道等申設，讓宗教和媒體的互動關係，逐漸變由「購買媒體」轉為「經營媒體」。[79]近期「佛教雜誌」雖已退居第二線，但其出版種類與數量，卻仍高居不下

---

[77] 康豹、高萬桑編(2015)，《改變中國宗教的五十年，1898-1948》中 Jan Kiely〈《在菁英弟子與念佛大眾之間——民國時期印光法師淨土運動的社會緊張》〉，臺灣：中央研究院近代史研究所。

[78] 江燦騰(2010)，《戰後臺灣佛要發展如何用用大眾傳媒？》，臺灣：弘誓月刊 103 期。

[79] 邵正宏(2001)，《非營利電視台之行銷策略研究：以慈濟大愛與好消息頻道為例》，臺北：臺灣師範大學大眾傳播研究所碩士論文。

[80]。這也正是本研究之所以希冀透過小樣本網路問卷調查，再次瞭解「佛教雜誌」是否還深具文化傳播效果的最主要原因。

從「102 年暨 103 年臺灣雜誌出版產業調查」中發現，臺灣雜誌出版社家數，再彙整國家圖書館的「中華民國出版期刊指南系統」，以及「中華電信黃頁」、「臺灣經濟部商業司公司登記」及相關雜誌業者公會，例如：臺北市雜誌商業同業公會等多方彙整後，扣除已經不再經營的雜誌社，臺灣雜誌出版社仍在經營的有 288 家；若再深入瞭解這 288 家雜誌社，從臺灣財政部統計處 2016 年每月統計表資料指出[81]，288 家共擁有 1,200 多種雜誌刊物；不過，這些雜誌種類裡，並不包括宗教性雜誌，大多以「財經企管」、「休閒生活」、「健康」、「家庭親子」、「流行時尚」、「電腦技術」、「學習教育」、「影視偶像」、「旅遊情報」、「藝術設計」、「音樂音響」、「自然科學」、「汽機車」與「其他」等類。

另，再透過臺灣國家圖書館的「期刊文獻資訊網」[82]查找「宗教類」期刊，點選後出現「宗教通論」、「佛教」、「道教」等十項類別；再點選「佛教類」期刊[83]，可以該網站中找到總共有 311 種佛教類期刊，包括：正式雜誌、學報、內部通訊雜誌等，相較於一般雜誌社出版的單一種類雜誌而言，佛教雜誌數量居冠。若屏除非正式的佛教內部通訊後（並無正式 ISSN 雜誌號），佛教界約有不少於 105 種佛教雜誌會，常在一般寺院、各大圖書館、佛用品流通處、各大精舍、講堂或

---

[80] 參考第三章 3.1 的調查背景。

[81] 資料出處：臺灣出版資訊網 http://tpi.culture.tw/content-57-PStatusCtr-industryContent/12727

[82] 資料出處：臺灣國家圖書館期刊文獻資訊網 http://readopac.ncl.edu.tw/nclJournal/index.htm

[83] 在臺灣地區，期刊與雜誌定義不同，期刊室指學術性期刊，雜誌則是商業性刊物。但在臺灣國家圖書館的網站中，是將雜誌納入期刊分類中。

者書店中流通。為讓本次小樣本網路問卷調查研究可以比較順利，特別挑選了十五種較具代表性與常見「佛教雜誌」進行調查其傳播效果。

　　本研究方法有二，先是利用文獻分析與回顧，勾勒臺灣光復早期「佛教雜誌」對佛教弘法的不可或缺性；再輔以小樣本網路問卷調查，試著找出目前平面宗教媒體，尤其以「佛教雜誌」的傳播，是否還同樣具有過去那種大效果？調查法與實驗法最大的不同在於調查法主要的目的是就樣本的統計量去推估母體的特性，而非建立一套行為的通則。調查法適用於描述性、解釋性與探索性的研究。

　　臺灣佛教人口超過四百多萬人口，若要進行全面性問卷調查，對本研究來說，實屬不可能；因此，本研究採用小樣本網路問卷調查，透過網路特性，小範圍的瞭解「佛教雜誌」是否仍具有宗教文化傳播之功效？當然，網路線上問卷調查的最大優點在於直接成本低廉、問卷回收快速，並且擁有跨時性、跨地域性的優點，讓問卷調查可以接觸更多受訪者。不過，小樣本的網路問卷調查法最引人質疑的缺陷有二，一是網路能接觸的群體是否能夠代表真正的母群體？二是小樣本的數量過少，其調查結果是否可真實反映大眾傾向呢？

　　根據財團法人臺灣網路資訊中心（Taiwan Network Information Center, TWNIC）公布 2015 年「臺灣寬頻網路使用調查」結果顯示，*我國民眾上網率從 2014 年調查之 75.6%上升到 80.3%，推估我國上網人數達 1,883 萬人；其中，18 至 30 歲民眾的上網率達 100.0%，成為我國網路主要使用族群*。這些資料顯示，臺灣地區網際網路上網頻繁，民眾使用網路已經成為每天固定行為，根據 NOP 世界文化評分指數（NOP World Culture Score index）的調查顯示，臺灣人在非工作時間上網的每週平均時數為全球之冠，高達 12.6 小時[84]。臺灣地區因網際網路日漸普

---

[84] 資料來源：http://www.storm.mg/lifestyle/171886

遍，網路線上調查已經不再局限於少數特定族群。換言之，台灣網路使用者的意見，應該可代表大部分台灣人想法，但前提是必須在調查樣本數足夠下。而這部份正是本研究比較薄弱之處。

本研究主要想了解現今「佛教雜誌」是否仍具有宗教文化傳播之效果？換言之，透過小樣本調查法，設計問卷進行網路調查，進而找出「佛教雜誌」對目前一般民眾是否產生傳播效果。因此，本次網路問卷將分成三大部分進行設計，包括：第一部分主要是調查宗教信仰傾向？與是否曾經接觸或者閱讀過佛教相關出版品。這部分將會把那些不相關或者沒有宗教傾向或信仰的受訪者屏除，以增加未來問卷分析時的效度。第二部分則是直接調查對於宗教出版品的喜好態度？以及是否有無接觸過佛教雜誌？該部分的問卷題目則針對閱讀偏好（行為、次數與地點等），及對受訪者對佛教雜誌內容期待等面向進行調查；第三部分則是受訪者的基本資料。整個問卷共計有十九道題目。

為使整個問卷調查的有效樣本增加，本問卷於 2016 年 8 月 19 日起，一方面利用 Google 問卷表單設計完成後，立即於 Google 網頁上刊登鼓勵填寫問卷訊息，另一方面並請同時委託民間公司【臺灣趨勢研究公司】[85]協助，廣泛於各種網站、社群媒體（Facebook 與 LINE 群組）、BBS 等網路通路，以填寫問卷送禮券，鼓勵網路隨機填寫，整個調查時間截至 9 月 30 日為止，預計調查時間長達一個半月。結束後再透過 SPSS 統計分析對問卷結果進行交叉分析，以期找出佛教雜誌對一般受眾的傳播效果為何？並嘗試找出受眾心目中的理想佛教性雜誌內容為何？

---

[85] 台灣趨勢研究公司 http://www.twtrend.com/

五、調查結果與發現

本次網路調查的結果，將透過統計學上的頻次（Frequency）與交叉分析（cross-tab）兩種方式加以闡釋問卷調查結果，詳細結果如下。

1.受訪基本資料說明

整個問卷調查時間從 2016 年 8 月 19 日開始進行，直到 2016 年 9 月 30 日截止，共計約一個半月時間，透過網路隨機調查訪問。在整個一個半月的調查期間，利用 Google、Facebook 粉絲頁、Line 好友群組與臺灣趨勢研究公司官方網頁等進行宣傳。整個問卷調查結束後，共計 828 人次填寫問卷，但扣除部分問卷因未填寫個人基本資料，或僅填寫前面數題後放棄作答（未填答完整）等，均屬於無效問卷，而實際的有效問卷共計 437 份。整體受訪基本資料，也請參考下面表 1 所示。

表 1：受訪者基本資料表

性別	男性				女性				合計	
人次（位）	169				268				437	
年齡	18-20	21-30	31-40	41-50		51-60	61-70		71 以上	合計
人次（位）	95	86	70	108		53	19		6	437
學歷	中小學	高中職		大學（含技術學院）		碩士		博士		合計
人次（位）	12	62		267		72		24		437
職業	自由	教職	勞工	商貿	服務	高管	藝術	醫護	政治	學生	合計
人次（位）	64	36	28	43	41	25	28	8	2	162	437

2.受訪者宗教傾向部分

整個受訪結果中，有宗教信仰的占受訪者有 302 位（占 69.1%）、沒有宗教信仰的有 135 位（占 30.9%）；若問及其宗教信仰是什麼？該題屬於複選題。在整個回答的樣本數中，臺灣民間信仰占 47.7%，居臺灣信仰第一位；而佛教占 27.1%，占第二位；這各宗教信仰比例與目前臺灣內政部宗教信仰人口比例大致一致。此外，道教、基督教與天主教與上述臺灣民間信仰、佛教等五大宗教，是臺灣主流信仰；至於填寫其他宗教部分，主要有一貫道、藏傳密宗與天帝教等。詳見下表 2 說明。

表 2：受訪者宗教信仰與傾向說明

題目	1.有無宗教信仰？						
選項	有			沒有			合計
數值	302		69.10%	135		30.90%	437
題目	2.請問您的宗教信仰是什麼？（複選）						
選項	佛教	民間信仰	道教	天主教	基督教	其他	合計
數值	96	169	47	8	24	10	354
備註	其他：一貫道（8）、密宗（1）與天帝教（1）						

3.佛教出版品閱讀與使用動機說明

在不論有無宗教信仰前提下，是否曾閱讀或瀏覽過佛教出版品？其中有超過 345 位（占 78.9%）的受訪者曾經閱讀過佛教相關出版品；但問及是否喜歡閱讀佛教相關出版品，在曾經閱讀過佛教出版品的受訪者中，僅 195 位（占 56.5%）的受訪者喜歡閱讀與瀏覽佛教出版品；那問及為何不喜歡閱讀佛教出版品的原因，則可分為三大部分，第一則是不

喜歡出版品的內容，包括出版品內容太多佛教教義（26.6%）、不喜歡佛教內容陳述方式（26.1%）、內容實用性低（24.5%）與內容太多人生哲理（12.5%）；第二則是打從心裡排斥佛教出版品（2.9%）與其他（7.3%），主要是信仰不同，以及不感興趣；最後，詢問喜歡閱讀與瀏覽的受訪者，對於佛教出版品流通的目的有哪些，發現受訪者認為佛教出版品流通基於兩大原因，第一是基於宣揚佛教與推廣教義，包括：推廣佛教義理與經文（36.0%）與為佛教進行包裝與宣傳（14.1%）；第二則是協助解決自身問題，包括：告知人生與生命的意義（33.2%）與協助擺脫煩惱與解決問題（16.0%）等。詳細佛教出版品的閱讀與使用動機，請詳見表 3。

表 3：佛教出版品閱讀與使用動機說明

題目	3.是否曾經閱讀與瀏覽過佛教出版品？（不論有無宗教信仰）						
選項	有的			沒有			合計
數值	345		78.90%	92		21.10%	437
題目	4.是否喜歡閱讀或瀏覽佛教出版品？（曾經閱讀或瀏覽前提下）					合計	
選項	喜歡			不喜歡			合計
數值	195		56.50%	150		43.50%	345
題目	5.您不喜歡閱讀佛教相關出版品的原因為何？（複選）						
選項	內容太多教義	實用性低	不喜歡內容陳述的方式	打從心裡排斥	太多人生哲理	其他	合計

數值	102 （26.6%）	94（24.5%）	100 （26.1%）	11 （2.9%）	48 （12.5%）	28 （7.3%）	383
備註	其他：主要是宗教信仰不同為多，少部分是沒興趣						
題目	6.您認為佛教出版品流通的主要目的為何？（複選）						
選項	推廣佛教義理與經文	告知人生與生命的意義	為佛教進行包裝與宣傳	協助擺脫煩惱與解決問題	其他	合計	
數值	288 （36.0%）	266 （33.2%）	113 （14.1%）	128 （16.0%）	6（0.7%）	801	
備註	其他：主要是不知道或者不詳						

4. 佛教雜誌目前現況

　　針對 437 位受訪者詢問是否有曾閱讀或者瀏覽過佛教雜誌，發現曾經閱讀過佛教雜誌的僅有 191 位，占 43.7%；沒有閱讀過佛教雜誌的受訪者是 246 位，占 56.3%；針對閱讀過佛教雜誌受訪者深入調查發現，以《慈濟》（25.3%）、《普門》（13.9%）、《法鼓》（13.9%）、《佛陀》（7.8%）與《覺世》（6.5%），均是受訪者較常看或者瀏覽的前五名佛教雜誌；另外，像《人生》、《香光莊嚴》、《正覺》與《慈雲》等雜誌，均屬於常見佛教雜誌；若深究還有哪些佛教雜誌在問卷題目中未被收錄的？可從問卷題目中的其他（9.4%）可見一般，其中包括了《真心佛報》、《福智文教》、《圓光》、《明倫》、《慈光》、《覺風》、《中台山》與《福報》等。而這些大致上囊括臺灣目前佛教雜誌閱讀人口的九成以上。

　　另外，若依照前五名閱讀人口較多的佛教雜誌來看，分別屬於臺灣前三大的佛教教團：慈濟功德會的《慈濟》、佛光山的《普門》、《覺

世》與法鼓山的《法鼓》所印製發行；這三大佛教教團本身信徒眾多，
所以，其所屬佛教雜誌的閱讀人口依照比例來說，應該也是偏多；至於
《佛陀》雜誌則是屬於臺灣佛教界淨空長老所屬教團所印行，也是受到
信徒多，創刊歷史悠久所賜，排入前五名。詳細請見下表 4。

表 4：佛教雜誌現況說明

題目	7.請問是否曾閱讀或瀏覽過佛教雜誌呢？（不論有無閱讀佛教出版品）							
選項	有的			沒有			合計	
數值	191		43.70%	246		56.30%	437	
題目	8.請問您看過哪些佛教雜誌？（可複選）							
選項	覺世	普門	香光莊嚴	喬達摩	正覺	慈濟	法鼓	華梵電子報	合計
數值	31 (6.5%)	66 (13.9%)	17 (3.6%)	15 (3.2%)	16 (3.4%)	120 (25.3%)	66 (13.9%)	8 (1.7%)	475
選項	僧伽醫護	人生	弘化	淨土	佛陀	法光	慈雲	其他	
數值	9 (1.9%	20 (4.2%)	9 (1.9%)	15 (3.2%)	37 (7.8%)	12 (2.5%)	16 (3.4%)	18 (9.4%)	
備註	其他雜誌：真心佛報（2）、福智文教（1）、圓光（1）、明倫（1）、慈光（1）、覺風（1）、中台山（1）、福報（1）								

5.佛教雜誌閱讀行為分析

在所有受訪者中，若詢問是否會主動去閱讀佛教雜誌，僅有 120

位，占 27.5%的人會主動去閱讀佛教雜誌，卻有超過 317 位，占 72.5%
的人不會主動去閱讀佛教雜誌。該題目指出，喜歡閱讀佛教雜誌的人，
相較於是否會主動去瀏覽或者閱讀佛教出版品？或者是否喜歡閱讀佛教
出版品的人較少，這個原因可能來自於目前佛教出版品多元，而佛教雜
誌已經不像以前受到重視。不過，這僅為推論，目前並無其他數據證
明。

　　至於會主動閱讀佛教雜誌的受訪者當中，「每個月至少閱讀一次」
的讀者比例較高，占整體受訪者的 30.0%，其次是「每年至少閱讀 1-2
次」的占 26.7%；若詢問為何會主動去閱讀佛教雜誌的動機或原因時，
發現喜歡閱讀佛教雜誌的最大動機在於「想學習或者研究佛教」，占整
體受訪者的 31.2%，其次是「喜歡佛教」（24.2%）、「寺院或者師父
推薦」（11.3%）；其中仍有部分受訪者是為了自身因素而去閱讀佛教
雜誌，例如：可解憂、或者解決生活中瓶頸等。這些主動閱讀佛教雜誌
的受訪者中，大都是在「家裡」（30.9%）、「寺院裡」（27.7%）或
者「參加佛教活動」（20.0%）等地方閱讀佛教雜誌；除上述地點外，
還包括「圖書館或者書店」、「素食店」、「醫院」、「網路」、「車
站」或者「法師贈送」等地閱讀佛教雜誌。

　　在閱讀佛教雜誌後，對一般受訪者的影響通常有二個截然不同的反
應，一是會「利用內容去勸人為善」（40.3%），另一則是「單純休閒
閱讀，沒目的」（29.3%）；那佛教雜誌中，什麼樣的內容最吸引受訪
者？發現心靈成長故事（22.8%）、禪學故事（21.3%）與佛教經文說
明解釋（18.8%），占最吸引讀者的前三名；而佛教經典文章與人物介
紹（14.6%）、佛教宗教教義推廣（9.6%）為第四、第五名。最後，受
訪者對於理想的佛教雜誌內容應該包含哪些？受訪者認為，讓人知規、
明理與解思（21.0%）是最重要與最必要的的內容，其次是懂得做人的
道理（17.7%）、樹立人生的方向與依歸（16.0%）、增進對佛教的瞭

解（14.4%）及理解人生與解救人生（13.9%）等內容。從這個數據分析可知，佛教雜誌穩定社會與協助個人心靈成長的功能與效果明顯卓著，其次才是協助佛教教義推廣。詳細內容，請詳見下表 5。

表 5：佛教雜誌閱讀行為分析表

題目	9.請問會去主動閱讀佛教雜誌嗎？					
選項	有		沒有		合計	
數值	120	27.50%	317	72.50%	437	
題目	10.請問您通常會花多久頻率去閱讀或瀏覽佛教雜誌？（在會主動閱讀下）					
選項	每天至少 1 次	每週 1-2 次	每月 1 次	一年 1-2 次	其他	合計
數值	18（15.0%）	23（19.2%）	36（30.0%）	32（26.7%）	11（9.2%）	120
題目	11.請問會主動去閱讀佛教雜誌的原因為何？（複選）					
選項	喜歡佛教	喜歡作者	寺院或師父推薦	同儕推薦	打發時間	免費贈送	想學習或研究
數值	54（24.4%）	17（7.7%）	25（11.3%）	12（5.4%）	21（9.5%）	13（5.9%）	69（31.2%）
選項	其他因素	合計
數值	10（4.5%）	221
備註	其他：瞭解佛教思想對問題解惑的方式（1）、解決生活瓶頸（3）、可解憂（6）
題目	12.請問您通常都在哪裡閱讀佛教雜誌呢？（複選）					
選項	家裡	在寺廟	參與佛教活動	圖書館或書店	其他	合計

數值	68（30.9%）	61（27.7%）	44（20.0%）		38（17.3%）	9（4.1%）	220
備註	其他：網路（3）、素食店（2）、醫院（2）、車站（1）、法師贈送（1）						

題目	13.請問您看完這些佛教雜誌，您通常會如何使用呢？（複選）						
選項	主動協助推廣佛教教義	成為茶餘飯後聊天材料	單純休閒閱讀，沒目的		利用內容去勸人為善	其他	合計
數值	28（15.5%）	23（12.7%）	53（29.3%）		73（40.3%）	4（2.2%）	220

題目	14.請問佛教雜誌裡面的什麼主題或者內容最吸引人呢？（複選）						
選項	宗教教義推廣	佛教經文說明解釋	心靈成長故事	國內外佛教活動介紹	經典文章與人物介紹	世界各地趣聞	禪學故事
數值	34（9.6%）	67（18.8%）	81（22.8%）	15（4.2%）	52（14.6%）	31（8.7%）	76（21.3%）

題目	15.請問理想的佛教雜誌應該包含什麼內容？（複選）						
選項	理解人生，拯救人生	讓人知規、明理與解思	得到佛法加持、生活順利	擺脫煩惱	樹立人生方向與依歸	懂得做人的道理	增進對佛教的瞭解
數值	191（13.9%）	289（21.0%）	87（6.3%）	146（10.6%）	220（16.0%）	244（17.7%）	198（14.4%）

　　雖然，本研究是基於文獻回顧輔以小樣本網路問卷隨機調查，在研究方法上，調查樣本總數無法涵蓋或者滿足研究方法的基本抽樣標準，

可能導致研究結果信度不佳，這也是本研究的主要限制；但，本研究仍希望利用本次問卷數據，追蹤「佛教雜誌」在現今階段是否仍具有過去臺灣光復早期的文化傳播效果？並根據這些研究數據，大致描繪出現今「佛教雜誌」文化傳播的效果有哪些？或者是否有無顯著效果。針對第二章的研究數據分析下來，本研究歸納出三個結論，詳述如下。

1.佛教出版物在臺灣普及率相當高：若將「是否有宗教信仰」與「是否曾經有閱讀過佛教出版品」進行交叉分析時，發現不管有無宗教信仰？或者是否信仰佛教，有超過68%以上的網路受訪者，均曾經閱讀過佛教出版品，而其中更有超過32%的人是喜歡閱讀佛教出版品；若深究不同宗教的受訪是否曾經閱讀過佛教出版品時，發現不管是哪種宗教的信徒，有超過80%以上的人，均曾經閱讀過佛教出版品，而問及是否喜歡佛教出版品時，卻還是有高達56%以上的人喜歡佛教出版品。這結果明顯指出，臺灣佛教界近幾十年來的致力文教弘法，透過不同出版品推廣佛教教義與義理成效頗大，並也讓一般臺灣人可以接受。

2.佛教雜誌仍有其傳播功能，但大部分僅止於佛教信徒：若問及是否曾經或者主動閱讀「佛教雜誌」時，發現曾經閱讀過「佛教雜誌」的受訪者，比原本閱讀佛教出版物的比例較少，僅有 27.5%。這與佛教文教弘法的多元化，加上「佛教雜誌」從過去臺灣光復早期的一枝獨秀，慢慢因為大環境解嚴緣故，大量電視、廣播與網路媒體出現，導致「佛教雜誌」本身文教弘法的單一功能漸漸萎縮，以及「佛教雜誌」功能似乎漸漸轉型至其他對象有極大相關。

若深入分析是哪部分族群會主動並喜歡閱讀「佛教雜誌」，發現僅27.5%的受訪者中，有不低於 70%的，是屬於中、高度閱讀族群，是那些每個月都會看一次（30.0%）（月刊，例如：普門雜誌）、或每年至少 1-2 次（26.7%）（半年刊）、每週至少 1-2 次（19.2%）（半月刊、週刊，例如：喬達摩）的族群；這個族群，推斷大部分屬於該佛教信

徒。其原因在於這些人最常閱讀地點往往是「家裡」（30.9%）、「寺院裡」（27.7%）或者「參加佛教活動」（20.0%），同樣也是不低於70%的族群，常常閱讀佛教雜誌的地點，扣除「寺院裡」與「參加佛教活動」外，在「家裡」成為閱讀佛教雜誌的最常場所，這正是因為「佛教雜誌」的訂戶，往往都是佛教信徒居多。

3.對佛教信徒而言，「佛教雜誌」仍有強大的文化傳播功能：綜合上述研究結果，大多喜歡閱讀佛教雜誌的受訪者，都是基於「想學習或者研究佛教」，或者「喜歡佛教」、「寺院或者師父推薦」等三個因素而喜歡。從閱讀動機可推斷出，喜歡閱讀「佛教雜誌」的受訪者，往往剛開始是因為佛教教團或法師們的推廣宣傳；但後來持續閱讀「佛教雜誌」的原因，卻是因為類似傳播效果中的「使用與滿足」，從被動接受「佛教雜誌」宣揚佛法，到主動關注「佛教雜誌」對自身是否有其他功能？例如：是否可解憂？或者解決生活中瓶頸等。

這項推論，也可從下述兩點問卷結果加以佐證。一，許多人長期閱讀「佛教雜誌」後，「佛教雜誌」的內容，對讀者來說，會有兩種功能，包括「利用內容去勸人為善」或者成為「單純休閒閱讀」的刊物。二，若分析什麼樣「佛教雜誌」內容最吸引受訪者？發現「心靈成長故事」、「禪學故事」這兩項內容最吸引讀者；而理想「佛教雜誌」應該包含哪些內容？受訪者認為，「讓人知規、明理與解思」、「懂得做人的道理」、「樹立人生的方向與依歸」與「理解人生與解救人生」等四項內容，才是理想「佛教雜誌」應該包含的內容。

其實，現今「佛教雜誌」的文化傳播過程，剛開始信徒會透過「佛教雜誌」的內容了解佛教；再來，利用「佛教雜誌」內容去勸人為善；最後整個自身的人生價值與想法，完全受到「佛教雜誌」的導引。這種的傳播歷程，可謂是接近傳播大效果，亦等同於最佳的文化傳播效果。臺灣的佛教教團，透過多元媒體大量傳播佛教，期待利用媒介建構一個

「擬態環境」，讓人短暫置身「人間佛國」；例如：佛教雜誌（免費月刊、大量贈閱）、佛教報紙、佛教電視台等，利用各種故事性強的佛教內容，鋪天蓋地弘法宣教，把出世教義轉變成入世穩定力量。這種兼具宗教與第三部門的媒介使用，讓佛教文化傳播迅速在臺灣擴展普及。

最後，各種簡單不同的入世禪學故事，透過「佛教雜誌」刊登連載，輔以大量佛教文字圖片、透過寺院法師的渲染，讓讀者與信徒不經意接觸、使用。信徒們對佛教從不瞭解到清楚，閱讀「佛教雜誌」從不經意使用到滿足自身需求，這種利用文化弘法的傳播效果，慢慢涉入個人行為、態度，進而認知，已經成就臺灣佛教成為僅次於民間信仰的最大信仰。透過此次小樣本網路隨機問卷調查，至少可以釐清臺灣現今的「佛教雜誌」，在功能上，不僅在初期擔負佛教弘法的階段重要任務，在現今充滿壓力的社會中，更扮演指引佛教信徒的人生出路與方向。這樣的文化傳播效果，絕對可稱為大效果。

第三章　文化傳播與文旅相關

第一節　文旅融合──從傳播共識到參與體驗

一、文化保存與共識建立

　　文化，簡單來說是種生活，但從社會行為的發展來說，文化更精準的說，是人類知識創新與累積的總和，由人類創造，在族群中世代相傳、廣泛傳播，不斷地影響並改變人類生活。[1]因此，若要妥善的進行文化保存，不應單指古蹟或者器物的保存，似乎存在著更深層意義，那就是如何保存文化裡面的本質、內涵、體系，甚至作法。因此，保存「文化」不應只是歷史書寫，例如：手稿與圖書或實體遺存、文物與建築，實該擴展到當時文化所建構的「文化場域」，將所有與文化相關的事物，都應該一律保存。

　　文化場域，指包括任何人類活動的場域，從文化古蹟、歷史場區、生活現實到夢幻想像的遊樂園，其中生活環境是最根本的。文化場域是文化的產物，在歷史洪流裡，我們總是透過文字記錄、地表遺蹟等媒介來瞭解過去，我們所捕抓與瞭解的只是過去的片片斷斷。所以，客觀的歷史存在是一種想像，是一種總體概念的想像，而客觀的歷史片斷則是建基在文字記錄與地表遺蹟的客觀元素上而被感知[2]，如何去拼湊，除

---

[1] 路易吉・盧卡・卡瓦理・斯福爾劄著、石豆譯，《文化的演進》，北京：中國社會科學出版社，2018.07

[2] 黃士哲，《從真實化到舞臺化：文化場域舞臺真實化的觀察》，臺北：《觀光餐旅休閒

了文物證據外，就是如何滿足或者創新對歷史文化的時代意義。被感知的元素（或者歷史、文化資產），若能與自己熟悉的經驗與瞭解的事件產生連結時，歷史就可以被我們認定並判定是否接受，一旦歷史和自己熟悉的事物、意象或概念有了連結，歷史彷彿就沒那麼遙遠，甚至是熟悉的。這就是文化保存的共識。

　　文化保存的創新與未來，最關鍵的策略或即在建立某種時代意義的「文化共識」。但文化共識的建立，不應被視為是一種所欲的「結果」，而應視其為是一種「策略」，是一種「過程」，也是一種「行動」。「文化共識」，就是種想像的集體共識，這個共識是建立在對歷史文化的歷史感裡面，結合傳統文物、老街與古建築，慢慢所形成的一種文化場域。每個區域文化，均必須刻意去維護與保存，方可以向下紮根、往上發展。文化是各種族歷史記憶的組成，一方面擁有人類生活必備的基本屬性，另一方面更擁有屬於其獨特種族文化特點。不過，當人類進行不同文化傳承與保存時，因時代變化或文化趨同，導致只能部分傳承，加上商業考慮，為了賺錢犧牲文化傳統內涵，導致廣大群眾對文化尊重感喪失，進而對文化珍惜感日益減弱。傳統文化，自身是無法生存或趨向完美的，它必須藉由「使用者」去制定、修訂或更改。傳統文化之所以在現今社會中尋求創新發展，是因為新一代的人們認為除非找到其他的傳統可以取代過去或者完全拋棄，否則仍然生存在新社會的「傳統」應該被視為是一個重生或新生的機會[3]。

永續發展與創新教育國際學術研討會》，2011，頁 16-28。

[3]　Shils, Edward、呂樂譯，《論傳統》，臺北市：桂冠出版社，1992。

二、從體驗參與分享共識

　　「對歷史的重視對於一個培養成熟的民族性是非常重要的。如果我們不瞭解過去，我們如何能談論未來？」[4]許多文化政策的制定，或者文化保存，幾乎是一個由上而下的過程，地區居民並未參與決策過程，因此老街、古城或者舊建築的保存與設立，似乎對於一般居民來說並沒有太大的意義。在一個成熟的社會中，因社會結構或者社會地位影響，文化保存推動等精神層面的建設與宣傳，往往還是政府或者階層菁英們所掌控。但，政府與階層菁英的數量相較於大多數居民而言，畢竟屬於少數。如何強化政府或公部門與私部門互動協力關係，讓政府只是文化保存過程中的參與者之一，落實文化保存的共識共用。這種由下而上的地方實踐已開始進入傳統規劃理論中，形成一股勢不可擋的核心價值[5]。透過由下而上的地方實踐，讓文化保存的目標內含一般民眾對文化的解釋與詮釋權，讓文化主體從沒有溫度的器物或者古建築，轉換成有溫度的文化生活圈。不過，如何讓一般民眾理解呢？單透過政府宣傳手段，單一、制式的由上往下傳遞資訊，似乎不足以完成。

　　近年來體驗設計越來越受到重視，利用「體驗」讓受眾能夠得到深度的資訊，而非只能單方面由受眾自行消化所獲取片面的知識，加深消費者對於整個主題的印象，提升該產品之品牌形象。體驗包含感知、理解、認知、闡釋及移情等特色，體驗在經濟上的重要性牽涉到從情境中萃取價值[6]。這種方式融入在文化保存與創新中，就是一種文化體驗。

4　顏亮一，《市民認同、地區發展與都市保存：迪化街個案分析》，臺北：《都市與計畫》33(2)，2006，頁 93-109。

5　李素馨、劉子綺、侯錦雄，《泰安村文化景觀保存的地方實踐》，臺北：《都市與計畫》38(1)，2011，頁 47-71。

6　陳姿汝、曾碧卿，《文化體驗設計與社會企業營運模式初探》，臺北：《輔仁管理評論》，2018(25)，頁 83-108。

文化體驗，重點在於透過對於文化實體與文化記憶的互動體驗，進行文化凝聚、教育深耕，凝聚一般民眾對於在地文化保存的理念，促進地方特色傳遞，並提倡本土文化教育，這就是構建共識的過程。

為何要先建立共識呢？共識建立對由下而上的實踐有何影響呢？共識的建立主要透過兩大方式，一是認知，即傳播者提出各式論述，透過構框過程，強化潛在受眾的認知共識；一為情感，主要是透過情感要求及部分傳統儀式，以喚起潛在受眾的參與與選擇動機。[7]所謂構框即對話過程，是指傳播者能夠藉由補充和重新詮釋訊息，創造性的利用受眾認知結構，並藉由調整分散的認知元素，提出一個適合現存理解架構且開啟新概念領域的新框架[8]。換句話說，若文化保存政策制定過程中，政府與專家學者刻意規劃某種文化觀察活動，除提高一般民眾對文化較深刻理解外，因為體驗參與產生某種人文關懷的回饋、或者透過對話勾勒過去文化場域，這樣的文化保存似乎更有意義。

文化保存的目的在於文化傳承，傳承的目地在於累積知識。知識是「整理經驗」的工具，用來掌握瞬息萬變的生活情境。因此，對抽象知識的追求，應轉變為一種主動的教育經驗，透過情境的接觸與體驗，可以增加學習效果與知識傳承。所謂情境建構、學習體驗，強調是讓學習者置身於該情境中，扮演一個角色，強調學習者與情境的關係和意義，知識是在真實情境中建構，不能夠從脈絡中抽離。文化的主體是基於人，若把人放在文化保存的過程中，人會更有感，文化會更有溫度。文化保存最終目標是從共識建立，進而分享，也就是如何回到基於讓人重回到文化記憶的場景中，以人為主體，重新創建的文化生活場域，而非

---

7 吳翠松、吳季昕，《地方文化資產保存運動的共識動員分析：以苗栗護窯運動為借鏡》，臺北：《臺灣社會研究季刊》(97)，2014-12，頁 63-110。

8 Steinberg, M. 1998.《Tilting the frame: Considerations on collective action framing from a discursive Turn》,《Theory and Society》27(6), p.845-872.

表面的、淺層次的、無深度感的「精神速食」。對文化保存來說，若讓文化趨同單一，這是危機而非商機。看似透過文化創意與文化保存大帽子底下的文化資產再造，根本就是一種由媒介打造的偽命題與悖論，遑論共識的建立。

三、從傳播共識到文旅融合

儀式互動，是情感形成的主要機制，也是情感互動的主要表達媒介。從某種意義上說，情感的本質特性是社會性和互動性。不過，由於情感具有隱秘性、私人性和個體性，不易被察覺，因此需要激發和喚醒。至於，透過何種方式比較容易達到實踐體驗學習、共識分享傳承兩大目標，進而激發一般民眾對於那種虛無飄渺的「文化保存」的定義，似乎就是歷史與文化學者重要的使命。

透過大眾媒介進行文化傳播，傳遞經驗與想法，對於文化保存與觀念傳達似乎是不錯的方式與工具。但在目前眾聲喧嘩的資訊社會中，大眾媒介對於資訊傳達的效果轉弱，加上新媒體與互聯網等因素，文化真正的意義被誤解，甚至被媒介主動篩選、選擇性遺漏，這種文化傳播似乎未盡到真正傳承經驗的目的。文化保存，應是保存文化的精神內涵，以及過去的文化記憶。但是，文化看是簡單卻又能以捉摸的型態，讓一般民眾無感。因此，在建立共識與傳承文化過程中，如何創新一般民眾對文化保存的思維，以及讓民眾對所擁有之文化底蘊深具信心，對於生活幸福更為有感，正是本文所提出的體驗學習、共識分享。而「文化體驗」就自然而然成為主要的旅遊體驗形式之一，而文化旅遊需求從「一體適用」的旅遊方式轉為更為深度之文化之旅，文旅融合就應運而生。

文旅融合，若一旦喪失獨特性的地方文化，就等於失去文化內涵與價值，更遑論意圖透過文旅融合打造文化場景，成功地將民眾融入過去

生活的共同記憶，進一步進行有計劃地延續與凝聚社群共識，最後建立民眾的文化自信與文化優越感。文化與經濟兩者，一直是人類社會中最受關心的兩件事，但像井水不犯河水般互不相通。若從文化與經濟價值整合目標來說，文旅融合應是目前最適當做法，但如何將文化產生的環境與產生的文化內容，以及文化活動中的所有人事物，全部納入考慮，似乎是件不容易的事情。

　　文化保存加上旅遊體驗，就是種跨界整合概念，但處於這兩種不同概念下的人、或言旅客，卻是這兩種產業的最大公約數。所以，文旅融合不單純只是為旅遊創價，其成功的亮點在於如何讓雙方的最大公約數滿意，發出會心一笑，與文旅建構的場景、環境共振，更新腦中對傳統文化的思維與想像，進一步產生共識，願意分享。從旅客、用戶轉變成粉絲，主動為自己參與文旅體驗過程中的經驗與內心體會加以推廣，成為另種文化保存下的觀光推廣大使。最後，主動為地方文化保存提供自己想法與記憶，參與地方文化保存工作，為地方文化說故事、導覽，這才是文化保存真正的意義。

第二節　如何透過文化傳播打造漳州文旅品牌之研究

一、引言

　　2018 年 3 月，中共中央印發《深化黨和國家機構改革方案》，決定組建文化和旅遊部。4 月 8 日，在國務院機構改革的大背景下，文化部與國家旅遊局合併，新組建的文化和旅遊部正式掛牌。文化與旅遊有著天然的重合性，在產業範圍、產業規劃、產業內容上，文化和旅遊的交叉度、重合度越來越高，文化與旅遊融合發展的模式也被稱為「文

旅」。文旅融合是指文化和旅遊兩個領域產生的化學反應，不過，文旅融合需要長期培育，文旅品牌的建立，更非單純將文化創價、賦能就可一蹴可幾。文化通過旅遊載體實現文化軟實力的價值，文化與旅遊之間可以說是「靈魂」與「載體」、「內涵」與「外顯」的關係。只有兩者緊密結合，互通互補才能贏得更廣的市場，才能創造更大的價值，才能有效提升文化軟實力。

　　這點，早在 2010 年《福建省文化旅遊業（2010—2012 年）發展規劃》中，拉開福建文化旅遊的發展序幕，並於 2013 年的《福建省加快推進文化和旅遊融合發展的事實意見》，更進一步推進以文化促旅遊發展工作，福建正走上文化旅遊快速發展通道。不過，福建省在發展文旅融合過程中，漸漸出現四種現象，包括：觀光多文旅少、文化多故事少、模仿多創意少，以及看熱鬧多參與者少。需知當今旅遊者不再只滿足於走馬觀花曾經來過的感覺，他們更需要身臨其境地體驗不同地區間不同背景的文化差異帶來的體驗和感受，只有文化底蘊豐厚的旅遊才能受到遊客的青睞，才能在遊客中形成深層的影響力和傳播源。例如，「清新福建」這張名片已在全中國具有很高的知名度，但是從另一角度看，體現更多的內涵是自然，而不是文化。此外，許多知名的古城、老街，老舊建築涵蓋歷史記憶與當時社會風貌，但隨著旅客多了，這些老街、古城，卻成為文化美食城、美食一條街。

　　文旅融合，在互聯網＋的時代裡，應說是文化資源的內容＋。換句話說，文旅融合，是文在先，旅在後。文化，就是過去生活的積累，就是一種內容。文化結合旅遊，就是把過去內容加以賦能與連接，就是內容＋。綜觀福建省各地的文旅融合，無一不認真充分發揮內容＋優勢，不僅透過內容賦能，讓旅遊創價，更是透過許多專家學者調研、市場機構開發文創商機。每個地方都有故事，甚至傳奇，這些文化內涵本是地方最美與最特殊部分，但似乎忽略建構一城市文化品牌，應有三個階

段：第一階段就是城市定位，找出特色，建立品牌，讓該城市的知名度與曝光度無限擴大，而這階段是許多地方政府作的最好，實踐文化內容＋的部分；第二階段是城市認同，進行品牌經營，利用主題活動、故事行銷、微電影、或者公益活動等，都是第二階段可操作的範圍，增加對該城市或地方的喜愛度。第三階段則是城市願景，建立與其他城市不同形象，強化該城市的獨特性，在固定時間、固定主題，鼓勵民眾參與，為城市共同完成某專案標，讓城市的魅力無限，讓文化品牌無法被取代。

　　自 2017 年開始，陸續有地方政府針對文旅融合進行研究調研，從萬方數據知識服務平臺（http://www.wanfangdata.com.cn/perio/toIndex.do）以文旅融合、品牌等關鍵字查找出 201 篇文章，發現若以區域劃分，其中安徽環巢湖流域、湖南懷化、四川（含重慶）、貴州黔東南、江浙（含上海、南京）與京津冀等地區，對於文旅融合衍生的文化內涵挖掘、特色建構、產業前景發展與投資開發等，均有大量論述支撐。其中提到，文旅要建立屬於自己的品牌，必須要進行立體化行銷，透過互聯網＋的優勢，打破過去文旅的內容與資訊不對稱，有內容，但無配套宣傳。李弘在《當代中國生態文旅發展模式與前景探析》一文中，提到目前文旅發展裡，社會參與與共識不足，也是文旅發展的劣勢；宋德琴更進一步指出，巧用文化軟實力，首先要標誌化、符號化，最後要靈魂化旅遊產品。這點呼應上文所提城市文化品牌建構的三階段。另外，由國家統計局懷化調查隊課題組的《湖南懷化文旅品牌建設研究》一文指出，懷化文旅品牌未有統一的宣傳口號，不利於當地特色文化與旅遊形象的傳播，影響旅遊品牌的成長。

　　品牌的首要功能，在於方便消費者進行選擇，縮短消費者決策過程。傳統市場競爭中，當消費者形成鮮明品牌概念後，如何透過公關、包裝或活動，讓品牌超越產品（例如：文旅路線）的生命週期，讓原本

依附在產品（或文化）上，慢慢發展到與具體產品相對獨立開來，並使消費者長期積累對它的認同和偏好，這就是品牌塑造。品牌是動態成長過程，從品牌定位、品牌塑造到品牌推廣，這就是一種品牌行銷。另外，品牌文化建立，仍包括如何對內部形成共識，讓內部成員認同，這才是完整品牌行銷的價值。

因此，本課題核心價值在於論證文化傳播能否推動文旅品牌的建構？因為綜合上述數據可知，大部分文旅路線都已經充分發揮其文化內涵，在內容為王的角度上，建構屬於地方能見度高的文旅產品。但，文化品牌下一步該怎麼走？或者往哪里走？似乎沒有明確的操作性定義。文化傳播，似乎符合推動文旅品牌的重要手段。

文化傳播，更像是一種潛移默化，讓大眾於不知不覺中被同化或者被麻醉，更精準的表述是，文化傳播就是遇到某種現象、思維或者概念需要被保存、宣揚時，如何透過各種媒介與方法，去建立共識的一種手段，它傳播影響的範圍可能是針對某群體、某聚落，也可能是全人類。這種近乎麻醉的宣傳方式，昇華到生活與道德，進而讓每個人都願意幫您。透過多種人、多種管道，從一個人到各種活動，讓每個人自願接受，這樣的文化保存就會比較容易。文化傳播一開始會比較困難，但是一旦故事開始了，就停不下來。

文化傳播依託的傳媒產業，對當前文旅融合應可起到相當大的作用。因文旅需要通過傳媒管道傳播資訊內容，創新傳播方式，提升自身品牌形象，為「文化＋旅遊」提供內涵式與融合式的傳播內容與管道。過去，傳媒業僅能提供廣告版面、出版發行。但在媒體融合「兩微一端」向「三微一端」深度發展的當前，許多傳媒都具備了報刊、網站、微信、微博、微視頻、客戶端等在內的全方位、立體化傳播管道。透過密集專刊介紹、網路管道推廣、大數據精準行銷、社交網路推薦、移動互聯網社群推介等服務，把地方文旅品牌推進至第二、第三階段。這也

正是選擇本課題的重要意義所在。

本課題將希望透過問卷調查，找出目前漳州文旅品牌建構過程的不足之處，進而提出如何透過文化傳播手段，在迎合現今需求前提下，利用媒介行銷創造新需求；讓漳州文旅品牌可以由內往外，讓每位漳州人對地方文旅品牌建構的重要性理解，並願意一起來推廣，進而形成口碑。由點到線到面，建構整個漳州市對於文化內容的保護意識、對文化旅遊產業的認同支持，帶動文旅的深度融合，這才是文旅品牌建構的最終價值。

因此，本課題研究重點在於三方面，一是依據文化傳播（媒介）角度去分析目前漳州文旅品牌不足之處；二是針對問卷調查結果，將不足之處提出新模式應用，讓文旅連接融媒體，形成品牌深化，善用多樣化資訊傳播載體，提供文旅更多包裝推廣，讓文旅資訊多方傳遞，最終形成文旅品牌的威權化。三是延續上述研究成果，提出可能的實施步驟，讓漳州古城成為漳州對外重要的文旅品牌。

文化旅遊產業，近年對城市來說，是重要經濟現象。不過，近年研究成果來看，似乎都著重在文旅產業鏈上的研究，例如：文化旅遊的定位研究、文化旅遊產業的作用和意義等，卻忽略文化旅遊背後所支撐文旅永續發展的城市品牌經營與旅客滿意度的考慮。甚至也少有研究去思考，如何利用媒介的文化傳播利用，將文化與城市形象進行更為緊密的結合，以促使該城市的文旅產業永續發展。

二、文獻綜述

城市品牌的塑造與升級根植於城市個性定位，城市個性源於城市文化。如何把城市文化資源轉化為城市品牌定位的核心要素，構築城市品牌差異化優勢，增強城市競爭力，這是當今中國城市發展文旅最亟待解

決的問題。通過對城市品牌定位的類型、方法、實施流程等進行深入探討，梳理出一個基於城市文化資源的城市品牌定位模型，並通過對文化資源的挖掘與開發，提高城市利益相關者對城市的認同感和滿意度，增強城市的聚集效應、規模效應和輻射效應，這正是本文所提的概念，對外建立簡單富涵願景的概念、打造代表漳州精神的名片，建立簡單且富含願景的概念，讓旅客有想像空間，又容易記得牢，把具象與意義結合，讓人知道，也願意來。對內，善用富文化內涵的城市記憶、喚醒市民認同漳州過去繁華。這些富文化內涵的城市記憶，如何被喚醒？用什麼方法可以讓市民認同且期待再現過去繁華？讓居民願意分享，把政府的孤軍奮鬥，轉換成每個市民都是文旅大使，最終在他們心中形成一股信仰，漳州文旅品牌，才能逐步夯實。

　　Keller（1998）在他的《戰略品牌管理》一書中最早提出了「城市品牌」的概念，他認為城市品牌化的力量就是讓人們瞭解和知道某一區域並將某種形象和聯想與這個城市的存在自然聯繫在一起，讓它的精神融入城市的每一座建築物之中，讓競爭與生命同這個城市共存。Rainisto（2003）指出，城市品牌化是指增加城市吸引力的方法，其核心問題在於構建城市品牌識別。總而言之，城市品牌是社會公眾對一個城市的整體認知，它既是城市行銷的產物，也是城市風貌的綜合展現。城市定位是城市的性質、歷史、功能、聲譽、品牌的無形總和，同時也是目標受眾對城市產生的清晰印象和美好聯想，充分表現城市的個性（楊媛媛，2014）。

　　在每個城市進行文旅推廣過程中，首先必須先將這個城市進行定位？誠如文化傳播一開始，就必須清楚傳播的內容，以及傳播的目的為何？城市在進行定位時，首先應明確戰略規劃，以確定定位策略與戰略規劃保持一致。戰略規劃基於城市品牌的構建，而城市品牌構建基於該城市本身的內容，或者文化。李成勳（2003）認為城市品牌定位時應遵

循五個原則：真實性原則、專屬性原則、導向性原則、美譽性原則與認同性原則。此外，顏如春（2002）認為城市文化是城市氣質的底蘊，是城市形成的靈魂。塑造城市品牌要突出文化特色，要充分認識到城市「個性」和文化特色的巨大價值。城市形象塑造必須注意「文化思考」和 「文化規劃」從意識形態和文化發展的高度來思考城市形象問題。沈堅（2005）則從文化與城市個性、文化與城市形態、文化與城市發展等方面論述了文化與城市發展的關係，指出文化是城市的生命和靈魂。城市品牌概念的提出大致經歷了城市形象、城市行銷、城市品牌等三個階段。近年來國內關於城市品牌研究的文獻開始劇增，從不同的角度思維和邏輯來探究城市形象發展問題，但大部分研究集中於系統宏觀層面上，缺乏對文化資源的挖掘，缺乏城市文化與城市品牌定位方面的研究。更少有針對城市本身文化資源進行包裝與傳播，以取得專屬性、導向性與認知性等原則。

利用城市本身的文化資源進行推廣與包裝該城市品牌，具有兩方面的優勢：一是由文化產品所塑造的城市形象更加容易讓受眾接受；二是文化產品在當今社會觸手可得，可獲得性也增加了受眾對他們的認識。當然，文化資源是種想像、共識，透過這種虛構出來的城市符號，例如：古城、老街或者非物質遺產等，這種非具體的「所指」（比如各種旅遊景點），若凌駕了該城市的形象或者品牌，那這些「所指」（比如各種旅遊景點），在行銷或者傳播過程中的難易度，大大提高。另外，在城市形象構建過程中，媒介中的內容通過對城市的符號文本組合，實現了構建該城市形象的目的，並影響受眾（旅客）對城市形象的認知。就傳統來說，一般是通過書籍、廣播、電影、電視等媒介進行。隨著科技的發展，微信（社交軟體）、博客、短視頻、電子遊戲等，也具有了這方面的功能。

城市品牌的具象，就是城市形象，而城市形象是一種公眾印象。以

新聞傳播學角度切入城市形象的研究起步較晚，不過仍然有部分文獻分別從城市形象傳播的關鍵問題、大眾傳媒作為議程設置者如何建構和塑造城市文化與城市形象、在新的媒介環境下用何種理念和路徑進行城市傳播、技術與城市發展的關係、城市作為交流媒介如何影響城市傳播等方面，探析城市品牌與媒介傳播之間的關係。城市形象傳播研究的主流視角是將大眾媒介視為溝通傳者與受眾的仲介，認為大眾媒介在城市形象傳播過程中占據重要地位。不過，傳統的城市傳播以政府單位為主體，單向度傾向嚴重，常常只關注「說」而忽略「聽」，在回饋機制上有明顯的遲滯。另外，敘事上更多體現的是政治宣傳風格，在實際操作中不可避免地出現目的性強而說服力弱的狀況。因此，一些城市在運用形象化策略時不免出現僵化的特點，簡單直觀的影像並不能真正地圖解城市精神，工作業績和產業發展數字的堆砌，並不能以喜聞樂見的方式被受眾接受。

　　城市形象的概念隨著媒體發展也在不斷的更新，因為，城市形象的構建與傳播是一個有機的整體，兩者互相影響交融，城市形象的構建的目的是為了傳播，而傳播的過程與結果對城市形象的構建又有著反作用。城市形象的核心是「文化」，而文化的傳播與傳承是一個積年累月的過程，傳統媒體對於城市形象的傳播採用了傳統媒體的方式進行，許多珍貴的資料流傳至今，但是，由於其傳播方式的單一性與守舊性，生動、鮮活的城市形象未必能獲得最佳的傳播效果。更遑論若將文化結合旅遊吸引遊客，更需要更生動、鮮活的傳播方式與組合，才可以獲得更多的傳播效果。

　　體驗「Experience」一詞，意指探查、試驗，Csikszentmihalyi（1975）曾指出「Flow Experience」論點，意指當人進行活動時，如果完全投入情境中，集中注意力，並且過濾掉所有不相關的知覺，即進入一種舒暢的沉浸狀態。Schmitt（1999）認為，體驗是個體對某些刺激

回應的個別事件，通常由直接觀察或參與事件所造成，且非自發性而是誘發性的，也可被視為複雜、正萌芽的結構，帶有永遠的新奇感，因為沒有兩個體驗是完全相同的。此外，就體驗觀點而言，消費體驗不只局限於一些購物前活動（如，需求的刺激、搜集資訊等），也不是指一些購物後的活動 （如滿意度的評估等），而是包含一連串會影響消費者決策和未來行為其他活動（Vézina，1999）。

　　Schmitt（1999）運用心理學模組 （modules）概念，將消費者體驗形式視為策略體驗模組（strategic experiential modules，SEMs）及體驗媒介（experiential providers，ExPros），策略體驗模組目的為顧客創造不同體驗形式，因此，每一策略體驗模組都有其不同結構與行銷方式，分別為感官、情感、思考、行動與關聯五個構面，配合體驗媒介來達成吸引消費者之行銷目標。而文旅品牌的建立，在於個人與文化之間，藉由互動過程產生理想化自我訴求的關聯體驗，以及對體驗對象產生歸屬感和認同感時，這個個體對於所體驗的文化內容，就會產生滿意，進而將這種文化內容，昇華成某種文化品牌、城市形象。

三、模型構建、數據來源及處理

（一）模型構建

　　誠如文獻綜述所瞭解，早期在研究文旅品牌過程中，都是先有文旅品牌，在去談所謂的城市品牌。而文化傳播的功能僅是強化文旅品牌與城市品牌之間關連，誠如下圖 1 所示。先把文化資源直接賦能成為文化產業，然後形成文旅品牌；可是當發現文旅品牌似乎必須跟該城市進行較緊密結合時，只好透過文化傳播進行重塑與強化。因此，本文特別將本課題的如何透過文化傳播打造漳州文旅品牌為例，提出文旅品牌的下一步，就是建構漳州市的城市品牌。

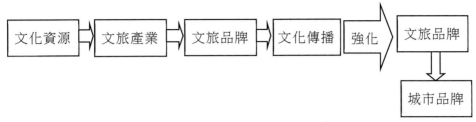

圖 1：傳統透過文旅品牌建構城市品牌示意圖

　　由上面模型加上本課題的主要目標，是希望透過漳州古城的個案來分析如何建立漳州的名片，因此我們首先要解決的是，漳州古城目前是否為漳州的文旅品牌，以及這張品牌是否足夠支撐漳州市的城市品牌？因此，本課題研究步驟如下：

1. 步驟 1：首先目前漳州古城透過既有媒介進行品牌包裝與建設的資訊搜集。並瞭解目前漳州古城在媒介上的意象，以利問卷設計所需素材。

2. 步驟 2：其次針對漳州古城的目前對外形象包裝，以及旅客來到古城之後對古城印象，以及漳州古城與漳州市城市印象之間的關連，進行問卷調查。

3. 步驟 3：最後分析問卷數據，並透過描述式分析方式，加以解讀數字背後意義，並提出文旅品牌化對漳州市發展的未來建議。

（二）數據來源與處理

　　本課題的數據來源是透過一手資料分析，也是透過問卷調查法進行搜集。問卷法的運用，關鍵在於編制問卷，選擇被試和結果分析。本次問卷設計之前，已經針對媒體上對於漳州古城形象的文本進行分析與調言，然後依照單一、窮盡與互斥三項原則，設計封閉問卷讓受訪者回答。部分題目亦採用訪員自由運用，以搜集更多第一手資料進行分析。此次問卷調查時間在 2019 年八月中下旬，訪員進行二次訪員訓練後，

隨機在漳州古城入口、孔廟（文廟）與香港路附近進行調查，並於九月中旬進行問卷數據分析。

本次問卷設計主要分成三大部分，共計 15 題，詳細說明如下：

1. 第一部份：受訪者基本資料與篩選題。該部分的有效問卷是指非漳州市的受訪者，並針對該受訪者的性別、年齡與職業進行調查。

2. 第二部分：受訪者來漳州古城的動機與印象。該部分主要是針對受訪者是否第一次來漳州古城，以及來漳州古城的動機，以及對漳州古城的第一印象為何？並針對來古城動機裡面與媒介報導、推薦相關進行深度進行訪問調查。

3. 第三部分：漳州古城與漳州城市印象間的關係。該部分主要調查受眾（遊客）來到漳州古城的整體印象？以及是否認定漳州古城就是漳州市的重要文旅品牌？以及該如何對這張漳州文旅品牌加以改進？進行深度訪問調查。

四、文旅品牌化對漳州城市發展的影響效應評估

針對本課題的問卷調查結果，進行描述性分析，有下列的結果與發現，分別詳述如下：

（一）來漳州古城遊客的基本圖像

該部分主要包括有效問卷 856 份裡面，受訪者的性別、年齡、職業與來自哪裡等四個面向，詳見下面圖 2、圖 3、圖 4、圖 5 與圖 6。

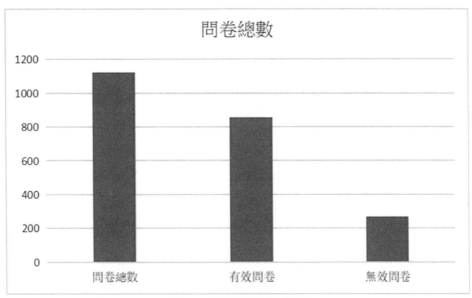

圖 2：問卷調查總數量

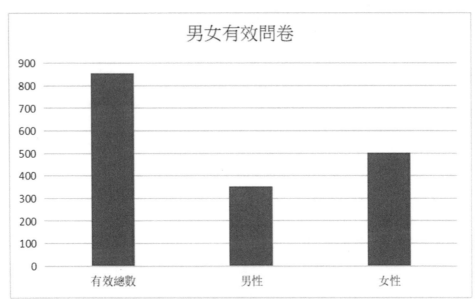

圖 3：受訪者性別比例與份數

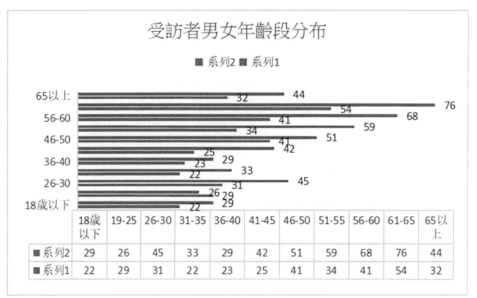

圖 4：受訪者年齡段分布說明

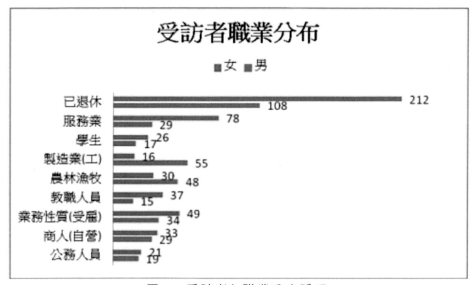

圖 5：受訪者年職業分布說明

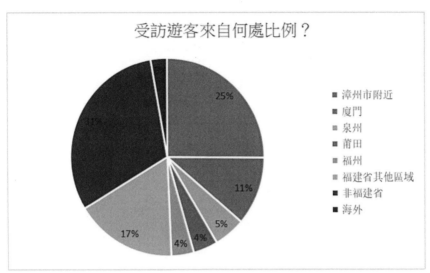

圖 6：受訪者來自哪裡分布說明

　　從上述數據可以看出，來漳州古城的女多於男，年齡段偏高，其中已超過 51 歲以上的遊客占大多數；此外，已經退休、從事農林漁第一產業與製作加工第二產業的職業偏多，且大多數來自非福建省人，這些非福建省內的遊客，大多數都是第一次來到漳州古城，詳見圖 7。

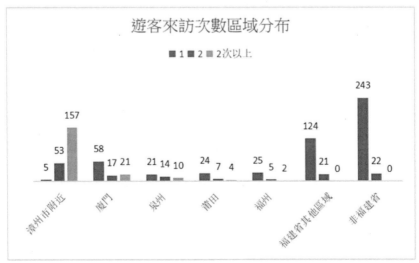

圖 7：遊客來訪次數區域分布

（二）漳州古城遊客對漳州古城的印象

該部分針對第一次來漳州古城，以及第二次以上來漳州古城的不同動機加以分析，並請針對動機裡面的因素進行進一步瞭解，詳細見圖8、圖9。

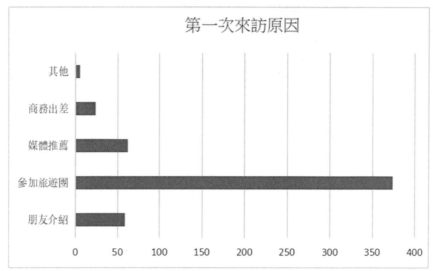

圖 8：第一次來漳州古城原因分析

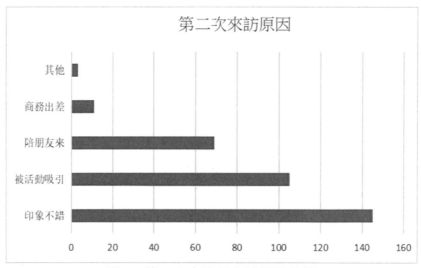

圖 9：第二次來漳州古城原因分析

　　從上圖可發現，大多數第一次來漳州古城原因在於參加旅遊團，以及媒體推薦，或者朋友介紹。其中媒體推薦與朋友介紹，都可以視為透過媒介傳播所造成的影響。至於為何會再度重遊漳州古城呢？針對第二次來訪原因進行分析時發現，最主要是第一次來過之後，對漳州古城印象不錯，以及因為漳州古城舉辦活動吸引重遊意願。若再針對重遊意願再度分析，發現中對漳州小吃、媒介報導、有活動等因素所吸引。至於從哪裡得知漳州古城有舉辦活動，發現是來自媒介報導因素占大部分，剩下則是被朋友所拉來。該部分請詳見圖 10、11。

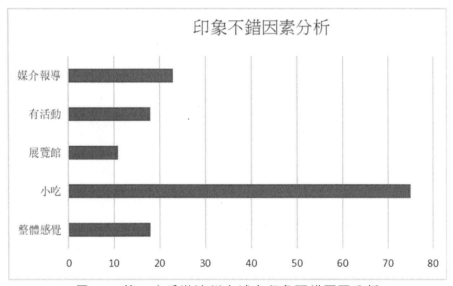

圖 10：第二次重遊漳州古城之印象不錯原因分析

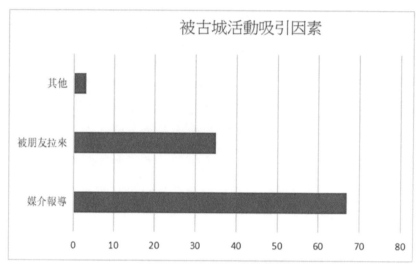

圖 11：被漳州古城活動吸引原因分析

（三）漳州古城與漳州市文旅品牌間關係

該部分主要針對遊客是否認定漳州古城是漳州市重要的文旅品牌呢？若不是，有哪些意象是漳州文旅的代表呢？該部分詳見圖 12、13 與 14。

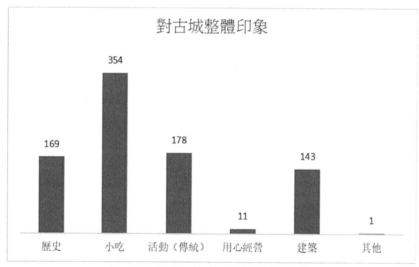

圖 12：遊客對漳州古城整體印象

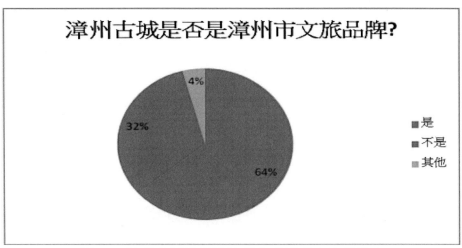

圖 13：漳州古城是否是漳州市重要的文旅品牌？

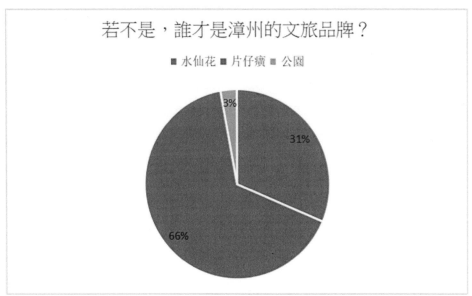

圖 14：在遊客印象中，除古城外，還有哪些文旅品牌？

　　針對圖 12、13 與 14 統計圖表中可得知，漳州古城在有效問卷受訪者印象中，包括小吃、歷史氛圍、古建築與傳統活動等，都相當吸引遊客駐足，也是形成遊客對漳州古城的整體印象的幾大因素。若往下繼續

訪問受訪者，漳州古城是否是漳州市的文旅品牌，超過 64％的遊客表達正向態度，但仍有約 32％遊客不認為漳州古城可以代表漳州市的城市品牌與形象。

　　至於還有哪個景點、建築或者印象可以代表漳州文旅，可以發現水仙花、片仔癀與公園也在遊客心中占有不少份量，而片仔癀更是被遊客所津津樂道。若將遊客來自哪個區域？以及來漳州古城次數與漳州文旅品牌進行交叉分析（cross-tab），可以發現，大部分第一次來漳州，而且非福建省的遊客，特別認同漳州古城是漳州重要的文旅品牌。

（四）媒體（文化傳播）與漳州文旅品牌建構關係

　　文化傳播（媒體）對於第一次體驗或者第二次（重遊古城）意願有明顯影響，該部分可詳見圖 15、16。

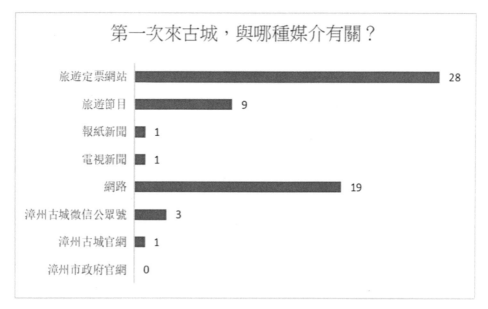

圖 15：第一次來古城是受到媒介影響因素分析

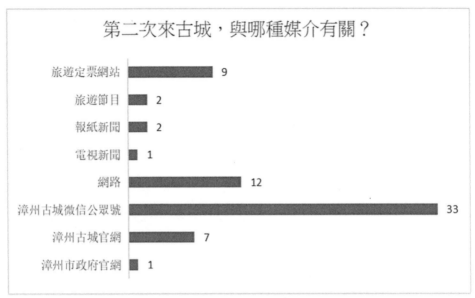

圖 16：來古城參加活動是受到哪些媒介影響分析

　　從圖 15 與上述第一次來漳州古城因素加以對照比較，發現第一次來漳州古城受到媒介因素影響比例，僅占 12%，其餘近七成都透過旅遊團所推薦行程導致。而自身受到媒介影響進而決定前來漳州古城的，其中受到旅遊定票網站與網路上推薦旅遊行程的比例高達 60%以上；少部分來自旅遊節目所推薦。至於漳州古城官方網站、微信公眾號對於第一次來漳州古城的遊客來說，其影響不大。同樣地，針對第二次重遊是因為想參加漳州古城所舉辦活動的部分，遊客之所以會得知漳州古城舉辦活動的原因在於受到媒介報導影響。媒介報導對於重遊來說，是相當重要的，因為超過 63%的遊客是因為受到媒介報導才得知漳州古城未來或者正在舉辦活動，進而引發他們重遊漳州古城。其中以漳州古城微信公眾號的資訊傳播影響最大，占遊客重返漳州古城人數的 50%左右；另外，網路新聞、活動資訊的公布，也占了 18%。這數據佐證了新媒介對於文化旅遊品牌建構有其影響與功能。

（五）打造漳州古城成為漳州文旅平臺下一步作法

　　若想把漳州古城打造成為漳州第一名的文旅品牌，受訪者（遊客）均認為，應該做好、做多、做完整文化傳播的工作，簡言之，就是必須善用媒介宣傳與包裝的功能。詳見圖 17、18。

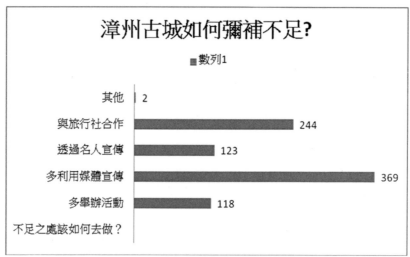

圖 17：漳州古城打造文旅品牌需彌補何者不足？

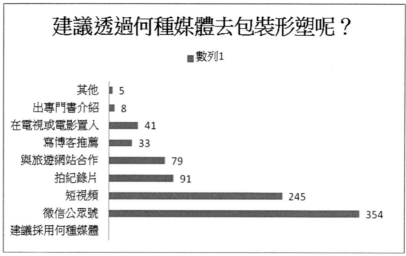

圖 18：該透過何種媒介進行文化傳播打造文旅品牌呢？

從上述圖 17 可知，受訪者有超過 43％認為應該透過媒介進行包裝宣傳；另外有 29％的受訪者認為，應該多與國內旅行社配合。此外，還有人提出要多多舉辦活動，以及透過名人代言加以宣傳等。若再詢問該使用何種媒體來包裝漳州古城呢？超過 41％的受訪者認為應該善用微信公眾號；29％的受訪者建議採用短視頻，以及拍紀錄片、與旅遊網站合作、寫博客推薦與透過電視與電影置入行銷。

五、結論與啟示

從本次數據分析顯示，漳州古城截至目前為止，似乎已經儼然成為漳州市重要的文旅品牌，畢竟漳州古城從歷史、建築與傳統戲曲、風俗、小吃等等，都具備擔當漳州市文旅品牌的代表。但是，漳州古城或者漳州市有關單位對外宣傳不足，對內共識不夠。何謂對外宣傳不足？第一次來漳州大部分的遊客，超過一半幾乎都是透過旅遊團參加，真正是慕名而來，因媒介宣傳包裝主動前來的遊客並不多；正因為由旅遊團居多，大部分的遊客年齡偏大，且退休人員較多。這個族群本身對於旅遊具有較多時間、較高意願，且比較能接受歷史相關景點。而年齡層介於 19-40 歲間的遊客，反而比較少。這可能是因為漳州古城對外的知名度不夠，古城的亮點與活動無法吸引較年輕的族群前來遊玩。而何謂對內共識不足，漳州本地人對於漳州古城是否是漳州市重要的文旅品牌，還有超過 32％並不認同。這代表漳州古城相關單位並未積極整合內部聲音，加上更不清楚自己定位，以及該如何發展導致。

另外，新媒介對文旅品牌建構有積極正面的效果。例如：微信公眾號、短視頻等。透過互聯網資訊交換，可以積極整合不同新媒介的不同功能，例如：從漳州古城官網資訊發布，延伸到古城微信公眾號，推介給旅遊網站編輯，善用短視頻介紹活動，以及各式活動資訊整合平臺的

發布等等。在本次數據中，明顯看出漳州古城微信公眾號的影響力不小，但如何持續維持該影響力？又該如何將這成功模式套用到其他的新媒介上，才是文化傳播最後的期待與效果。不過，從另一個角度來說，漳州市政府官網、漳州古城官網與部分傳統媒介的宣傳與運用，似乎力度不大，這或許也說明了，為何漳州古城目前遊客大多還是透過旅行團或者周邊市縣的民眾為主。

　　最後，文旅品牌必須依靠城市形象永續發展。過度強調文旅品牌，會讓文旅產業的經濟鏈無法對該城市產生正面積極效果，反而會讓遊客誤解，或者讓當地居民反彈。因此，本課題最後提出新的文旅品牌建立的新模式，期待透過重新檢視文化資源，利用文化傳播同步建構城市形象與文旅品牌。再讓城市形象延伸的城市品牌，成為該城市文旅品牌的後盾與支撐，請詳見下圖 19。

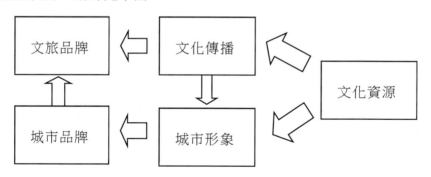

第三節　新媒介與鄉村旅遊意象關聯性研究

一、通過文化內核，構建城市意象

　　當今社會已進入以文化論輸贏的時代，文化已深深融入經濟、社

會、人文各個領域和層面之中，文化發展將成為經濟社會發展的著力點，成為時代發展的軸心。從 1985 年起，歐盟每年指定一個或多個城市為歐洲文化之都（European Capital of Culture），被指定的城市必須以文化之名舉辦城市活動並進行推廣，每個城市都需對自身進行定位，以創造觀光及經濟的產值，建構城市文化品牌。[9]城市文化品牌逐漸成為當下許多人對某座城市的記憶識別點，這種識別漸漸成為城市內部成員的共識以及城市對外溝通的重要手段，隨著時間的累積與不斷創新，最終形成該城市獨有的特色，這就是一種城市意象。

城市意象與該城市的旅遊定位有著密切的關聯，構建城市意象就必須以城市的主題設計、歷史文化街區的特色、城市旅遊行銷的理念以及遊客對城市旅遊的感知等多個方面為切入點，逐步對城市旅遊內容與城市對外意象進行修正與強化。每座城市都蘊含著獨特的城市故事，甚至是傳奇，這些故事內涵本就是城市意象最美也是最特殊的部分，[10]但利用城市自身資源對城市品牌與意象進行包裝和推廣遠不如想像中簡單，意象不僅僅是種想像，也是一種共識，絕大部分的城市意象是通過某些虛構符號建構起來的，例如：古城、老街或者非物質文化遺產，這種非具體的「所指」在符號化建構的過程中絕非易事。若想打造成功的城市意象，首先要以有計畫、全面地凝聚共識為前提，對該城市的文化資源進行全方位的挖掘，在此基礎上合理規劃，利用原生的城市魅力吸引遊客，打造城市文化旅遊產業鏈；再者，借助媒介傳播的力量，將城市意象進一步凝鍊成為城市的原創品牌；最後，以受眾接受度高的影像化傳播方式，為在地文化進行宣傳和推廣，強化城市品牌印象。

---

[9]　龔維德。荷蘭文化行銷與城市行銷思考是什麼?.[EB/OL].[2016-05-04]. https://www.wowlavie.com/citizens_unit.php?article_id=AE1600340.

[10]　康帆，陳瑩燕，龍燕。大數據時代基於城市意象方法的武漢城市旅遊形象定位與新媒體傳播研究[J].美與時代（城市版），2017(01):86-87。

　　文化是城市意象的內核，其重要性不言而喻，但文化的傳播卻是一個積年累月的過程，無法一蹴可幾。若想將文化與旅遊結合，短時間內吸引遊客增加城市營收，更需要以生動、鮮活的傳播方式進行資源整合，以取得更好的傳播效果。目前，城市行銷存在兩種主流方式，一是聚焦與宣傳，通過舉辦各式節慶活動、國際賽事、國內外展覽等將城市的特色呈現出來，從中找出與該城市特色最契合主題，進行包裝宣傳；二是講故事，通過敘事化、符號化的呈現形式，構建起城市對內與對外的共識與意象。

二、善用鄉村內容，借鏡城市經驗

　　英國馬克思主義文化批評家雷蒙・威廉斯曾指出：「有一種許多人都熟知的習慣，那就是把過去，把那些『過去的好日子』當作一種手杖，來敲打現在。作家們信心十足地讓我們到『舊英格蘭』──似乎那就是我們可以落腳的地方──去尋找永恆的韻律，但這個『舊英格蘭』又開始不斷向更早的時代退去。」[11]在城市化加速時代，對傳統鄉村生活加以玫瑰色的想像，並對這種想像出來的傳統鄉村抱以懷舊的、鄉愁式的眷戀，是城市化進程中的一個突出表現。在這種浪漫化想像中，鄉村成為自然、寧靜、淳樸等生活方式的符號，農業勞作的艱辛、物質匱乏的困苦、剝削壓迫的黑暗等都被過濾掉，只留下精心挑選的精緻意象，凝鍊成為鄉村意象的原型。從文旅資源層面上看，鄉村旅遊與城市旅遊存在著顯著的差別，因此遊客對鄉村旅遊與城市旅遊的感知與意象必然不同。「鄉村性」是鄉村旅遊最主要的特點，也是遊客選擇鄉村旅遊的主要因素之一，鄉村性保存得愈好，愈能吸引遊客，鄉村意象與遊

---

[11] 韓子滿，劉戈，徐珊珊譯。雷蒙・威廉斯。鄉村與城市。商務印書，2013。

客的感知意象呈現正相關。[12]鄉村旅遊作為以鄉村社區為活動場所、以鄉村獨特的生產形態、生活風情和田園風光為對象的一種旅遊業態，其發展能夠起到農民增產增收、農業多元經營、鄉村美麗繁榮的作用，現已成為各地鄉村振興的重要引擎。[13]鄉村旅遊的核心吸引力並不像城市旅遊意象存在著過多的人工製造，更多在於展現鄉村環境（有山、有水、有農田）、鄉村勞作（鄉村古老作坊）、鄉村民俗（風俗習慣）、民居建築、鄉村文化以及文藝活動。

　　鄉村與城市在發展旅遊上最大的區別在於城市更重視意象的建立，非單純依賴於原生文化魅力（鄉村性）。在初期，遊客對於旅遊地的感知過程中，「鄉村性」的特質使鄉村相較於城市占有較大優勢，但鄉村往往將更多注意力放置於自身文化特質，缺乏行之有效的文化建構與形塑，僅著墨於內容的挖掘，忽略整體場景、遊客感受與旅遊意象建立等，從而影響遊客決策過程中選擇鄉村作為旅遊地以及再度重遊的意願。旅遊意象建立過程，其實就是旅遊景點、遊客與當地居民三者間的某種共識建立，這種共識的建立，可以通過媒介形塑與加工包裝完成，這就是文化傳播的過程。因此，鄉村旅遊更應借鏡城市意象建構方法論，不能只著墨內容挖掘與包裝，更要巧用媒介設定議題、建構場景、氛圍行銷，讓遊客在旅遊觀光的過程中，延長對鄉村旅遊的新鮮感與認同度，[14]全方位體驗鄉村生活，同時巧借鄉村神話傳說、民間歌謠、田間勞作以及傳統節慶活動等對鄉村進行全方位的包裝，讓遊客在旅遊過程中，不僅僅停留於觀光的層面，而是真正愛上這個具有魅力的鄉村意象。

---

[12] 孟秀蘭。鄉村旅遊地意象、感知價值及其重遊意願——基於浙江省鄉村旅遊地的實證分析[J]。浙江萬里學院學報，2018，31(1):8-15。

[13] 邢毓愲。鄉村振興戰略背景下鄉村旅遊發展問題與對策研究——以洛陽市欒川縣為例[J]。經濟管理（文摘版），2018(12):29-30。

[14] 張榮齊，楊曉東。鄉村旅遊主題下休閒農業升級路徑研究——以北京市龐各莊鎮為例[J]。中國市場，2019(17):1-6。

三、借力新媒體，加速文化重組

　　文化的傳承與延續，既取決於文化本身的內在張力，也取決於文化傳播的有效。以網路媒體和移動載體為代表的新媒體時代，讓傳統的文化傳播迎來機遇，也面臨挑戰。文化傳播像是一種潛移默化的過程，讓受眾在不知不覺被同化或麻醉；換言之，文化傳播就是當某種現象、思維或概念需要被保存或宣揚時，通過各種媒介管道與方法，有效建立群體共識的一種手段。文化傳播產生影響的範圍可能是針對某群體、某聚落，也可能是全人類。這種近乎麻醉的宣傳方式，上升成為生活與道德的一部分，通過人際傳播、群體傳播以及多種媒介管道擴大傳播效果。

　　以故事化敘事的文化傳播，在當下逐漸凸顯出其獨特優勢。新媒體的跨越式發展，賦予文化傳播更為系統、更為優化、更為新穎的傳播方式，傳播力得以顯著提升，為文化傳播開闢了前所未有的空間與路徑。新媒體的衍生和發展使得文化傳播的路徑進一步暢通，並為文化傳播帶來更多的可能，極大地拓展和增添了社會互動[15]。新媒體在提高社會凝聚力與增強文化認同感的同時，還極大豐富了文化表現形式，進而產生「文化重組」現象。「文化重組」正是本文強調鄉村旅遊可強化遊客意象與共識途徑之一。不同的文化體系可以通過重組進行借鑑與互補，形成包含兩種文化內涵的全新文化體系。鄉村旅遊不單可是一種文化復興，也是一種文化的修復與回望，更是一次變革與新生，傳統是它生存的土壤，現代是它發展的指向。在鄉村與城市文化的互學互鑑中，要充分挖掘鄉村傳統的文化精華，積極探尋鄉村文化的現代化表達方式，以更好展現鄉村文明的核心價值，也不能忽視如城市旅遊意象市場機制所提供的能量和動力。此外，也不能只迎合市場需求，任何隨意貼標籤地

---

[15] 陳蓉。關於城市形象傳播的策略探析——以蕪湖市為例[J]。視聽，2019(1):172-173。

裝潢、破壞性地開發、過度商業化地變現，都是需要警惕與摒棄的。

　　這種「新鄉村」品牌的文化傳播策略，可助力構建「新鄉村」意象
體系，為新鄉村品牌形象傳播與發展打造了符合時代特色的文化傳播方
式。不過，目前在建構鄉村意象過程中，存在著傳播手段單一、效果不
理想等問題，導致許多豐碩成果沒有得到應有的宣傳。[16]大部分從事鄉
村旅遊開發者，並沒有深入理解文化傳播真正內涵與作用，在鄉村意象
建構過程中忽視了細節、時間、環境等仲介因素的影響，傳播方式流於
表面，無法形成良好的傳播效果。如何通過新媒介文化傳播方式，重新
形塑鄉村旅遊意象，打造一個符合人們內心深處浪漫化想像與期待的鄉
村符號意象，發揮文化傳播的作用就顯得尤為重要。

四、新媒介助力構建旅遊意象

　　現今，鄉村旅遊與意象建構不再是一場「無規則的單兵作戰」，單
靠某「鄉村性」的文化內涵或者單一品牌包裝，無法達到長期吸引遊客
的效果。鄉村旅遊應從單一的意象建構，逐步往文化挖掘、體驗設計、
參與認同到鄉村品牌建立等一系列「聯合作戰」轉變，方能築起嚴謹且
牢不可破的旅遊意象。任何一個鄉村旅遊地，都應以自身的知名度、曝
光度為出發點，通過創辦一系列文化活動，挖掘文化內涵以提高受歡迎
程度，讓旅遊意象成為受眾群在決策過程中參考的重要依據。

　　以當前鄉村旅遊發展為例，在商業利潤和地方政府補貼的雙重驅動
下，盲目跨越式發展，效益低下且造成社會資源的大量浪費，同時也破
壞了鄉村原有的經濟格局。搞好鄉村旅遊，首先必須要尊重事物發展規

---

16 張世豔。基於新媒體行銷視角的鄉村旅遊創新推廣策略研究[J]。中國市場，
　2018(14):145-146。

律，加強基礎工作。所謂的基礎工作就是從旅遊意象建構入手，通過文化傳播善用新媒介，透過影像短視頻逐步建立有效共識，影響感知，再進一步嵌入鄉村性的文化內核，夯實場景記憶，重構旅客感知。文化重組有兩層內涵，一是弱勢文化主動與強勢文化進行融合成為更優文化，二是弱勢文化缺乏主動提升文化內涵的過程，進而被強勢文化融合，成為邊緣化文化。

　　不同城市或鄉村在打造對外旅遊意象時，因不同傳播者在形塑品牌與意象建構上所投入的資源與方式不同，而產生不同的效果。面對相同遊客群體，產生「旅遊意象競爭」現象。這種「旅遊意象競爭」現象，是遊客在廣泛搜集旅遊地相關資訊後，在此基礎上代入個人主觀意識選擇合乎自我想像的最終目的地，而產生的不同旅遊地之間的客源競爭。簡而言之，旅遊意象與旅遊感知的建立，取決於不同傳播者如何利用文化傳播模式，成功的將其所營造的意象植入遊客的腦中，形成特殊的記憶點。鄉村文旅意象若可以實現由想像到決策、由參與到認同，就可以在「旅遊意象競爭」中勝出。

　　由想像到決策，是文化傳播的過程，其中須合理運用新媒介，通過文化內涵包裝，對外建立簡單富涵願景的旅遊意象，讓遊客有充分的想像空間，將具象與意義充分融合，形成特殊記憶點，以影響遊客的旅遊感知和旅遊決策過程。由參與到認同，善用鄉村本身的文化價值，因地制宜設計合理的遊客參與體驗活動，讓遊客不僅僅停留於觀光，更增加再度重遊的意願，通過適當的新舊媒介宣傳，讓遊客與當地居民逐漸認同旅遊地的「鄉村性」，對旅遊地產生共情，自發成為「當地旅遊形象大使」，並通過人際關係網路自覺為旅遊地進行口碑宣傳與推廣，進而將鄉村旅遊意象逐步夯實。

第四節　如何透過青年參與振興臺灣鄉土文化？
　　　　　——以文史導覽員為例

一、研究發想

　　文化，就是一切生活的總稱。不過，文化因具高度被動性，必須結合人與土地的記憶，才能持續發展與成長。不同地區有不同的特殊文化，結合先賢的智慧與當地的自然資源，產生出不同於其他地方的建築、風俗、語言與習慣，這就是區域文化，更是鄉土文化。每個區域文化，均必須刻意去維護與保存，方可以向下紮根、往上發展。不同的區域文化，透過傳播工具，進入了人們的日常生活中。加上跨國性生產、文化擴散及資訊科技的發展，形成一種全球性的社會關係與文化現象。不同文化相遇後，會因為不斷接觸、交流，而形成文化變遷，這就是一種涵化現象（acculturation）。涵化可能是自願的，也可能是被迫的。積極面來說，希望藉由采借外來文化的優點，使自己的文化更有競爭力。但往往在過程中，因強勢文化不斷擴張，而弱勢文化可能會產生被同化（assimilation），或者消失的危機，進而有了文化衝突。

　　正因為文化具有被動性，與文化衝突性，部分學者雖然把這種結果歸因為文明的進化，但是，對於任何文化所表現的行為和價值的認識與評斷，應取決於該文化的擁有者對事物的看法，畢竟文化有其普遍性和差異性，如何「一視同仁、相互尊重」，才是比較正確的做法。所以，各地方的鄉土文化（區域文化），本身就必須透過自身的努力與參與，積極保存其特殊性與差異性，以維護其過去生活所累積下來的文化美學。然後，在臺灣，鄉土文化保存工作並不被重視，理由在於文化不具有急迫性，導致鄉土文化的推動與維護，多是年紀較為年長，或者僅淪

為觀光旅遊路線中的副產品。

因此，本文希望透過如何讓臺灣青年積極參與與扮演文史導覽員的角色，讓青年落實文化參與，透過創意延續與保護臺灣鄉土文化，進而振興與重建臺灣鄉土文化，讓臺灣特殊的文化底蘊，可以讓每個人都知道，這正是本文鼓吹青年文化參與的最主要目的。

二、臺灣鄉土文化相關研究

臺灣苗栗在 2017 年 5 月舉行舊山線導覽人員培訓招募活動，邀請舊山線鐵道專家學者蘇昭旭、賴德湘以及在地文史工作者黃鼎松等人進行授課，希望鼓勵三義在地青年及新住民優先報名[17]；一群熱愛臺南東山的年輕人，為了能讓這個位於臺南東山的東原社區更加符合理想的鄉村生活樣貌，決定在這裡長期駐點成立工作室，他們並且將傳統的老街導覽改造創新，發展出不同的新實驗。目前核心成員為 6 人，成立至今短短數個月就已經有團隊參訪、老街導覽、東原老街社區設計工作坊、東原社區文史調查工作坊等等活動[18]。

鄉土文化是一個特定地域內發端流行並長期積澱發酵，帶有濃厚地方色彩的物質文明、精神文明及生態文明的總和。換言之，就是涵蓋該地區有別於其他地區的文學、藝術、語言、音樂歌謠與建築等的總稱。對鄉土文化的保存與傳承，各區方式不一，以臺灣為例，著重在歷史文

---

[17] 江詩筑（民 106 年 5 月 5 日）。苗栗舊山線導覽培訓，招募青年與新住民【新聞群組】。取自 http://www.chinatimes.com/realtimenews/20170505005362-260405.

[18] 王士齊（民 105 年 5 月 20 日）。台南東山/青年駐村工作室，老街導覽新實驗【新聞群組】。取自 https://rivegaucheventdusud.wordpress.com/2016/05/20/%E5%8F%B0%E5%8D%97%E6%9D%B1%E5%B1%B1%EF%BC%8F%E9%9D%92%E5%B9%B4%E9%A7%90%E6%9D%91%E5%B7%A5%E4%BD%9C%E5%AE%A4%E3%80%80%E8%80%81%E8%A1%97%E5%B0%8E%E8%A6%BD%E6%96%B0%E5%AF%A6%E9%A9%97/

化的保存，以及兒童時期、青少年時期（以六歲到十五歲）的鄉土教育。不過，顯少專門針對鼓勵青年參與，或培養青年相關訓練，可說是紮根有餘，實踐不足。鄉土文化的傳承，需要有方法，不應只透過政府政策，或者對家鄉熱情去維護、維持。加上大部分捍衛鄉土文化的各地文史工作者，在年齡上又偏高，又沒有方法去傳承所學，鄉土文化就逐漸被年輕人所選擇性淡忘，產生各區政府須花高額經費去刻意維持，而成效不彰的窘境。

此外，臺灣也因過往以意識型態的灌輸來達成政治目的或區域認同，完全捨棄最基本且影響力最大的鄉土與文化情感，例如：臺灣的平埔族，已經完全被同化，而臺灣的原住民，也逐漸失去其文化主體性。長期下來，臺灣教育的一些弊病便逐漸浮現，導致年輕人對周遭環境的漠視及空白，嚴重的影響其自我定位。不過，也幸好固有傳統中華文化所衍生的鄉土意識仍然存在，才不至於臺灣的文化受到嚴重破壞。

解嚴後，鄉土文化的保存與發展逐漸得到重視，也慢慢瞭解維護鄉土資源的重要，鄉土教學成為正式課程的教學科目[19]。隨著對鄉土意識的重視，實施本土化、落實鄉土為主軸的教育方針因應而生，藉以培養學生認識家鄉、關懷本土、熱愛地方文化的「鄉土觀」，進一步在由立足本土出發，以「同理心」去尊重不同地域、種族和文化，建立「多元文化觀」。不過，鄉土意識的抬頭，並不意味必能形成強勢的鄉土文化。鄉土資源教學的主要宗旨應該是從熱愛自己家鄉做起，進而把愛推廣到世界，唯有把自己家鄉作為起點，熱愛世界才有意義。對自己的家鄉從不關心的人，絕不會推己及人。不過，目前臺灣鄉土教育，僅僅在鄉土語言上著墨，例如：母語教學。似乎對目前年輕人瞭解臺灣的歷

---

[19] 姚誠（民 85 年）。鄉土重建──兼論建構台灣鄉土教育計劃。「國小鄉土教學教材教法論文研討會」發表之論文，花蓮師範學院。

史，以及臺灣過往的傳統文化來說，沒有太大幫助。

當然，鄉土文化的復興，不是單向懷舊復古。這是一種修復和回望，更是一次變革與新生。傳統是它生存的土壤，現代是它發展的指向。我們應當努力的，是在開放性的思維中，在與城市文化、域外文化的互學互鑑中，去充分啟動鄉土傳統的文化精華，去積極探尋鄉土文化的現代表達，去充分釋放鄉村文明的核心價值。誠如本文所初衷，鼓勵青少年積極擔任文史導覽員，從瞭解過去傳統文化，進而找到文化的根本。在實際導覽過程中，延續傳統文化的生命；在瞭解鄉土文化中，激發同理心去保存文化；在新與舊的年齡碰撞中，重建鄉土文化的意義，這才是真正鄉土文化的復興。

同時，鄉土文化的復興，也不是一味地迎合市場需求。誠然，我們不能忽略市場機制在新一輪文化復興中提供的能量和動力。但是，任何隨意貼標籤地裝潢、破壞性地開發、過度商業化地變現，都是需要警惕需要擯棄的。鄉土文化復興的意義，全在於造福鄉民，提升他們的生活品質，拓展他們的發展空間，引領他們的文明進步。同樣地，如何振興鄉土文化一事，就政府立場，國際上不同國家也曾經數度討論與立法。鄉土文化保存，絕非一朝一夕，更非一紙法令就可以指揮青少年參與。因為，鄉土文化是當地人類運用自然資源的生活方式的經驗與文化傳遞，記述當地人類與自然互動的生活史，土地是固定的，人類是遷移的。所以，在推動鄉土文化保存時，最終的目的在培養對鄉土的認同感，並具有在地的關懷，學習如何「重新居住」在自己的鄉土，而這種「文化自信」的養成，才是鄉土文化保存成功與否，最重要的因素。

就臺灣這塊土地為例，「臺灣政府」從「文化建設委員」會到「文化部」，就嘗試強調建立屬於臺灣的「文化基本法」，透過該法凝聚臺灣社會文化共識與核心文化價值、重新探索傳統文化價值（諸如和諧、仁愛、德治、人情味、純樸），從 2011 年起，到目前仍屬於草案，立

法尚未成功[20]。但，誠如上述文章所言，人類若不願意重新回去自己家鄉，對養育他或她這塊土地重新產生認同，培養各地區所屬的鄉土文化自信。那麼，在多的文化法令與政策，同樣無法起到文化振興的作用。

三、青年參與

青年一詞的含義在全世界不同的社會中是不同的，而青年的定義隨著政治經濟和社會文化環境的變換一直在變化。在本文認定的青年，其實是年齡群體概念，是指 19 以上至 39 歲的特定年齡段。不過，聯合國於 1985 年國際青年年，首次將青年界定為 15 至 24 歲之間的人，而又無損於會員國的其他定義。

自 1985 年國際青年年以來，聯合國大會已界定青年參與包括四個要素：與工作和就業有關的經濟參與，與決策進程和權力分配有關的政治參與，與社區參與和同齡群有關的社會參與，與藝術音樂文化價值和價值表達有關的文化參與[21]。

參與也是一種發展戰略，可視為有關各方影響和共同控制發展活動和資源的進程。參與涉及透明度、公開性和對公共決定發表意見。在四種青年參與類型中，因青年和學生在實現政治變革和促進，更為民主的管理結構方面發揮著關鍵的作用，政治與公共事務參與占青年參與較大

---

[20] 劉俊裕（民 103 年 1 月 1 日）。文化基本法：一份學界參與文化立法的紀實與再反思【討論群組】。取自 https://www.facebook.com/notes/%E5%8A%89%E4%BF%8A%E8%A3%95/201411%E7%B6%B2%E8%AA%8C%E7%89%88%E6%96%87%E5%8C%96%E5%9F%BA%E6%9C%AC%E6%B3%95%E4%B8%80%E4%BB%BD%E5%AD%B8%E7%95%8C%E5%8F%83%E8%88%87%E6%96%87%E5%8C%96%E7%AB%8B%E6%B3%95%E7%9A%84%E7%B4%80%E5%AF%A6%E8%88%87%E5%86%8D%E5%8F%8D%E6%80%9D/10151363693430914/

[21] 鄭麗君（民 96）。盡一份世界公民的責任，台灣青年不缺席：讓世界看見台灣。行政院研究發展考核委員會。

比例；如何避免青年失業、提高青年基本薪資等經濟參與，更是與青年人息息相關；加上近年社區營造或社會參與的聲音此其彼落，社會參與也蔚為風潮；唯有文化參與中的鄉土文化參與，幾乎少之又少，這正是為何本文以青年文化參與為主題所進行的研究論述。

深究臺灣的青年參與方向，大致可分為兩大方向，一是由上而下，因臺灣整體社會氛圍緣故，鼓勵青年參政或者從事政治參與，似乎是青年參與社會首要目標。透過政治參與，由上層往下慢慢移動，再去關心經濟參與，例如：青年人薪資問題、失業問題等；社區參與，例如：參與生活環境改造的工作，學習尊重環境，從改善自己所隸屬的社區開始。最後，才漸漸關心文化參與；二則是由下而上，部分青年人透過公益活動、海外文化交流等，將自身美好價值與文化向外傳布，進而感染自己周邊朋友、父母與社區，最後改善自身經濟環境，從而參與政治或公共事務。這個方向在臺灣雖然有，但往往都是偏公益慈善、藝術文化居多，鮮少有人參與鄉土文化保護，雖然方向與本文論述的青年參與一致，但是側重點不一，對臺灣鄉土文化的保存，仍是無關輕重。

若從「臺灣內政部全球志願服務資訊網」統計數據顯示，青年學生自 2007 年開始，參與志願服務的人數有明顯的成長，並成為志願服務工作重要的人力來源之一。而參與志願服務的經驗，也會成為青年學子生涯中重要的磨練機會，使學生透過實際參與社會的各種志願服務活動，深入瞭解社會現況，擴大生活領域，實際體驗社會生活本質，以喚起他們對公共事務的關心[22]。另外，「臺灣行政院國家發展」有個重點計畫：「挑戰 2008- E 世代人才培育計畫－活化學習性志願團體組織」[23]中提到，鼓勵青年參與下列各種活動，其中包括：教育輔導、人權教

---

[22] 曾騰光、曾華源。我國志願服務潛在問題與應有的走向。社區發展季刊，93。

[23] 行政院青年輔導委員會 GYSD 社區志工活動補助要點（民 96 年 3 月 19 日）。【線上論壇】。取自 https://www.eysc.ey.gov.tw/News_Content.aspx?n=1400A4A28C323B3F&sms=

育、社區營造及發展、創業及就業輔導、兩性平等、文史調查及導覽、環境保護、生態保育、媒體傳播或促進公民社會之議題宣導等。

　　不過，雖然臺灣政府相關計畫中有提到文史調查及導覽，但就過去青年學子參與活動的類型，卻並無相關案例。根據臺灣青年學子社會服務參與案例分析，大專學生的社會服務大致分為四個領域：1.社區服務：以某一社區為主，從事平時週末假日的社會服務活動，或於寒暑假期間自組「假期社會服務隊」，如：山地社區服務隊、鄰近社區服務隊等。2.機構服務：以慈善性的機構為主要的服務對象，諸如：育幼院、孤兒院、未婚媽媽之家、養老院、伊甸社會福利基金會、張老師基金會、少年觀護所等社會福利機構。3.校園服務：服務校園內的學生或協助校園內的事務，包括輔導義工、環保志工、生涯志工、服務身心障礙學生等。4.其他方面：如工廠青年服務隊、救傷隊、救護隊或協助家扶中心、基督教青年會（YMCA）等機構的活動[24]。

　　另學者吳煙村[25]的研究中，則將大學生的社會服務分為「社團性的服務」、「社區性的服務」、「校際性的服務」、「政策性的服務」四類，其中校際性的服務如數個學校與其他 NGO、NPO 組織共同舉辦大規模的義賣活動等；政策性服務如教育部推動的攜手計畫等。從上面來看，臺灣地區的青年參與，大部分還都是著墨在政治、經濟或者社區等三方面的參與，而文化參與則偏重於社區與公益性服務。

　　近年來，因為鄉土文化的悄然復興，給臺灣現代化轉型一個新契機，許多年輕人組成工作室或者民間團體，重新審視生活的內涵，重新發現生命的價值，重新構築鄉土文化的未來。例如：捍臺青（捍衛臺灣

BFDC5E0EECF8B723&s=EB36F206EB6CA455

[24] 黃育智（民 75 年）。我國大專院校學生社會服務的回顧與展望。「大專學生社會服務論見選輯」發表之論文。國社區發展研究訓練中心。

[25] 吳烟村（民 85）。國內大學生參與社會服務的現況與未來展望。訓育研究，35。

文史青年組合），是一群臺灣文學、歷史、文化相關的學生，組織了捍衛臺灣文史青年組合，號召臺灣文史相關系所師生，以及所有關心臺灣歷史、文化（文學、語言等）教育的團體；CoLab:D 工作室，則是一群熱愛臺南東山的年輕人，為了能讓這個位於臺南東山的東原社區更加符合理想的鄉村生活樣貌，決定在這裡長期駐點成立工作室，並且將傳統的老街導覽改造創新，發展出不同的新實驗；由鹿港青年組成的「保鹿運動」，定期在街頭討論鹿港的大小公共議題，並與鹿港當地居民溝通，希望由下到上重建當地文化共識的活動。對話對象從家鄉耆老到鄰居，朋友圈到家族內部，因為每個人的生命歷程不同，讓年輕人試圖使力的過程顯得很精彩。

　　誠如上面許多例子，青年更應利用其創意，將深具臺灣本土風格的文化加以改編，活化文化，改變目前臺灣鄉土文化保存工作者的年齡層，顛覆過去鄉土文化保存的刻版印象。當政府或者政策無法以法律或者政策推動鄉土文化的保存時，就應該透過更直接的培養青年文史導覽員，讓這些青年推手，以城市行銷或者文化創意的方式，除盡速培養各區域專屬的文化自信外，也讓青年人刻畫「一城一文化」或者「一鄉一文化」，這正是本文期待臺灣青年從事文史導覽員振興鄉土文化的最主要因素。

四、解說與文史導覽的培養

　　解說之父 Tilden 將解說定義為「透過原物的利用、直接體驗，及輔助說明的媒介，以啟示其深遠意涵與關聯性為目的之教育活動，而不是

僅傳遞確實的訊息而已」[26]。臺灣專研解說的學者吳忠宏[27]也對「解說」下了一個定義，「解說是一種訊息傳遞的服務，目的在告知及取悅遊客並闡釋現象背後所代表之含意，借著提供相關的資訊來滿足每一個人的需求與好奇，同時又不偏離中心主題，期能激勵遊客對所描述的事物產生新的見解與熱誠」。解說可分成兩大類，即人員解說與非人員解說。人員解說又稱伴隨解說，包括資訊服務、活動引導、團體演講、生活劇場，解說人員是觀眾與展示品之間的重要橋樑，其專業能力有無，更是影響解說品質的關鍵因素。[28]解說的目的是為了滿足民眾的遊憩需求，配合知識傳遞、保存與永續經營自然資源，以共同發展利益與永續發展為目標的工作。

解說與導覽，其實是同一件事情。解說是內容，導覽為方式。當導覽人員圍繞著不同的文化主題內容與自然資源景觀，透過不同媒介進行解說說明，強化受眾對歷史古蹟和自然景觀的瞭解與欣賞，就是種導覽。而導覽，其實是一種教育活動，扮演文化宣導及理念傳達的多方位及多元化角色，透過導覽員的解說，加深一般人員或者特定人員（例如：遊客），對於所展示文物的印象，傳遞並闡釋現象及內涵的深層意義。

導覽員（docent）這個名詞是出自於 *docere*，意思是教授，特別指「解說或者引導一般人員或者遇到問題的人」；簡單說，也就是參觀者與展品或者文物或者自然景觀之間的溝通橋樑、詮釋者。該角色不僅需具備專業的解說知識、說學逗唱的技巧、超急智的臨場反應、面對人客無厘頭要求卻面不改色的高 EQ、無限的教育愛和活動規劃能力、執行

---

[26] 許世璋、高恩明（民 96 年）。解說我們的遺產（原作者：TILDEN F）。台北：五南圖書。

[27] 吳忠宏（民 85 年）。解說專業之建立。台灣林業，25。

[28] 楊明賢（民 88 年）。解說教育。台北：揚智文化。

能力等，這就是導覽員，也就是為大眾服務的說明員。為何說導覽是種教育活動呢？任何教學策略與設計植基於某種教育觀，即對於什麼是教育、什麼是知識、人如何學習、為何而學等問題所持的觀點，探討教學時，通常會關心兩個問題：教（學）什麼？怎麼教（學）？導覽活動往往是文史內容或自然景觀教育最常見的一種方式，依照不同的文史特色、文物或者博物館設立宗旨、藏品的特性或當地自然景觀、遺址風景等，均可以發展規劃不同性質的教育活動。不過，文史導覽或者文史教育是一種「非義務性」的教育，教育活動內容與方式和學校的教育模式大異其趣，如果沒有政策或者專人去推動，端賴不同單位自由心證。

　　文史導覽的工作，若依照博物館學者 George E. Hein 的理論，將導覽過程套入不同的知識論與學習論，並將分別視為理念程度不同的連續軸線，軸線兩端為觀點的兩極、如以前者為縱軸，後者為橫軸，這個交互形成四大教育理論。如下圖所示，可瞭解在不同知識論與學習理論基礎上，即產生不同的教育方式，「教諭式」（Didactic，Expository）的教學則基於學習者為被動接受，而知識存在於個人之外、「刺激反應式」（Stimulus-response）的教學則基於學習者為被動接受，而只是這位學習者個人和社會性的建構而來；「發現式」（Discovery）的教學則基於學習者為主動建構，而知識存在於個人之外；「建構式」（Constructivism）的教學則基於學習者為主動建構知識，而知識為學習者個人或社會性的建構而來[29]。

---

[29] Hein, G. E.(2006). A Companion to Museum Studies. Oxford, England：Blackwell Publishing.

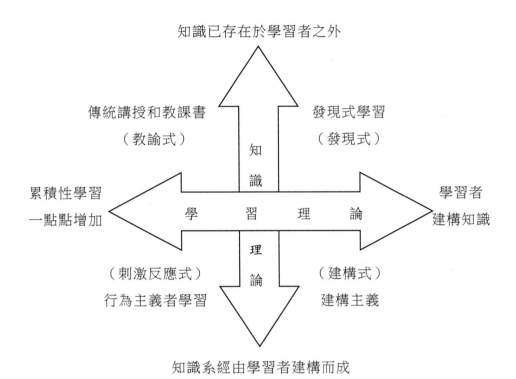

知識已存在於學習者之外

傳統講授和教課書
（教諭式）

發現式學習
（發現式）

知識

累積性學習
一點點增加

學　習　理　論

學習者
建構知識

理論

（刺激反應式）
行為主義者學習

（建構式）
建構主義

知識系經由學習者建構而成

　　在許多不同文化景點或者自然景觀，多半有人員導覽解說機制建立，但仍屬於地方政府或者區域性文史工作者自行建立，鮮少有政府主導。不過，以世界文化遺產知名的澳門，因世界文化資產必須透過某種型式將其內涵傳達給想欲瞭解它的人，就實際層面來說，教育人員進行現地與口頭導覽是必要的，政府在文史導覽上，下足了功夫。例如：長期在 25 個文化資產景點提供人員解說服務、針對澳門年輕人招募解說志工，讓許多青年學子也以成為澳門歷史城區導覽解說志工為榮；而此舉措，反讓年輕的人員導覽解說更加活潑、年輕化；最後，更以定期舉行歷史城區解說訓練及授證，以確保導覽解說人員的品質。

　　反觀目前臺灣地區，若以文史導覽員該角色而言，並無專責機構來管理或者進行培訓與認證，多半是地方政府與文史工作者自行建立遊戲

規則，更無計畫性地往下紮根。加上許多文史導覽員年齡偏大，或者文史導覽員的工作並無保障，年輕學子大多不敢投入參與文史導覽，甚至振興鄉土文化的工作。而臺灣文史工作或者文化保存，往往透過民間業餘公協會，利用工作之餘協助鄉土文化之保存、延續。例如：成立於2017年4月份的臺灣鄉土文化青年協會，以各地成立分會型式，結合當地對於文史工作感興趣的青年志工，不定期舉辦文史導覽營與文史導覽活動，培訓年青學子；透過活動讓青年人重拾對土地的認同，瞭解當地文化的故事與來龍去脈。這種不定期活動撒下去的文化種子，似乎只能期待，而沒有嚴謹的未來。

文史導覽人員現場的表現會直接影響導覽品質，而導覽人員之訓練是關鍵之一。導覽人員需通過一定程度的專業訓練，不但需經過解說技能相關課程的培訓，同時對於所有文化遺產景點的歷史文化、古蹟、傳統、民俗、建築特色必需相當深入的瞭解，以確保解說內容的正確性及豐富性；另，文史導覽員的資格認證機制，對於提供文化解說者來說，必須有強制的資格限制。建立解說人員之資格認證機制，嚴格要求唯有通過文史導覽員資格認證者，方能提供解說服務。同時合格的文史導覽員亦按規定之解說稿進行解說，以確保導覽解說的正確性及教育性。最後，為確保解說人員之解說品質，除針對文史導覽員定期回訓之外，尚需配合考核機制。

因此，臺灣政府與其大談文化基本法，不如透過政策與活動，讓臺灣的青年人透過文化參與方式，重新去詮釋文史導覽員角色。文史導覽員並非旅行社領隊或導遊，他必須擔負教育或者傳遞內涵給想瞭解的人。因此，本文認為，如果讓年輕人以文化參與的方式，透過完整的訓練機制、完善的資格認證、暢通的考核與回訓制度，讓臺灣的文史導覽員年輕化，相信一定可以振興臺灣的鄉土文化。

五、結論

　　任何政策的執行，往往會有三階段。先透過對話，把理念釐清；在透過轉化，把想法落實；最後透過優化，把做法政策化。文化很難說，更難去定義與定法律。它耗費的時間，往往比公共建設與民生福利政策來的長。但如果一旦開始進行，不僅會讓民眾對自己所處的文化與土地、典故產生更進一步的認識，也會凝聚民眾對該特地區域的歸屬感與榮譽感。

　　文化是需要體驗與分享的，鼓勵青年參與文化事業，更需要有方法。如何讓年齡偏高的文史工作者，透過規範與制度，將導覽的理念、專業的內容往下傳承，讓青年學子透過服務學習概念，參與實際文史導覽。而參與或者扮演文史導員的角色，其實只是振興臺灣鄉土文化的第一步。文化要振興，除了延續之外，更要保存，最後才是賦予新意義（重建）。文化是被動的，必須要有新血加入，否則文化會落後，進而被合併。青年人多參與，以文史導覽員為出發，透過一開始的參與訓練，到實際參與文史導覽的親身體驗，到最後營造青年人與鄉土文化融洽的氛圍，才有機會振興臺灣的鄉土文化，更是本文最終目標。

　　文化參與不能單靠熱情、政策，而應該塑造氛圍，以及有計畫的推動。文化參與不能只是志工，更應該是種有遠景的職業，甚至可能有證照；透過文化參與，鼓勵年輕人瞭解家鄉，強化傳統美德，讓文化導覽不只是行禮如儀，更應該讓青年在參與過程中，由衷的喜歡、認同；最後由當地政府領軍，讓執行與參與者，甚至消費者認同該地區的文化，這樣的青年參與，才算是成功。文史導覽員，就是青年參與振興臺灣鄉土文化的具體表象。文化不遠，遠的是沒有執行與落實。文史導覽不複雜，複雜的是訓練與認證。

第四章　文化傳播與文化保存

第一節　淺談文化傳播對地方文化保存重要性
　　　　——以臺灣老街再造為例

一、楔子

　　文化，就是一切生活的總稱。因文化因具高度被動性，必須刻意且有目的性的去推動與保存，才能持續發展與成長。不同地區有不同的特殊文化，結合先賢的智慧與當地的自然資源，產生出不同於其他地方的建築、風俗、語言與習慣，這就是地方文化，更是鄉土文化。每個區域的地方文化，均必須刻意去維護與保存，方可向下紮根、往上發展；在現今社會，不同地區的地方文化，透過傳播工具，更進入了人們的日常生活中，在加上文化擴散、資訊科技，例如網路的發展，文化的保存，就形成一種全球性的社會關係與文化現象。

　　除文化具被動性須有外力協助外，為何要刻意去維護與保存呢？不同文化相遇後，會因為不斷接觸、交流，自然形成文化變遷，這就是一種涵化現象（acculturation）。涵化可能是自願的，也可能是被迫的。積極面來說，希望藉由采借外來文化的優點，使自己的文化更有競爭力。但往往在過程中，因強勢文化不斷擴張，而弱勢文化可能會產生被同化（assimilation），或者消失的危機，進而有了文化衝突。部分學者雖然把這種結果歸因為文明的進化，但是，對於任何文化所表現的行為和價值的認識與評斷，應取決於該文化的擁有者對事物的看法，畢竟文

化有其普遍性和差異性，如何「一視同仁、相互尊重」，才是比較正確的做法。所以，各地方的地方文化，就應該透過自身的努力與參與，積極保存其特殊性與差異性，以維護其過去生活所累積下來的文化美學[1]。

當今社會已進入以文化論輸贏的新時代，文化發展將成為經濟社會發展的著力點，文化也已深深融入經濟、社會、人文各個領域，以及各個層面之中，成為發展的軸心。政治是現代社會發展的骨骼，經濟是現代發展的血肉，而文化則是現代發展的靈魂。文化，是現代發展的綜合力量，把文化建設作為現代化建設的重要戰略任務，將會為國家或區域發展與建設提供正確的方向保證。西元 1997 年，知名社會學、人類學學者費孝通老師提出，通過「文化自覺」達至「各美其美，美人之美，美美與共，天下大同」的理想圖景。他希望通過對中國傳統文化重新認識，在傳統文化中尋找新的資源並讓其成為新文化的發展基礎；通過「文化自覺」融入國際社會，達到自主轉型的目標，為世界的文明共存及人類文化自覺的發展開闢新路。

因此，除中國大陸大力發展文化外，香港與臺灣地區，也同步思考如何在適當時機採取適當政策，抓住契機凝聚共識，刻劃鄉土空間改造、推動地方文化保存，與制定適合文化政策，維護地方文化。以香港為例，自從 1997 年回歸之後，就主動開展現行文化行政制度，但香港文化本身，就是來自意外的歷史累積；根據香港行政官署 1998 年《施政報告》裡曾提及的香港地區的文化宏願，是希望香港應成為東西方經濟和文化交流的橋樑，透過這個理想，香港才能站對位置，打造自己的文化身分，並培養靈活應變的高質素人才，發揮香港文化服務業中心的優勢[2]。

---

[1] 陳建安：《如何透過青年參與振興臺灣鄉土文化？以文史導覽員為例》，《中華大學行政學報》（臺北），2017 年第 21 期。

[2] 香港藝術發展局研究部：《香港文化藝術政策的釐定、推行與資源開拓總報告》，《香

從臺灣地區文化政策發展脈絡來看，在 1995 年臺灣文建會的「文化・產業」研討會中許多官員學者均提及，臺灣文化政策，或言文化產業，包括了地方工藝、觀光、聚落古蹟保存、媒體、生活藝術、農漁業、企業的文化贊助等等[3]。「文化產業」被視為臺灣地區社區總體營造重要相關政策之一，其內涵分為兩個部分：廣義的文化產業包括了只要在地歷史文化的發揮與活化所成的產業都可以計算在內，即使利潤未必回饋社區，也有波及效應的可能；狹義的文化產業則指以社區原有的文史、技術、自然等資源為基礎，經由資源的發現、確認、活用而發展出來，以提供社區生活生產、生態與生命的社區文化分享、體驗、參與學習的產業[4]。

　　然而，因文化推動不具有急迫性，雖然在臺灣有配套的文化政策推動，臺灣許多知名的聚落古蹟也被社區總體營造的計畫所保存下來，更創造許多老街經濟，例如：三峽老街、九份老街等，但經過數十年的推動後，卻發現這些過度消耗地方文化的經濟產物，已經淪為觀光旅遊路線中的副產品，而該保存的地方文化，卻被臺灣所流行的夜市文化與外來的速食文化所侵略。這點更可以從雲林縣太平老街進行二次改造的例子可以佐證一二。這究竟是當時一開始的文化政策制定就出現問題，還是在執行層面的力有不逮呢？更或是在執行時，使用的方法與步驟出現問題呢？本文將嘗試以文化傳播方法論，加以探討臺灣老街改造與地方文化保存過程中，什麼樣的方法、步驟，才能兼顧地方文化與經濟價值兩個衝突的目標，並找出執行文化傳播方法過程中，應注意的可能變項。

港藝術發展局研究簡報》，1999 年。

[3]　于國華：《文化創意・產業：十年來臺灣文化政策中的「產業」發展》，《今藝術》，2003 年第 5 期。

[4]　陳其南：《文化・產業研討會暨社區總體營造中日交流展論文集》（臺北），1995 年，第 4-9 頁。

二、現況：臺灣老街與經濟發展

「大陸遊客銳減，讓北臺灣的九份、三峽老街商店明顯改受到遊客消費力道下降，但反觀以百年豆干聞名的大溪老街，生意依舊熱滾滾。臺灣海洋大學觀光管理學系林紀燕副教授表示，臺灣各地方觀光夜市、老街目前遇到最大問題，遊客數量僅是其中之一，商品同構型太高，才是重點。如何讓各夜市與老街因地制宜，發展出地方特色，才能提升遊客前往的動力。[5]」

臺灣自 1994 年開始推動所謂的社區總體營造，迄今已經超過 20 多年，期間不僅發掘了許多熱愛鄉土的優秀人才，更因此為老街注入了新生命與希望。可是，埋首致力社區總體營造與老街再造、經營時，老街本身的主體性，或者說致力地方文化發展時，往往受到政治、或者經濟大環境因素，甚至因政策的導向、媒體的形塑與人為的介入，而失去平衡點？人與人之間、人與土地之間的關係，是否一如改造初心時的想像，而有所改變？[6]老街的誕生究竟是為保存地方文化的手段之一，還是只是期待用文化消費的角度，侵蝕在地文化的積累呢？

若細數臺灣地區目前在十二個縣市中，共計超過七十條以上的老街數量[7]，以及創造的文化消費金額，不難發現臺灣自小區總體營造計畫推出後，各地縣市政府以保存地方文化為主、改造老舊街道建築為輔的老街改造，在短短不到二十年時間，已經在數量上給出最寶貴的證據，或者誠如上文提及的，臺灣地區文化政策的制定，已經恰如其分發掘出

5　《觀光客雪崩發酵？九份、三峽老街遊客減》，《蘋果即時新聞》，https://tw.appledaily.com/new/realtime/20180114/1278028/，2018 年 1 月 14 日。

6　黃也瑜：《誰是社區的主人-從太平老街再造看臺灣的社區整體營造》，碩士學位論文，臺灣雲林科技大學，2002 年，第 31-47 頁。

7　《臺灣老街數量統計》，《實景旅遊網》，http://www.vrwalker.net，2018 年 6 月 30 日。

許多熱愛鄉土的優秀人才，並且為地方文化注入許多新生命與希望。但為何將政策落實、致力地方文化發展與延續時，卻產生許多不確定的變數，進而讓老街改造的成果，產生質的變化。產生這種變化的原因？是否誠如臺灣《蘋果日報》新聞報導所提，臺灣老街面對的問題，不僅是遊客減少外，更因為自身發展過程中，走了條「終南快捷方式」，產生本末倒置的致命因素，僅是大量消耗地方文化，同時也更加速讓地方文化消失，與文化政策的初衷背道而馳。從老街數量上可證明臺灣文化政策中老街改造方向是正確的，但經過 20 年以後，老街改造對當地文化的保存孰對孰錯，是無法判斷。

　　一棟建築、一條街道、一個聚落，都像人一樣有著生、老、病、死的生命脈動。在歷史的洪流中，眼看樓起，眼看樓塌，眼看著繁華瑰麗歸於雲煙塵土。一個人要能夠通過疾病、貧窮、戰爭、天災、人禍、意外災難等諸多考驗，才有機會成為百歲人瑞；一棟建築物是否能歷經風霜而留存至今成為歷史建築，需通過建材、地理分布、環境變遷、都市重劃、開闢道路、火災、水災、地震、翻修改建、無人居住、無力維護、不願維護等眾多因素錯綜複雜的考驗。如同人瑞之難得，一棟歷史建築之形成相當不易，而叢聚著數十棟歷史建築的老街的形成則更是困難重重。

　　當老街面臨著是否走向沒落的危機，究竟怎麼辦？老街的居民不管是原住戶或承租戶，並不全然對老街有著共識與情感，因而使得街道招牌橫肆生長、騎樓被占用而崎嶇難行、停車問題與路霸日益嚴重、街道景觀愈加惡化。這些問題並不是無法解決，而是居民如果沒有意識到這些是「問題」，就不會發展出解決的辦法。換句話說，一方面居民沒有想到原來生活環境可以更好，另一方面居民也從來沒有想過可以團結的力量來自行改善生活環境品質。長久下去，如果住戶對老建築沒有感情

或保存的意願，這條老街是否就會步上改建而消逝的命運？[8]改建，或許是老街的選項之一，但殊不知，對於一條老街而言，文化的記憶是最難能可貴的。無論是建築的美或者當地的特色產業文化，這些都是老街存在的價值與目的。而這也是臺灣文化政策老街改造的初衷。

自 2001 年 1 月 1 日開始，臺灣實施週休二日制，使得民眾休閒的時間增多，截至 2013、2014 年，臺灣地區觀光局統計臺灣島內旅遊人口高達 1 億 5 千 6 百 26 萬旅次[9]，間接證明週休二日制度讓民眾漸漸重視島內觀光休閒發展，加上交通日益的發達，媒體傳播速度快，因而快速擴大觀光範圍，除新型的遊樂設施與景點外，傳統的聚落與文化推陳出新，提供民眾更多休閒選擇，這也是為何臺灣有數量如此多的老街。發展觀光造就了當地經濟的蓬勃發展，但同時也忽略了文化保護與當地居民的意識衝擊，部分店家為了創造更多的營業額，卻破壞了當地的歷史風貌與地方特色。歷史老街一直被當成古物或古董的方式凍存下來，融入現在生活的作法，卻似乎失去了老街原有的特色。隨著觀光產業發展，老街已成為帶動當地產業的經濟動力，讓當地文化產業成為地區發展重點。但因過度重視觀光經濟發展，卻忽略了觀光對當地地方文化所造成衝擊，相較於「一鄉一特色」的文化政策時，臺灣老街目前現況發展，可謂與政策是南轅北轍。

觀光衝擊（Tourism impacts）可分為經濟衝擊（economic impact）、社會與文化的衝擊（social and cultural impact）與環境的衝擊（environmental impact）等三部分，部分研究中發現，觀光產業對地區發展的衝擊影響是正面及負面兩者兼具，其中的社會文化衝擊，雖然

8 林崇熙：《老街新生，社區再造：斗六太平路》，臺灣雲林縣文化局產業報告，2002 年，第 8-11 頁。

9 《臺灣地區交通部觀光局觀光統計年報》，http://admin.taiwan.net.tw/statistics/year.aspx?no=134，2014 年 12 月 31 日。

不是很明顯，但是對未來影響特別重要，尤其在地方文化保存部分[10]。
社會、文化衝擊，整體來說，其影響包括增加對地方的認同與驕傲、增
加知名度與、文化商品的出現；但相對地，犯罪率增加、傳統價值觀改
變也伴隨出現。若將社會與文化分別定義，社會影響是指「居住在一社
區，社區居民生活的改變，大多是牽涉居民及觀光客直接的接觸」；文
化影響則指「社區居民之藝術、手工藝、習俗、藝術、儀式、建築上的
改變，這種長久的改變大多起因是觀光發展。」觀光衝擊一般以經濟及
環境上的衝擊較直接或明顯，社會文化之衝擊可能較不直接、作用時間
較長，且在測度上有許多無法確實量化，因而較不易受重視[11]。

　　試著回想，當都市消費性休閒發展到一定瓶頸時，隨著人性反璞歸
真的牽引，曾經被拋棄的小鎮或者老街，因遊客蜂擁而至，似乎重燃一
線生機。因此，各式各樣的對應需求，也順勢進入臺灣各地老街，在考
慮現實利益下，是否與在地文化有所連接，已經不受重視了。在商人去
脈絡化的操作，最後臺灣僅剩下一條老街，雖然看似充滿特色，且便利
性十足，這種與都市區裡面的百貨公司、超市美食街沒什麼兩樣。好不
容易所建立的文化老街，卻只能享受如此淺根的文化品質？[12]當老街差
異化逐漸減少，或者老街逐漸夜市化，卻讓原本的特色與文化記憶，慢
慢消失。這跟原本老街改造時的初衷，如何保護老街，創造價值，似乎
慢慢地被如何吸引遊客的重要性所取代。老街最重要的莫過於文化的價
值，如果沒有文化的價值與傳承，老街不會成為老街。換言之，老街的

[10] 丁泰詒：《當地居民對（休閒）觀光衝擊認知與態度之研究以台東美麗灣渡假村為
　　例》，《遠東學報》，2014 年第 30-1 期。

[11] 顏宏旭：《金門地區觀光發展衝擊認知之研究》，碩士學位論文，臺灣中興大學園藝研
　　究所，1994 年，第 34-56 頁。

[12] 林承毅：《如何讓老街成為一萬人造訪一百萬次的地方？》，《臺灣聯合新聞網》，http
　　s://opinion.udn.com/opinion/story/9137/1572367，2016 年 3 月 18 日。

文化價值可以說是老街的精神象徵。[13]

　　唯有從最有文化底蘊的地方開始，重新一步一步走向全島，這樣臺灣的地方產業發展與地方文化保存，才有希望。臺灣老街之所以形成，除文化政策使然，還包含保存地方特色產業與地方文化的目的。可是，當老街愈來愈無法有明顯的差異化時，代表這些地方文化的保存與發展，面臨岌岌可危的現實問題。老街是文化脈絡的縮影，當一個文化在逐漸消失之時，若沒有相對應的做法，未來的復興工程恐怕更困難了。

三、文化傳播的角色：從雲林「太平老街」談起

　　文化政策是一個不穩定的概念，無論在於論述的正當性、價值的強調以及文化的定義，都會隨著社會歷史的變遷而改變，呈現出不同政策的內涵。而今日，經濟價值與市場論述儼然成為臺灣地區文化政策的「合理性」口號。當文化概念不斷在擴大而無所不包的時候，一些重要的部分卻被侵蝕而不知，很多時候在進行文化改造或者文化造鄉時，常會回避或者忽略一些核心卻極為重要的概念，例如像是「文化」與「歷史」，而這些理念卻往往是讓我們得以穩步向前的基礎。到底什麼是我們的文化、什麼才是屬於我們的歷史，才是文化政策所應關注的重要議題。

　　文化其實是一種生活方式，其中有人類普世性共通的經驗，也有屬於在地脈絡的特殊發展。我們可以在臺灣喝美式咖啡、吃義大利式麵食、用來自北歐的傢俱，可是，這些都不是臺灣的東西。清楚了自己的過去，我們才能知道現在自己站在哪裡，也才能知道未來該往何處去。

---

[13] 《半忙主義差異性在哪？臺灣老街的結構性問題》，http://www.mjior.logdown.com，2015 年 10 月 6 日。

如果要釐清什麼是屬於我們文化，我們就要先知道，不光是改造，也會包含了獨特的文化、連接過去的歷史、以及我們對未來的想像。例如：日本越後妻友的大地祭，以及臺灣宜蘭的綠色博覽會，都是以自身在的文化與素材，成功打造該地區的特色。

　　文化政策的好與壞，可以透過論述與價值觀去討論，但文化政策的執行，卻必須按部就班往前走。執行文化政策往往會有三階段。首先，透過對話，把理念釐清；再者，把理念透過轉化，將想法落實；最後透過優化計畫，把做法政策化。文化很模糊，更難說清楚，更別說去定義與定法律。執行並完成一個文化政策，其耗費的時間，往往比公共建設與民生福利政策來的長。但，如果一旦開始進行並且成功，不僅會讓民眾對自己所處的文化與土地、典故產生更進一步的認識，也會凝聚民眾對該特地區域的歸屬感與榮譽感。[14]反之，若不能按照上述三步驟一一落實，最後打造的僅有文化的新殼，沒有舊有的文化魂在其中。

　　文化資產的保存、營運與推廣工作與文化設施的設置經營，是地方認同、文化發展與文化產業的根源，可謂是文化施政重要基礎工作，也是凝聚市民參與地方公共事務的重要管道，對於城市認同與榮譽感建立，居於重要關鍵地位。[15]而政策是人類活動的一種形式，文化是人類活動的產物。政策的過程會改變並創造文化，文化也對政策構成影響。制定政策的過程不僅要考慮政治、團體的因素，也要考慮其所代表的社會文化。在政策制定的價值與目標導向中，無論是理性、漸進或者綜合模式，其變化發展過程中對文化因素的重視是十分明顯的。權力的影響是表面的，文化的影響是內在的。文化政策的制定，並須把政治與文化兩相結合。政治是表面現象，產生的影響是顯性的：文化是內部動力，

---

[14] 同注 1。

[15] 董俊仁：《地方文化的展現──談新北市文化政策與地方文化館園經營》，臺灣新北市民間文化會議，2016，第 3-7 頁。

產生的影響是隱性的[16]。所以，文化政策的制定，往往是很嚴謹，但是，文化政策的執行過程，卻容易忽略可能影響政策結果的其他因素，例如：理念的釐清。

以臺灣雲林縣太平老街二次改造計畫為例。1985 年開始，社區營造的理念開始在雲林縣逐漸地萌芽。太平老街第一次改造是 1999 年，當時規劃與執行團隊是雲林科技大學團隊（以下簡稱雲科大）。從 1999 年爭取到中央經費後，就開始執行第一次太平老街的「城鄉新風貌」計畫，並與當地居民一起進行太平老街新風貌的參與式規劃。雲科大團隊認為，該計畫只是改造老街的手段及過程，最重要的是要喚起居民對老街的認同及促使居民積極參與公共事務。不過，事實證明，雲科大規劃團隊曾針對老街的歷史建築保存及空間美化做了許多努力，然而對於歷史建築的文化意涵以及歷史文化的傳承並未作較深入的記載及延續，例如：老街雖然常有機關團體到此參觀，然而解說員的不足以及未能針對老街的建築特色及在地文化編制詳細的導覽手冊，殊為可惜[17]。

2005 年，第二次雲林太平老街再改造計畫緣起曾提到，許多現代人價值觀中「舊」常是「新」的對立，是現代化的最大包袱，可以看到過去曾經繁華風光的歷史建築或商業老街，隨著工業化的腳步而一棟棟地被拆，然而，拆除了老街拓寬了馬路，地方是否因此而進步？如否，則讓老街得以新生，藉其原本累積的文化價值與重新開發的經濟效益所帶來的商機是否可能更甚前者？隨著工商型態的轉變加上經濟持續的低迷，臺灣老城區及老街道的傳統商店其經營型態亦面臨了市場的考驗，積極轉型者不但不會因為建築老舊而被市場淘汰，反而可以利用舊有的

---

[16] 蘇德編：《全球化與本土化：多元文化教育研究》，北京：中央民族大學出版社，2013 年，第 333-347 頁。

[17] 臺灣雲林縣政府文化處：《九十四年度新故鄉計畫斗六太平老街》，http://www2.yiccb.gov.tw，2007 年 12 月 31 日。

利基而重新找回商機，例如：臺北迪化街及西門町的整治，不僅找回大批的客源，而西門町更因轉型成功而成了年輕人的最愛。

　　不過，第一次的太平老街規劃案只是開始，雖然空間美化了、人潮變多了，然而其極具歷史文化的歷史建築以及豐富多元的產業特色仍未受到相當的重視，而在地的歷史文化與產業特色也因為缺乏整體的規劃與行銷，致使老街的文化特色無法突顯，加以許多商店的經營型態缺乏創新，因此欲振興當地的文化產業仍有很長的路要走。太平路在改頭換面後，面臨最大的考驗就是居民對老街的定位與經營理念有很大的歧異性，其中，太平路全長約六百公尺，行政區域橫跨四個裡，而且商業型態頗為複雜，其中以服飾業、金飾業、眼鏡業及醫藥業為主要業態，因此當擁有相似型態建築的大溪老街、鶯歌老街，甚至現代化的精明一街。在做街區特色規劃時，太平老街即因路段過長及業態複雜而意見分歧，同時屋主與各承租戶間因自身利益的考慮而難有共識。加上許多房東不住在此地，對於老房子的感情日淡而疏於維修，至於承租戶如何改裝也毫不在意；更甚者，有數間因為產權複雜，而閒置荒廢以致於殘破。

　　到底太平路未來的定位與發展方向應是什麼？未來太平老街的形塑與發展仍是一條漫長的路，而老街再造要造的不僅是商機，更是再造新的知識、新的經濟、新的空間與新的生活價值觀。第一次太平老街改造過程負責執行的雲科大團隊也承認，為盡速顧及地方文化保存與地方居民的生活空間，除硬體建設與空間改造外，卻疏於跟在地文化、居民與傳統進行溝通。第二次的計畫則希望透過更深層的文化資源調查、紀錄、研習以及傳承，發掘老街的歷史文化內涵和產業特色，藉以振興文化產業，讓在地的文化厚度得以累積及延續。第二次太平老街改造，其具體做法如下十六項，包括：

1. 文化產業研習及傳承。

2. 地方產業調查。

3. 老街現有產業特色及經營困境調查。

4. 歷史建築立面圖騰意義調查：針對老街現有歷史建築的立面象徵意義做研究、分類及解說。

5. 文化導覽人才培訓：工作坊培訓專業導覽人才，以利發展文化旅遊及歷史文化的傳承，並藉此吸引遊客，以促進老街的商機。

6. 文化導覽繪本編制：含歷史建築的賞析、立面圖騰的象徵意義、老街的重要史蹟介紹，藉以推廣老街的歷史文化。

7. 地方產業創新及行銷：包括商店普查、示範商店（太平之星）甄選及商店經營輔導工作坊。

8. 網路商店街：結合老街商店商品及雲林縣的產業資源做網路行銷。

9. 主題產業促銷活動：以老街特色產業為主題，舉辦促銷活動。（如服飾業、金飾業、嫁妝及婚俗、醫療業……。）

10. 舊愛換新歡（藝術跳蚤市集）：每個月舉辦一次藝術跳蚤市集活動，並結合名人二手貨義賣、市民二手貨拍賣及店家聯合促銷活動，除了引進商機外，更希望能藉此活動凝聚老街居民的參與感和認同感。

11. 老街特色產業及人物系列報導：結合報紙及媒體為老街特色產業和人物做系列報導，除藉以引發居民的榮譽感外，更可幫助太平老街提高知名度及刺激買氣。

12. 文化商品研發及行銷：以老街意象及圖騰為介面，研發各式文化商品，並遊說老街相關行業店家製作販賣，以推廣老街的歷史文化意涵及創造商機。

13. 週末藝文休閒空間營造。

14. 街頭藝人演出計畫：廣徵街頭藝人並甄選優秀者在每週末進駐演出。

15. 動靜態藝文活動展演：邀請雲林縣大專院校社團、社區團體、公益組織定期展演。

16. 購置歐式休閒座椅：協商老街餐飲店家購置歐式休閒座椅，於封街時段擺放於街道上，以利民眾觀看表演及休憩，並可因而促進餐飲業的商機。

　　為什麼雲林縣太平老街要進行二次改造呢？曾如二次改造計畫所提及，老街再造要造的不僅是商機，更是再造新的知識、新的經濟、新的空間與新的生活價值觀，持續喚起居民對老街的認同，以及對歷史建築的文化意涵、歷史文化的傳承較深入的記載及延續。為了達成這個目標，二次改造計畫更融入許多媒體元素，在靜態方面，包括：文化導覽人才的培訓、文化導覽手冊的製作、老街特色產業及人物系列報導與歷史建築立面圖騰意義調查等；在動態方面，以老街意象及圖騰為介面，研發各式文化商品、主題產業促銷活動、邀請動靜態藝文活動展演與太平之星示範商店徵選活動。這些各項活動的執行，就是一種「文化傳播」手段。涵蓋靜態與動態的不同訊息釋放與包裝，彌補生硬文化政策執行過程中的斧鑿痕跡，讓政策執行融入更多在地文化元素，打造「新就是舊」的觀念，而非改革、改變。

　　文化傳播，指的是一定主體或者服務，通過言語或姿勢、表情、圖像、文字等符號系統，傳遞或交流知識、意見、情感、願望等資訊，並使一定受眾受到影響的過程。簡言之，文化傳播，更像是一種潛移默化的過程，讓普羅大眾於不知不覺中被同化或者被麻醉。從傳播效果角度分析文化傳播，清楚知道文化傳播對於人們的影響可以分成認知、態度與行為三個層次，這三層效果是一個不斷累積、層層遞進的過程[18]。美

---

18 謝精忠：《基於受眾的美劇跨文化傳播效果探析》，碩士學位論文，江西師範大學傳播學院，2014，第 19-23 頁。

國傳播學者李普曼在 1922 年《公眾與論》中就提出了「擬態環境」的概念，他認為我們所說的「媒介環境」，並不是現實環境「鏡像」的再現，而是大眾傳播媒介通過象徵性的事件或者資訊選擇與加工，重新加以建構後再向人們提示的環境。而一般人經過長期暴露在媒介資訊下，往往都會被媒介真實所洗腦，只不過時間比較長。在態度部分，媒介傳播資訊過程，通常包含各種價值判斷，對形成和維護社會規範和價值體系起著一定的作用，這樣的作用會讓一般人產生喜惡與情緒反應，只不過態度的形成往往是一時興起。因為當態度傾向上媒介動員的激發，就會產生行為，而這種態度引發行為的過程，往往時效是比較短的，例如：某種熱銷商品，經過一段時期後，就乏人問津。

文化傳播有項很重要的功能，就是社會教化功能。人們從家庭走向社會，從個體走向群體，要不斷地通過文化接觸瞭解文化內容，以防止違反社會規範，而人的社會化過程又不是一次所能完成的，要通過文化傳播不斷地接受社會教化；反之，如果人們不進行文化溝通，就不可能完全擺脫「自然人」而成為「現代人」。這種的「文化傳播」，從心理學角度來說，就是認知傳播；若從傳播學角度來看，根本就是建構傳播者的「擬態社會」。而當「擬態社會」再透過媒介長期宣傳與包裝，釋放更多適合這個「擬態社會」的媒介真實，量變產生質變，就形成長期以來的潛移默化，例如：美國好萊塢大片為美國所建構的「世界員警」形象，就是很典型的例子。

如果追問為何雲林太平老街第一次無法完成改造呢？從文化傳播角度剖析，更可以清楚理解個中因素，那就是臺灣地區社區總體營造計畫，是以價值觀點思考老街改造，進而影響執行團隊過度重視空間美化與建築保存工作，忽略了如何喚起居民對老街的認同、以及商機與文化保存之間的取捨。一旦忽略了，老街改造只是舊建築翻新，文化一詞就變得不重要。當政府與執行團隊不重視，身為當地居民在無力反駁或者

沒有認同感的情形下，誰願意去阻擋或者強力建議老街改造方式的缺失呢？當老街居民沒有強烈的文化認同感，在商機與經濟因素的刺激下，文化被失守，夜市與速食文化慢慢取代地方特色產業與地方民俗工藝，讓全臺灣最後只剩下一條老街。當全臺灣老街角色被一統後，遊客開始不會珍惜這條老街的文化記憶，只是會關注淺層的娛樂滿足，例如：餐飲。漸漸的，各式老街因為模式一致，距離就讓老街失去許多動力，讓地方文化產生了第二次沒落。

四、具體做法：文化傳播

　　人與人、人與區域，都會存在著文化差異，不論從文字、語言、種族、習俗、性別到職業，差異比比皆是。老街上的居民，部分可能是以前原住民，部分可能是新移民。不同人對於老街的情感，深淺不一。就算同時期的居民，不同人也會因不同社經背景、教育程度不同，對於如何改造老街、保存地方文化而存在不同意見。因此，許多專精文化政策與老街改造的專家學者們，其實都很清楚，在進行任何地方文化保存運動或者老街改造時，對於「人」，不應該一視同仁。應該嘗試教導或者引導大眾，如何將個人期待所產生的文化差異弭平。因為差異的另一個詞就是認同，個體如何透過與其他文化互動來形成自我與群體的認同，這是很重要的。所以，從上述雲林縣太平老街改造的案例，清楚解釋了地方文化保存的首要工作，就是透過文化傳播的方式建立共識。

　　若期待自我文化自覺，建立個人或群體文化自信，幾乎是不可能的，理由並非是人類擁有惰性的價值判斷，更多是媒介社會的大量資訊，不僅僅模糊與混淆每個人的選擇與判斷能力，更因為每個人處於資訊飽和年代中，許多應該被重視的議題或報導，漸漸會產生天花板效應

（ceiling effect）[19]而失焦。媒介社會對於閱聽大眾的社會化過程中，往往有三種最基本功能，就是提供大量資訊、建立社會中成員的聯繫，以及維持社會中隱形規範與公共秩序。所以，共識該如何建立？又該如何利用媒介去建立共識？共識建立之後又該如何長長久久？文化傳播並不是一個理論，而是一種方式，或說是一種組合。當所傳播的主題並非一種具象產品或者個人時，而是傳遞某種模式、想法或者理念時，文化傳播就是很好的一種手段，而宗教、社會規範或者意識形態等案例，都是利用文化傳播手段達到效果。

　　這裡提到的一種方式或者一種組合，指的是任何形式的媒介，也就是廣義的媒介定義，可能是一個人，像美國選舉過程中的候選人造神運動（形象塑立）；或者某種儀式，像每年九月分山東曲阜的祭孔大典，強調尊師重道；更或者像某些產品的組合廣告，在在都指出文化傳播適用於不同主題的重要佐證。同時，就學理範圍來說，適合套用在文化傳播的理論基礎，也並非指單一理論。許多人都相信媒介具有動員能力，更具有凝聚共識的功能，也期待運用媒介塑造一個屬於傳播者掌控的虛擬真實與美好文化。時間一久了，似乎就變成真的。但這種期待，時間一長了，似乎與想像不太一樣，誠如雲林縣太平老街初期改建的初衷與想法，結果不到 10 年時間，只好進行二次改造。為什麼呢？文化傳播失去效果了嗎？其實不然，只是執行者並沒有深入理解文化傳播真正內涵與作用，進而在執行過程中，流於上層結果的自我感覺良好，並無實際的效果存在。

　　若深入談傳播效果大小時，可以從媒介影響閱聽人（受眾）的程度切入。閱聽人本身的認知、態度與行為，是直接影響閱聽人的外在表

---

[19] 天花板效應是指當一個議題被報導了一段時間以後，則議題重要性不會發生在那些對議題最有興趣的人身上，反而是那些對議題沒有興趣的人會認為議題重要。

現；認知，就是用來內化、結構、合理化事件的模型或小系統；態度，就是對某件事情的情感傾向。態度，是比較容易理解的媒介效果，因為態度可以直接影響行為，但是因為時間變長之後，會因為搞亂來源與資訊間的關係，而產生睡眠效果，把資訊欲達成的目的張冠李戴；相對地，若是可以讓受眾的態度轉變成認知，形成自我對外在世界某種固定評量標準，這就是心像理論，也是傳播效果最高價值，更是文化傳播期待達成的目標。許多透過文化傳播形式去建構理念或者去保存某些文化傳統過程中，初期都比較順利，因為透過大量資訊與故事的組合，讓受眾基礎的態度與情緒容易滿足；可以當文化傳播的方法執行以後，可能是人為忽略，或對整體環境回饋訊息搜集不全，更或是忽略態度轉換認知過程中可能需要的投入大小，進而讓文化傳播功虧一簣。

　　其實，文化傳播於媒介運用過程時，光共識建立就是一門學問。例如：老街改造必須讓當地居民與改造團隊建立共識。初期在大量美好且簡單的訊息鋪陳下，當地居民很容易在態度傾向，但一旦改造過程產生噪音，當共識無法塑立其威權時，就容易被推翻，或者陽奉陰違。何謂「威權」？其實就是種力量，更是種生活的目標[20]。這種目標就應該被包裝成偉大的期待，例如：再生紙運用，就是救地球。其實再生紙的目標是希望少砍一棵樹，對地球植被的一種保護。但是，若冠上更高的目標，並加以宣傳包裝，其威權就會被建立，每個人都會力量去拒絕浪費紙張，去使用再生紙。這種帶點麻醉效果的方式，就是文化傳播終極手段，透過威權，讓受眾容易記住，並把資訊內容昇華到道德與人類未來層面。而達到這種效果，仍有許多技巧性需要被突破，例如：訊息數量與內容型態、媒介出現時間點與注意受眾回饋等，也是很重要的；甚至

---

[20] 陳嬿如：《信仰傳播效果的 3M 模式》，《廈門大學學報》（哲學社會科學版），2011年第 1 期。

如何突破時間產生的質變，更是許多文化傳播遇到的重要瓶頸之一。

美國傳播學者 Lang & Lang 在西元 1983 年提出，議題會因與自身背景或者社會期待產生程度高低不同的門檻，其一指低門檻議題，就是近身性高的議題，此類議題即使不加以報導仍會受到很多人的關切；其二是中門檻議題，此類議題只有部分受眾會關切，如都市犯罪議題；最後是高門檻議題，此類議題的抽象程度最高，最難引起關切，但卻也是媒介最能發揮議題建構效果的議題；但並非報導愈多，就會引人關切，還必須在適當時機出現，透過巧妙步驟的安排，才能成功地建構議題。這種議題，往往就是文化、宗教或者施政理念。雖然，文化的定義等於生活，但是生活似乎貼近受眾，但受媒介操控的可能性最低，議題門檻最高，也是在議題建構過程中，更需仔細、更需長期間的付出與努力，方可成功。

而 Lang & Lang 所提出的議題建構理論（Agenda Building）更將這種需要花時間的傳播過程分成幾個階段，更再度證明「文化」、「宗教」與「施政理念」等典型的文化傳播案例，是需要透過更仔細、更具技巧的媒介操作所完成的。其中包括：第一步，先將事件的精華故事部分呈現出來，吸引受眾注意；第二步，當媒介集中火力報導某一議題時，仍須注意外在氛圍的配合情形；第三步，將事件與次象徵符號（Secondary symbols）聯結在一起，使發生利益集結，議題更具爭議性；第四步，結合壓力（利益）團體巧妙操縱媒介。除此四步驟外，結合上述所提「威權」概念，文化傳播操作過程的第五步驟，應該是建構偉大理想目標，產生信仰力量，使傳播效果內化成自身認知，這才真正是文化傳播最終目標。

共識，對老街或者地方文化保存者來說，是認同感；對一般遊客或者不是老街的居民來說，老街承載的應該是具備不可取代性的文化，更是這條老街居民文化自信的來源。這種不可承受之重，除善用文化傳播

的技巧與步驟外，仍必須經過兩項仲介因素的考驗，一是時間，二是誰來傳播？或言，誰是主要傳播者？時間之所以有如此大的影響，可以從媒介涵化理論（Cultivation Theory）窺見一二。它指出媒介長時間下來，具有潛移默化的效果，甚至會影響受眾的意識形態。如果，文化傳播的最後一里路，被不可逆的時間因素所打敗，就代表某主題執行文化傳播不成功，例如：雲林縣的太平老街。而超越時間的最好方式在於參與感與主流化。當每位太平老街居民都參與到地方文化的保存，也形成一致的共識，最後也變成地方意見的主流，時間影響文化傳播的效果就會減低，甚至消失。

承上，同樣的方式也解決了誰來傳播的問題。在執行地方文化保存時，誰來主導？傳播者應該隨著不同時間與不同階段有所改變。推動改造與地方保存的主力，不應該是一個人或者一個團隊，而是每個人都應具有使命感來推動與保存。這種過程類似商業品牌經營模式，品牌建立是初期、品牌經營才是重點。品牌經營就是如何從內部開始找到品牌文化與價值。這點如同老街改造，改造完成後的硬體建設，就是品牌建立；後期把共識深化，讓每個人清楚改造老街的偉大目標在於保存地方文化，這就是品牌文化；保存地方文化的目的，在於延續傳統文化的價值，這就是品牌價值。所以，舊就是新，觀念改變後，老街還是老街，商業與文化並存，每個人都是形象大使，更是地方文化保護者，這樣才是真正有效果。

五、結論

地方文化的復興，不是單向懷舊復古，更是一種修復和回望，也是一次變革與新生。傳統是它生存的土壤，現代是它發展的指向。我們應當努力的，是在開放性的思維中，在商業價值與傳統文化取得一定平

衡，利用文化傳播去充分啟動每個人對於地方文化的保護，且積極探尋地方文化的現代表達，充分釋放傳統文明的核心價值。地方文化的復興，也不是一味地迎合市場需求，更也不能忽略市場機制在新一輪文化復興中提供的能量和動力。但是，任何隨意貼標籤地裝潢、破壞性地開發、過度商業化地變現，都是需要警惕需要擯棄的。

地方文化是當地人類運用自然資源的生活方式的經驗與文化傳遞，記述當地人類與自然互動的生活史。所以，推動地方文化保存時，最終的目的在培養對鄉土的認同感，並具有在地的關懷，學習如何「重新居住」在自己的鄉土，而這種「文化自信」的養成，才是地方文化保存成功與否最重要的因素。文化傳播不單是一種手段，更是一種擴散，它幫助某地方文化保存時，其影響不只單為某特地區域、族群或者文化盡其功能，它所要表現的是一種影響力。只要有任何區域或某地方文化成功利用文化傳播方式完整保存，文化傳播就已成功扮演其傳播媒介的角色了。

文化傳播定義隨著時代而改變，已不是單指某文明擴散到其他地區這種狹隘的說法。在當今社會裡，更精準的表述是，文化傳播是指各種文化保存過程中，如何建立共識的一種手段。它傳播的範圍可能是針對某群體、某聚落，也可能是全人類。傳播行為本來就具備「動態」本質，沒有正確與否？只有適用與好用的標準。同樣地，地方文化的保存與推廣，更應該與時俱進，似乎也應該隨著科技或者方法論的進步而有所調整。因為，地方文化一旦受到破壞，就很難再恢復。最後，文化傳播之於地方文化的重要性所在，就是透過傳播行為，可以將每位受眾的「認知世界」加以改變，並賦予受眾崇高的理想與目標，進而主動去關心、保存。這樣的話，地方文化保存就成為每位閱聽大眾責無旁貸的社會規範，地方文化的未來就會比較簡單。

第二節　閩臺文化的保存與創新
——以宜蘭傳統藝術中心為例

一、文化保存的重要性

　　新的制度，往往沿著舊的建構而來，文化的沉澱與積累亦然。法國藝術成為世界之最，文化讓人稱道，絕對不是一朝一夕，也非一個人就可以達到的成就，必須要有遠見的政策、長期培育人才以及提供發展環境，才能有所成就[21]。目前，閩南文化的保存，在福建省閩南師範大學閩南文化研究院與閩南文化研究會的大力推動下，在長期培育人才上，似乎有長足的進步。國內中央政府機構，相對地也大力支持閩南文化的發展與保存，但，為何總是感覺少了臨門一腳呢？

　　文化，就是一切生活的總稱。因文化因具高度被動性，必須刻意且有目的性的去推動與保存，才能持續發展與成長。不同地區有不同的特殊文化，結合先賢的智慧與當地的自然資源，產生出不同於其他地方的建築、風俗、語言與習慣，這就是地方文化，更是鄉土文化。每個區域的地方文化，均必須刻意去維護與保存，方可向下紮根、往上發展；在現今社會，不同地區的地方文化，透過傳播工具，更進入了人們的日常生活中，在加上文化擴散、資訊科技，例如網路的發展，文化的保存，就形成一種全球性的社會關係與文化現象。

　　西元 1997 年費孝通老師提出通過「文化自覺」達至「各美其美，美人之美，美美與共，天下大同」的理想圖景，希望通過對中國傳統文化重新認識，在傳統文化中尋找新的資源並讓其成為新文化的發展基

---

[21] 黃光男。文化政策運作舉隅：再訪法國[C]。臺北：博物館季刊，2003（17）。P77-83。

礎，以使中國迎接全球化的挑戰。透過「文化自覺」融入國際社會，達到自主轉型的目標，為世界的文明共存及人類文化自覺的發展開闢新路。不過，文化具有高度的被動性，必須透過政府與相關策略，才有辦法引起文化自覺。今天社會已進入以文化論輸贏的新時代，文化發展將成為經濟社會發展的著力點，文化也已深深融入經濟、社會、人文各個領域，各個層面之中，成為發展的軸心。所以，閩南文化的保存，不單僅是地方文化傳承與維繫，更是協助中國大陸邁向已開發國，以及與世界各國文明接軌的重要目標。

文化是一種生活方式，其中有人類普世性共通的經驗，也有屬於在地脈絡的特殊發展。文化內容，更是文化的重要載體，這個載體包含該文化的精神內涵，以及過去的文化記憶。文化內容不僅可以讓文化本身和附加創意有價，更能成為文化流通和轉譯的載體，深植於庶民生活的產業和服務，讓民眾對所擁有之文化底蘊深具信心，對於生活幸福更為有感。因此，如何將文化價值產值化，建構具豐富文化及創意內涵之社會環境，帶動國家美學經濟，已成為全世界各個國家發展之重要課題。[22]

文化與經濟兩者，一直以來是人類社會中最受關心的兩件事，卻像井水不犯河水般互不相通。若從文化價值與經濟價值的概念出發，可以把兩者整合起來。並且把文化產生的環境與產生的文化內容，還有進行文化活動的所有人事物，全部納入考慮，或許可找出文化與經濟確切的依存關係。[23]其中，文化創意，就是文化保存的重要手段之一，更是現今創意產業經濟的主軸之一。文化創意，一方面利用新的思維全力保存

---

[22] 王韻涵。新北市文化創意產業促進地方發展策略初探[J]。新北：淡江史學，2017（29）。P161-186。

[23] 鄭綿、李瑞元。古蹟經濟：歷史建築與經濟發展的關聯[J]。臺北：文化創意產業研究學報，2016（6-3）。P23-31。

地方文化，一方面採取創意手段，吸引新一代的民眾參與體驗。透過創新、創意的加值，讓傳統文化增添新一層的意涵，將文化內涵及貼近人心的感動，透過行銷包裝成為商業化的新產物，讓傳統文化、經濟產業與服務價值的跨業融合，使文化內容更具價值。[24]

　　本文將描述閩南文化如何不受到地理環境影響，遠渡至臺灣地區宜蘭縣生根發展，從蘭陽平原墾荒，到發展成臺灣地區深具知名度的文化縣市；及宜蘭縣民與當地政府用何種途徑與方式，成功的保存與創新閩臺文化，進而去說明原屬臺灣地區「文化部」的「傳統藝術中心」，如何轉變成保存閩臺文化的重要基地之一。透過本個案的歸納與演繹，期待可為閩南文化的保存，提出一個較新的視野。

二、宜蘭：閩臺文化的傳承者

　　宜蘭，位處於臺灣島的東北角，早期本身因臺灣島地形影響，與臺北以及西部平原間，有座高聳的雪山山脈阻隔，交通相當不便。但因為三面環山、一面朝海，加上宜蘭縣內的蘭陽溪水的滋潤，反倒孕育出物產豐饒的蘭陽平原，也讓交通不便的宜蘭，自給自足，似乎不受交通不便影響。清朝時期，往來蘭陽平原的交通，僅能透過海上航運到烏石港（現今的宜蘭縣頭城鎮），或者由官方所設置的「淡蘭古道」。淡蘭古道是指「淡水廳」到「噶瑪蘭廳」之間往來的道路。淡水廳的成立，是清朝雍正初年（1723 年）設置，廳治設於竹塹（新竹市）。疆域大約涵蓋了今日北臺灣的新北市、基隆市及桃園縣、新竹縣市、苗栗縣的沿海地區。但因為漢人陸續湧進蛤仔難（宜蘭舊稱）開闢荒畝，規模日漸

---

24 蔣政衛、劉經緯。文化創意設計方案框架評估：對於文化創意產業貢獻之研究[J]。臺北：文化創意產業研究學報，2016（6-2）。P31-41。

擴大，移民之間以及漢人、原住民的衝突漸多，於是墾民籲請臺灣府將蛤仔難收歸版圖，設官治理。嘉慶十五年（1810 年），清廷奏准於蛤仔難設廳，並將蛤仔難改名為「噶瑪蘭」，納入大清帝國的版圖。嘉慶十七年（1812 年），噶瑪蘭廳正式設立[25]。

噶瑪蘭當時治安並不安定，有移民間的族群衝突（如漳、泉械鬥），有海盜的劫掠騷擾，成為噶瑪蘭治安一大困擾。因此，淡蘭之間須保持交通暢順，萬一噶瑪蘭有事，淡水廳的兵力可迅速前往支持平亂。根據《噶瑪蘭廳志》的記載，廳治設立之初，當時評估條有三條淡蘭路線，而這三條民間走出來的淡蘭古道，分別通過漳州人、泉州人及廣東客籍移民主要的拓墾區域。其中繞經臺灣東北角的這條為正路，正是漳州漳浦縣人吳沙入墾噶瑪蘭所走的路線。吳沙當時率領三籍移民入蘭開墾，大部分是漳州人，因此今日宜蘭人祖籍以福建漳州占大多數。

嘉慶元年（1796 年），吳沙率領三籍（漳、泉、粵）流民入墾蛤仔難，在頭圍（宜蘭縣頭城鎮）建立據點，為漢人正式拓墾宜蘭的開始。此後，漢人陸續湧入蛤仔難開墾，淡蘭之間的交通路線亦逐漸形成，而閩南文化也陸續在蘭陽平原生根。其中，伴隨早期先人渡過黑水溝來臺的，最明顯的是閩南地區宗教信仰的與語言腔調。宜蘭腔在現今臺語方言裡，有別於臺灣西部平原的彰化、雲林或嘉義腔調，是臺語裡面最具古漳州腔。而閩南地區的各種宗教信仰，包含祖籍神明，幾乎在宜蘭地區都可以看見，包含：媽祖、王爺公、關聖帝君、保生大帝與清水祖師、三山國王等等。文化，在地域與人文歷史環境變遷後，隨著時間影響，閩南文化產生部分形式上的演化，例如：歌仔戲起源自閩南文化的「歌仔」的演變，從閩南到臺灣後，被加以發揚光大，改稱為「歌仔戲」。這種正向的文化改變，為區隔不同區域產生的文化內容，於是

---

[25] 噶瑪蘭廳志[M]。臺北：臺灣省文獻委員會，1993。

就形成「閩臺文化」。

宜蘭，可說是閩南文化最忠實的擁護者。早期不但沒有因為交通不便導致宜蘭成為文化沙漠，更因為地理阻隔與豐富的自然資源，造就許多宜蘭的知名人士。其中原因，部分歸因於清朝時期臺灣知府楊廷理於嘉慶年間，在噶瑪蘭廳設置仰山書院供蘭陽居民讀書，文風大勝，人才輩出。雖然因交通不便被戲稱臺灣「後山」的宜蘭，卻有進士楊士芳、舉人黃贊緒、李春華等登科中舉，貢生、廩生、秀才更是不勝枚舉[26]。爾後，清朝海防欽差大臣沈葆楨開山撫蕃時，途經淡蘭古道時更是讚譽說：「淡蘭文風，蔚為全臺。」[27]《噶瑪蘭廳志》裡更是寫到：在如此深厚的文化底蘊下，孕育出更多知名的閩南移民後代，以及閩南傳統文化與技藝[28]。宜蘭文化，透過一代傳過一代，誠如宜蘭作家黃春明說過：「阿媽就是宜蘭大地，沒有阿媽就沒有我。」[29]在宜蘭中山公園裡面的阿公阿媽，就是閩臺文化傳承不可或缺的力量，宜蘭小孩自幼就由阿公阿媽牽著去看歌仔戲，在農忙時候，就講祖先流傳下來的故事給孫輩聽，用口傳的鄉土文化滋潤下一代。宜蘭，在這些人有意識或者無意識的傳承中，已經成為臺灣重要閩臺文化保存重鎮。

宜蘭，又號稱戲劇之鄉，在宜蘭，戲劇和生活契合在一起，是宜蘭人生活的重心。宜蘭農民不但愛看戲，自己也演戲，子弟戲就這樣流行起來。宜蘭戲劇以北管、歌仔戲及四平戲為主。早期宜蘭北管戲所向披靡，且派系林立，拚鬥的很厲害；另外，宜蘭更是歌仔戲發源地，在迎神賽會、婚喪喜慶，或者農餘閒暇時，就會有戲班來演戲。除上述子弟戲、北管、歌仔戲與四平戲之外，宜蘭仍保有同屬於閩南文化傳承的布

[26] 劉寗顏編。重修台栓省通志[M]。臺北：臺灣省文獻委員會，1994。

[27] 蘇同炳編。沈葆楨傳[M]。臺北：臺灣省文獻委員會，1995。

[28] 同注 5。

[29] 蕭富元。蘭陽兩文化風[J]。臺北：遠見雜誌，1992。

袋戲、南音、傀儡戲。加上宜蘭當地特殊且濃厚的漳州腔閩南語發音，例如：下昏（晚上）、開門、吃飯等句語的尾音（ui 尾音多），即可知道其祖先來自漳州。[30]另外，宜蘭人特殊的飲食習慣，例如：煎蘿蔔糕（粿）、肉羹麵（魯麵）等，多處均反映宜蘭傳承大陸閩南文化之深與廣，實在不可言喻。

不過，隨著時間演變，宜蘭人引以為傲的戲劇與閩臺文化，卻面臨逐漸凋零、式微。傳統戲劇與閩臺文化，無法打動年輕人的心。為了救亡圖存，早在 1992 年開始，宜蘭文人與宜蘭縣政府開始推動一系列的薪傳計畫，不僅在學校文化薪傳工作上紮根，更透過宜蘭學，把傳統文化注入生活裡。民俗專家邱坤良認為，「宜蘭文化可以有很前衛的，也可以很生活」[31]。透過傳承，融入宜蘭人的生活中，可以激盪出新的宜蘭文化。其中，歌仔戲劇的人才培養與觀眾的養成，宜蘭學落實在教育課程中，以及座落於冬山河畔的閩臺傳統藝術中心，都可說是宜蘭這文化城市，努力致力於發展與傳承閩南文化的創新做法，也讓閩臺文化在宜蘭變得更家喻戶曉。

鄉土文化是一個特定地域內發端流行並長期積澱發酵，帶有濃厚地方色彩的物質文明、精神文明及生態文明的總和。換言之，就是涵蓋該地區有別於其他地區的文學、藝術、語言、音樂歌謠與建築等的總稱。對鄉土文化的保存與傳承，各區方式不一。鄉土文化的傳承，需要有方法，不應只透過政府政策，或者對家鄉的熱情去維護、維持。[32]文化的保存、營運與推廣工作以及文化設施設置與經營，是地方認同、文化保存與文化產業的根源，可謂是文化施政重要基礎工作，也是凝聚居民參

---

[30] 戴寶村。臺灣移民史的考察[J]。臺灣‧臺灣月刊，2007（8）。

[31] 同注 9。

[32] 陳建安。如何透過青年參與振興臺灣鄉土文化？以文史導覽員為例。[J]。臺北：中華大學行政學報，2017（21）。P113-127。

與地方公共事務的重要管道，對於城市認同與榮譽感建立，居於重要關鍵地位。[33]文化，不能只是紙上談兵，必須透過方法，轉變成生活一部分，成為每一個人自然而然的態度，但這絕非一蹴可幾。從上文可知，宜蘭保存的閩臺文化，同樣面臨青黃不接、無法傳承問題。但宜蘭究竟透過何種方式、步驟，把文化傳承的口號，落實在生活當中呢？如何在這二十年的時間，重新打造並恢復閩臺傳統文化過去的榮景呢？

三、方法：用生活保存幸福

文化創意的成功，至少具備三個主要因素，就是「如何保存並恢復優質文化內容」、「政府政策傾向並打造可發展環境」，以及「讓民眾融入生活，一起參與體驗」，這就是文化創意 CCP 模式（Content、Policy、Participate）。文化，固然等於生活，但若談起文化保存會讓人卻步，因為「文化」議題似乎太大、太遠，並非一般百姓能夠操控。可是，若把文化透過創新的管理、創意的想法與創造的價值，也就是將文化結合創意，把枯燥嚴肅的文化保存變得有趣，讓大家可以輕鬆觸摸接觸，讓大家不得不去注意；換言之，透過文化傳播的方式，把嚴肅的話題轉移，例如：環保等於綠色博覽會，以遊樂代替宣教，讓參與的每個人習慣之後，就自然而然就去遵守。同理可證，文化保存與傳承，同樣可以透過文化傳播的精神與方法去進行。

文化傳播，更像是一種潛移默化的過程，讓普羅大眾於不知不覺中被同化或者被麻醉；若用更精準的表述，文化傳播就是遇到某種現象、思維或者文化需要被保存、宣揚時，如何透過各種媒介與方法，去建立

---

33 董俊仁。地方文化的展現——談新北市文化政策與地方文化館園經營[J]。臺灣：新北市民間文化會議，2016。

共識的一種手段。它傳播影響的範圍可能是針對某群體、某聚落，也可能是全人類。傳播，本來就具備「動態」本質，沒有正確與否？只有適用與好用的標準。正因為文化傳播沒有固定的模式與步驟，若想透過文化傳播成功建立共識，其所耗費的時間與方式，可能遠超過於一般的傳播型式。以宜蘭縣打造「幸福城市」為例，也是歷經 20 多年，才在這座已經擁有優質閩臺文化內容的宜蘭縣，一步一步地達成目標。

　　「幸福城市」的打造，無法一蹴可幾。文化傳播需要用簡單的方式，或者透過信仰（威權）去慢慢建立。宜蘭則是透過「幸福」這兩個字，去建構這種文化保存的信仰與威權，並推廣到宜蘭縣各地。這種傳播方式必須從小處建立，例如：免費觀光巴士的提供，以及宜蘭縣各文化景點，宜蘭縣民可免費進入的這種小確幸，把原本那種近乎麻醉的宣傳方式，昇華到生活與道德，進而讓每個人都願意幫您。透過多種人、多種管道，從一個人到各種活動，讓每個人自願接受，這樣的文化保存就會比較容易。文化傳播一開始會比較困難，但是一旦故事開始了，就停不下來；「幸福」，當每個人都感受到了，每個人就會幫忙說下去。宜蘭本身過去在文化旅遊上有著豐富而多元經驗，例如：重視社區營造以及本土教學。所以，宜蘭縣在推廣文化保存的政策理念時，一開始就是在提升縣內居民的生活品質，發展出兼具人文內涵及自然美景的旅遊環境，在知性休閒裡薰陶文化氣息，在共同參與下分享經濟利益，這樣就可以把文化保存的工作落實下來，這也正是宜蘭經驗的成功模式之一。[34]

　　因宜蘭文風鼎盛，歷數十年不變，也孕育出許多知名作家、民俗學者與戲曲名人，其中包括：作家黃春明、吳靜吉、李潼、吳淡如，民俗

---

[34] 許英卉。北宜高通車對蘇澳觀光衝擊之探討[D]。臺北：公立臺北教育大學社會科教育學系碩士論文，2007。

學家邱坤良、邱水金、陳進傳、周家安，以及楊麗花、司馬玉嬌、廖瓊枝與陳旺欉等人。當地方文化保存遇到瓶頸時，宜蘭地區政府願意聽從地方人士意見，大力推動文化政策，發展傳統文化保存，這也正是宜蘭經驗成功模式之二。其中，1990 年成立的「宜蘭縣史館」及「財團法人仰山文化基金會」二單位，更是在推動宜蘭地方文化保存過程中，扮演重要角色。「宜蘭戲劇館」，從 1986 年開始籌備，1990 年正式成立，館內的保存與推廣以歌仔戲為主，傀儡戲、北管戲曲與木偶戲等為輔。仰山文化基金會，更是承襲清朝楊廷理知府所辦的仰山書院精神，透過人才培育，逐步推動宜蘭「閩臺」文化的保存與創新。

　　宜蘭是以人才培育為優先，逐步打造一個適合「閩臺」文化發展的整體環境，最後再適時尋求政策支持，這種文化政策的實踐方式，首先體現在傳統戲曲的保護上，也正是宜蘭經驗成功的模式之三。1992 年「蘭陽戲劇團」在宜蘭地區政府支持下正式成立，也是臺灣地區唯一具公立屬性的歌仔戲劇團。該戲劇團成立至今，主要目標在傳承北管戲、本地歌仔、傳統歌仔戲及創新歌仔戲。蘭陽戲劇團秉持保存傳統、研究創新的理念，亦從形式上尋找突破，從內容上契合現代潮流去努力，爭取知識份子的肯定，和年輕的觀眾。具體來說，在劇本上注重情節深刻呈現，講究整體的藝術表現，注重創作，但不離傳統[35]。經過十幾年的人才培養，宜蘭地區政府除安排許多縣內各區演出機會外，也正式向臺灣地區「文化部」申請重要傳統戲曲保護。其中，以「重要傳統藝術保存者（團體）接班人傳習演出計畫」為例，1986 年成立的羅東「漢陽北管劇團」，透過該計畫，成功於 2010 年培養出可結業的藝生；而壯圍鄉歌仔戲團「壯三新涼樂團」，透過該計畫的推動，也順利在 2012

---

[35] 宜蘭縣文化局。蘭陽戲劇團簡介。[EB/OL]。[2017-01-02]。 https://www.ilccb.gov.tw/cp.aspx?n=836A736BF70F644B

年被臺灣指定為重要傳統表演藝術。

　　另外，宜蘭特有的「宜蘭縣博物館家族協會」（簡稱蘭博），也是從民間做起。蘭博協會是 2001 年 10 月成立，在成立過程中，全部是由民間發起，由民間負責維運。「蘭陽就是一座大博物館」，蘭博組成的成員，主要是共計超過 60 個地方博物館結盟而成的民間組織，其中包括：校園館、歷史館、自然館、戲劇館、休閒農場、觀光工廠等。而蘭博成立目標是發展宜蘭的整體文化環境，並有別於「為博物館而博物館」的理念，而是「為生活而博物館」。蘭博的宗旨認為，使博物館不僅是典藏、展示、教育、研究的場所，更是一個活生生的生活與學習空間；以「人」體驗為主，而非單純的「物品」展示，透過社區博物館打造宜蘭，凸顯地方特色，就是宜蘭縣博物館家族的最終目標。[36]宜蘭縣博物館家族協會成功的在每年 10 月這段期間，透過成員把宜蘭打造成極富文化氛圍的大生活博物館。而這點，與宜蘭地區政府以培養人才為起點有極大關係。這也正是宜蘭經驗成功的模式之四。

　　2013 年，由宜蘭高中老師們因本身對宜蘭文化的熱情與期待，在既定的課程設計中，提出了「宜蘭學」概念，引起許多迴響。透過課程帶領宜蘭縣內的高中學生們，沿著蘭陽溪（宜蘭河）出發，認識宜蘭這塊土地上的自然環境、人文歷史與區域發展的軌跡與特色。「宜蘭學」的課程設計理念，是為幫助宜蘭在地學子認識家鄉這塊土地，以及早年先人的開墾過程，透過文化踏查認識宜蘭。「宜蘭學」的課程內容，以在地關懷為主軸，邊走邊學，讓學生不應該對自己家鄉的認識卻和一般觀光客差不多，而是應該基於對家鄉土地環境的特殊情感，更而深入瞭解這塊土地。[37]「沒親自走過農田，怎能說瞭解這片土地；沒有親自探

---

[36] 羅欣怡。新時代地方博物館運動：從蘭陽博物館與宜蘭博物館家族談起[J]。臺灣：博物館季刊，2002（1）。P47-52。

[37] 遊婉琪。宜蘭學•跟著一條宜蘭河認識在地故事。[EB/OL]。[2017-02-02]。 http://teacher

訪水源，怎能說自己飲水思源。就如我們沒有仔細深入宜蘭，怎麼可以驕傲地說自己是地道的宜蘭人呢？」這是上過宜蘭學的高中學子寫下的心得。學生們都認為，「宜蘭學」，讓他們真正學會做一個宜蘭人。[38]宜蘭學，就是希望從小做起，從生活學起。宜蘭沒有特別的老街，整個宜蘭就是個文化，這也是宜蘭經驗成功模式之五。

　　把文化融入生活的理念，在宜蘭縣被實踐得相當徹底，從人才培育的「蘭陽戲劇團」，到打造文化環境的「宜蘭縣博物館家族協會」，最後又透過教育方式的「宜蘭學」，徹底把宜蘭人的文化自信建立起來。這種文化自信絕對不是短期的態度情緒反應，而是種發自內心的生活信仰，每個人都是宜蘭「閩臺」文化的推廣者與保存者。加上地方政府刻意地營造環境，「文化宜蘭」已深刻烙印臺灣每個民眾心中。宜蘭縣每年的「國際童玩節」、「綠色博覽會」的舉辦，幾乎都湧進大批旅客；幾米公園、大象溜滑梯、烏石港賞鯨豚、羅東觀光夜市、三星蔥推廣，以免費的七條觀光旅遊巴士等，讓每位旅客停留在宜蘭的時光中，不僅包含著大量的文化饗宴，更在食衣住行等方面，都全面被宜蘭文化所涵蓋。當然，這些措施或文化景點，也主動回饋宜蘭，為這塊土地說故事，例如：透過幾米作品《星空》和《忘記親一下》的授權圖像所打造的兩輛免費巴士：「星空號」與「奇蹟號」，從 2016 年 9 月開始營運後，更主動加入為宜蘭文化說故事的行列，讓人流連宜蘭而忘返，這正是宜蘭經驗成功模式之六。

　　上述各種成功模式的塑造，間接地把宜蘭文化保存工作，推向等同於打造「幸福城市」的最終目標，讓每個宜蘭人在輕鬆愉快心情下，願意付出心力保護宜蘭文化。這種「由下而上」的政策執行模式，成功的

---

sblog.edu.tw/20/1135。

[38] 何星瑩。宜蘭高中建構新課程開出十一門選修[J]。台灣：青春共和國，2016（12）。

讓臺灣地區「文化部」將傳統藝術中心不得不選址於宜蘭五結鄉冬山河旁，也成功為宜蘭閩臺傳統文化，找到了一個更大的實踐與創新的舞臺，奠定了宜蘭經驗的成功模式之七。透過中央政府政策支持，讓文化可以落實在生活，讓傳統找到生存的新模式。當然，不僅單純歸功宜蘭縣政府的努力，也正因宜蘭本身擁有許多閩臺傳統藝術，包括戲曲、音樂、舞蹈、建築工藝、手工藝與民俗技藝等，加上最為人知的歌仔戲發源地便在宜蘭，這些都導致「傳統藝術中心園區」為何選址在冬山河畔的理由之一。再加上保持原有木構件的宜蘭舉人黃纘緒故居與廣孝堂（原鄭氏家廟）兩座古蹟的遷移，傳統藝術中心園區的落成，裡裡外外都可說是為宜蘭保存「閩臺文化」所量身打造。

「一廟、二館、三街」，加上由四位臺灣建築師以富傳統風格的建築形式，呈現出舊式閩南街坊生活圈景象，這就是傳統藝術中心的外觀。一廟為「文昌廟」，主祀文昌五聖君、配祀戲曲及工藝等祖師爺，廟外設有臺灣庶民文化中十分重要的「野臺」作為露天劇場。二館則為「戲劇館」與「曲藝館」，館內除常設展、特展外，也有室內表演廳，供戲劇、音樂演出，也是「重要傳統藝術保存者（團體）接班人傳習演出」的重點場館。三街則為進駐三十多家民俗工藝店鋪的民俗街坊，包括：木屐、白糖蔥、毛筆、陀螺、捏麵人、藍染和霹靂布袋戲偶等，供遊客親身體驗雕刻、手工藝、童玩、民俗小吃製作等活動；街道上也有不定時的民俗踩街或特定主題的表演，例如：例如：西遊記或者十二生肖等。

宜蘭傳統藝術中心為積極推動戲曲人才培育，首先以「歌仔戲」為先行示範劇種，自 2013 年起，每年推動戲曲新苗培育計畫，選拔具潛力的青年藝生透過「以演代訓」的方式，進行歌仔戲新秀人才培育計畫。這計畫還特別委託宜蘭在地公立劇團「蘭陽戲劇團」執行，除了加強與在地歌仔戲團的合作關係，也希望以資源共用的概念，提升在地文

化能量。相對地，蘭陽戲劇團自 2013 年起，也在宜蘭傳統藝術中心園區累積逾 1500 場次的演出。此外，因為「重要傳統藝術保存者（團體）接班人傳習演出計畫」的執行，該園區也陸續讓北管、南管、布袋戲、牛犁車鼓、太平歌等，定期與不定期在傳統藝術中心登臺演出，獲得許多不錯的迴響。承攬傳統藝術中心營運的團隊表示，於園區的定位，就是打造一個夢想可以實現的文化場域，懷著對土地的謙卑與疼惜的心，保存深深感動我們的傳統藝術，共同創造更多動人的文化風景。臺灣傳統藝術是民間生活之精華寶藏，紮根於生活，也流傳於生活，而傳統藝術真正價值就在「人」。所以，傳統藝術中心特別凸顯「人」的價值，擴大臺灣傳統藝術文化輸出，以傳薪創藝達到立地紮根，用文化服務達到無遠弗屆，串聯薪傳臺灣藝術人才，透過精彩表演讓所有人都能成為傳統藝術與善美價值的種籽。

從宜蘭縣政府 2018 年縣政統計通報數據發現，2017 年共計超過 1,000 萬 1,912 人次的旅客來宜蘭旅遊。其中第一名、第二名的旅遊景點分別是傳統藝術中心與蘭陽博物館，旅客人數分別為 113 萬、87 萬。2017 年到傳統藝術中心的旅遊人口相較於 2016 年，成長幅度超過 26.57%。「休閒活動的價值並非僅由參與次數來顯現，而應是決定於參與者的態度及心態。」[39]若依研究數據分析，許多前來傳統藝術中心的旅客，經過問卷調查發現，休閒動機最高為「增進人文素養」，其次為「認識豐富的傳藝文化」、「增進對宜蘭傳統藝術文化的認識」，這三者的均值都超過總平均值。由此可知，歷史文化是遊客前來傳統藝術中心的主要因素，而傳統藝術中心因增加了歷史古蹟說明、歷史由來與各種歷史文物用途介紹等，加上遊客本身對傳統藝術與閩南文化風格非

---

[39] 黃世明、傅建三、傅嘉輝。私立美術館觀眾休閒動機與休閒滿意度之研究——以朱銘與鴻禧美術館為例[J]臺灣：藝術學報，2009（80）。P185-203。

常感興趣，於是成就了宜蘭傳統藝術中心每年均為宜蘭縣帶來超過旅客總數 1/10 以上的遊客數量。[40]

　地方依附感又稱為地方依戀、場所依賴等，是指當個體在經歷了一個地方（包括居住地和遊憩地），對這個地方可以滿足自己的某種或某些需求而產生了依賴感，以及在情感的層面對這個地方產生的認同感、歸屬感和其他層面的表現[41]。臺灣學者曾秉希研究結果強調，地方依附感所指的是個人對地方的記憶以及與環境之間的積極情感聯繫。[42]

　宜蘭傳統藝術中心園區為宜蘭每年吸引超過 100 萬名以上的遊客來宜蘭，從這些遊客來傳統藝術中心的休閒動機可知，主要是想多吸收傳統藝術文化的知識，以及加上對閩南文化風格的感興趣。但，這些動機是基於傳統藝術中心園區本身的特點，還是整個宜蘭縣文化風格的展現呢？另，遊客是喜歡傳統藝術園區內的各種傳統藝術展演呢？還是因喜歡倘佯在蘭陽這種閩臺文化的記憶中，進一步的愛屋及烏呢？這點，似乎無法準確區隔。換言之，當宜蘭縣打造成一座深具閩臺文化的整體氛圍場域時，不僅讓遊客喜歡，並滿足遊客對文化孺慕那種不可替代的需求；這種需求，正因有傳統藝術中心園區的完整體驗平臺，滿足了遊客的需求，進而產生了對閩臺文化的強烈認同。這種三角關係，似乎已經無法準確釐清因果，更非單純用地方依附感理論就可解決。但肯定的是，「閩臺文化」在宜蘭縣用心的經營與保存下，不僅傳統戲劇人才被延續，文化資產被保護，更透過傳統藝術中心園區的平臺向外推廣，讓

---

[40] 俞柏宏、詹凱祥、陳勝豐。國立傳統藝術中心遊客休閒動機、體驗價值與重游意願之研究：以宜蘭園區為例。[EB/OL]。[2018-03-26]。http://shs.edu.tw/works/essay/2018/03/26/13301715。

[41] 趙宗金、董麗麗、王小芳。地方依附感與環境行為的關係研究[J]。大陸：社會學評論，2015（1-3）。

[42] 曾秉希。地方居民對台中市梅川親水公園依附感之研究[J]。臺中：朝陽科技大學學報，2003。P9-13。

閩臺文化無限制的被衍生，這對文化保存來說，的確是一種成功且已被
實踐的「宜蘭模式」。

四、未來：文化自信心的建立

　　「從傳統中創新，從創新中復振」，就是一種傳統與創新間磨合的
最終目標。透過以文化裡的居民為主體，以生活內容為文本，體現並創
新鄉土文化價值，正是文化保存最高宗旨。宜蘭經驗的成功模式，明確
地指出文化保存與創新的困難之處，以及目標的遙不可及。但，由下往
上的政策執行模式，證明了文化保存不需要太多繁瑣政策與行政指導
的，它只需要向在地的居民說明，「地方文化」，其實就是過去生活的
精華，更是讓現今進步的動力。透過簡單的信仰力量建立，輔以將文化
內容的主動創造，例如：文化觀光旅遊。讓人民在自然而然中對自我的
地方文化產生信心，產生優越感，這樣就足夠。

　　用地方特色文化發展文化創意，無疑就是一種產業的加值，關鍵因
素在如何有效運用當地特有文化、素材及自然資源等，創造新的經濟模
式，賦予更高層次的文化價值。首先，地方政府必須先瞭解且清楚自身
內在核心資源並有效的整合，針對不足之處設法填補，才能掌握關鍵成
功因素，保有競爭優勢[43]。這點，宜蘭地區政府做得很好。宜蘭地區政
府並沒有一開始就汲汲營營爭取中央政府政策支持，而是從最根本的如
何延續地方特色文化，以及培育地方特色文化人才著手。因為，文化具
高度被動性，即便是地方特色文化均具備歷史獨特性、地域獨特性，且
與風土民情、生活息息相關，但如何積極傳承並融入創意，且導向文化

43　陳唯珍、李虹伶、徐秀如。資源理論分析藍染文化創意產業之關鍵成功因素研究：以三
　　義卓也為例[J]。臺灣：紡織綜合研究期刊，2016（26-4）。P53-61。

藝術發展，似乎比爭取政策來的重要。一旦地方特色文化內容消失後，喪失獨特性的地方文化，就等於失去文化內涵與價值。

此外，又該如何把人民過去生活的共同記憶、歷史文化傳承的場所，進行有計畫地延續與凝聚社群共識，這是宜蘭地區政府努力的第二步。這第二步的目標，就是建立宜蘭地區居民的文化自信、文化優越感。文化自信是一個國家和民族長遠穩步發展的基礎，能夠促進社會公民思想和精神上的進步，同時也是一個國家能夠立足國際舞臺的精神支柱[44]。對宜蘭地區政府而言，就是利用蘭陽平原既有的各種自然資源、地理環境、文化古蹟與歷史傳承等，透過觀光旅遊、休閒娛樂的方式，把文化保存的共識，轉變成為打造「幸福城市」的目標。讓宜蘭縣的每個人、每件事情、每棟建築、每個景點與每次活動，都能主動地為「宜蘭」這個閩臺文化的傳承者說故事。有自信地把傳統的歷史記憶，轉換成每位來宜蘭遊玩旅客身上的笑容。這是種每位待在宜蘭縣的居民共識，更是一種宜蘭縣居民的文化自信。這不是被強迫地，而是種不得不的使命感。

宜蘭傳統藝術中心可說是在兩種文化自信心底下成長。一種是已經被培養成熟的宜蘭縣居民。根據研究資料指出，宜蘭縣的民眾也喜歡在假日時，主動前去傳統藝術中心園區裡，欣賞那些已經開始由年輕一代演出的傳統戲曲[45]。另一種文化自信心則是來自這些傳統藝術的表演者、傳承者。傳統藝術中心園區用文化創意來說文化、讓人感受文化並感動人心，讓更多人認識並樂於接近與學習，並提供傳統藝術家及傳統技藝人才一個夢想可實現的展現空間及舞臺。當這些原本擔心傳統文化沒有表現與演出空間的「傳藝者」，在宜蘭縣這個深具文化自信的氛圍

---

[44] 丁惠。文化自信視域下的傳統戲曲跨文化傳播[J]。大陸：齊齊哈爾大學學報（哲學社會科學版），2018。P145-147。

[45] 同注 20。

下，透過大量民眾湧入園區，並支持傳統藝術的表現與演出，讓這些傳藝者，慢慢也培養出屬於傳統藝術家與傳統技藝人才的文化自信。透過這種文化自信的培養，更能主動地去創新傳統文化，找出更多方法讓傳統與時俱進。

　　誠如臺灣公益 CEO 協會與臺灣私立南華大學藝術文化研究中心在 2018 年一張「文化觀光的策略與文化自信的建立：用觀光認識雲林，以文化找回自信」文化論壇的宣傳單上寫著：「文化資產保存的意義在於傾全世界的力量保護全人類的瑰寶。延伸觀光價值，建立在地認同與自信，形塑文化意象，正是所謂的愈在地、愈國際。」這個文化論壇主要宗旨就是透過文化找回自信。「你的日常生活就是我不遠千里而來的意義」，強調文化就是生活，以文化底蘊吸引遊客，梳理出雲林常民的文化價值，找出屬於雲林人本身值得驕傲的文化自信[46]。從上文來看，文化自信之於文化保存來說，已經是不可或缺的動力來源，更是創新文化價值的重要推手。

第三節　從場景到內容說好文化故事
──以閩南文化為例

一、從場域視角保存文化生活

　　文化，簡單來說是種生活，但從社會行為的發展來說，是人類知識創新與累積的總和，由人類創造，在族群中世代相傳、廣泛傳播，不斷

---

[46] 廖淑玲。雲林價值是什麼？文化論壇：以文化找回自信。[EB/OL]。[2018-09-30]http://m. ltn.com.tw/news/life/breakingnews/2566372。

地影響並改變人類生活。[47]因此，若要妥善的進行文化保存，不應單只古蹟或者器物的保存，似乎存在著更深層意義，那就是如何保存文化裡面的本質、內涵、體系，甚至作法。場域，是關於人類行為的一種概念模式，指人的每一個行動均被行動所發生的場域（環境）所影響，而場域並非單指物理環境而言，也包括他人的行為以及與此相連的許多因素。文化場域是文化的產物，在認知上，它是過去某一時期、地表某一範圍內動態演變歷程所呈現的總體或其中一部分，它被視為是一個在時間（歷史）與空間（地區）上具有某種價值與意義的既存。在歷史洪流裡，我們總是透過文字記錄、地表遺蹟等媒介來瞭解過去，我們所捕捉與瞭解的只是過去的片片斷斷。客觀的歷史存在是一種想像，客觀的歷史片斷則是建基在文字記錄與地表遺蹟的客觀元素上而被感知[48]，如何去拼湊，除了文物證據外，就是如何滿足或者創新對歷史文化的時代意義，或者還原歷史上的不同文化場域。

被感知的元素（或者歷史、文化資產），若能與自己熟悉的經驗與瞭解的事件產生連結時，歷史就可以被我們認定並判定是否接受，一旦歷史和自己熟悉的事物、意象或概念有了連結，歷史彷彿就沒那麼遙遠，甚至是熟悉的。這就是文化保存的共識，例如：許多地方傳統文化受到保存而能重生，在推展保存過程中，民眾進而認識自己所屬的生活環境，大大提升民眾對於土地的意識與地方的認同。今天的傳統是昨日的創新。文化保存的創新與未來，最關鍵的策略或即在建立某種時代意義的「文化共識」。德國艾森豪威人文科學高等研究院院長 Jörn Rüsen 以「Human Identity and Cultural Difference in a Cross-Cultural Perspective」探討跨文化觀點下人文認同與文化差異問題時表示，在全

---

[47] 陳榮富（2005）。文化的演進。黑龍江人民出版社。

[48] 黃士哲（2011），《從真實化到舞臺化：文化場域舞臺真實化的觀察》，臺北：《觀光餐旅休閒永續發展與創新教育國際學術研討會》，頁 16-28 頁。

球化時代，文化的認同與共識建立是非常重要，因為全球化影響掩蓋各地文化差異，在文化日益趨同化下，對於差異性應該更加重視[49]。當全球經濟、文化交融發展，外來文化影響滲透到人們生活的各個方面，對地方傳統文化形成強烈的衝擊；加上對於文化保存認知存在偏差，僅針對歷史書寫與實體遺存進行大量保存，忽略文化內涵的解釋，與文化現實意義解讀的不夠，使得文化保存與當代文化出現割裂現象，這就是一種文化傳播時，共識建立不足產生的缺陷。此外，文化傳承手段也因全球化影響下漸趨單一，導致文化保存不易。

　　文化保存，是概念工程，絕非單純文物或者古建築、遺蹟的保存與修護，文化保存，需要「使用者」的加入。如果一種文化日趨封閉，或者沒有「人」的元素加入，則會缺少創新元素，也一定會無法延續下去，這種傳統文化也會被掩沒在荒煙蔓草間。任何文化所表現的行為和價值的認識與評斷，應取決於該文化的擁有者對事物的看法，畢竟文化有其普遍性和差異性，所以各種文化必須透過自身的努力與參與，積極保存其特殊性與差異性，以維護其過去生活所累積下來的文化美學，這就是種以文化場域去看待文化保存的重要方向。閩南地區是蘊含豐富中華文化的代表區域之一，一個文化薈萃之地，也造就了今日閩南地區文化創意活動的蓬勃發展的基礎。俗話說：一方水土養一方人，文化的主體應該是人，而非單指古蹟或者古建築。閩南文化的形成及其發展，除經過漫長的歷史演變與文化磨合外，加上閩南地區祖祖輩輩繁衍生息在這塊土地上的人民所創造、演進和傳承而來，因此，閩南文化的重要性，在於它是一種多源的複合體，這種表現形態與中國其他區域性文化的表現形態，卻也存在著許多特異之處，這就是所謂透過由當地居民所

---

[49] 李曉青。（2007）。文化永續發展之共識以通識教育傳承文化使命。臺北：《通識線上》，第 11 卷

共同構築的「文化生活圈」，這種生活圈裡面的文化，是具備豐富之人文內涵。因此，如何在進行閩南這種深具人文內涵的文化保存過程中，除善盡文化資產的維護外，更能完整傳承閩南文化的多源文化、多鄉族性，似乎才是文化保存的王道。文化生活圈也是一種文化場域。不過，文化保存若只是存在著某些主流意見的共識，而非是以一般大眾的「文化生活圈」為主體，文化保存的只是保存某種「文化單面向」。這種單向度的文化，很容易就被那些同樣相似，但卻更強勢文化主權所併吞影響，文化趨同的時代就會來臨。

文化產業可界定為大眾消費文化產業、文化設施產業及地方性文化產業三種類別。地方性文化產業又可依特質分為地方傳統文化產業、地方觀光文化產業及地方文化活動三種。地方傳統文化產業必須保有其歷史記憶與固有文化特質，方能夠引起共鳴與認同感，並與以地方特色做為行銷賣點，與「地域」相互依存。簡單的說，善用地方周邊環境的地景原貌與傳統過去歷史文化記憶結合，掌握在地既有重要的元素，強化「文化特質」和「生活藝術」相互交迭的場域，發揮一個空間、一個文化、一個主題特色的優勢，這才是種以場域為視角的文化保存。

二、從場域到場景，創新文化體驗

文化的傳承是依靠創新發展的不斷演進，而不是來自於固步自封的自我欣賞，更不是放在櫥窗裡的靜態展示。文化的傳承需要演進，傳統可以保存記憶，但同時需要創新。我們常常對存在於周圍的事物，習以為常，不以為然。加上目前現代社會受到互聯網、全媒體化與遊戲化影響，既有的傳統文化保存方式，似乎無法真正保存具有地方場域特色的文化生活。如何「從傳統中創新，從創新中復振」，就是一種傳統與創新間磨合的最終目標。透過以文化裡的居民為主體，以生活內容為文

本，體現並創新鄉土文化價值，也是文化保存最高宗旨。文化的傳承與延續，既取決於文化本身的內在張力，也取決於文化傳播的有效。以網路媒體和移動載體為代表的新媒體時代，讓傳統的文化傳播迎來機遇，也面臨挑戰。新媒體的跨越式發展，賦予文化傳播更為系統、更為優化、更為新穎的傳播方式，傳播力得以顯著提升，為文化傳播開闢了前所未有的空間與路徑，並極大豐富了文化表現形式。其中，如何把傳統文化生活區的文化場域，轉移到以數據為核心背景的場景，進行推廣與宣傳傳統文化，正是善用新媒介的特性，活化傳統文化傳播的方法之一。

　　「場景」，所代表的是在一個行為發生時所處的某一個特定的空間及一個特定的時間，也就是說，「場景」這個概念本身就包括了時間和空間上兩個維度的元素。除運用在影視上概念，「場景」也可以代之在人文環境中，人和人的社會關係。從宏觀的角度來看，「場景」的內涵是多維而立體的，它不僅代指一個時間和空間上的交融，更可以包括複雜的社會關係，因此場景是可以容納和勾勒複雜而生[50]，這種概念就與上文的「文化場域」相似。媒介與人產生互動的深層次原因在於「情境」，「情境」又伴隨媒介而變化，進而影響人們的社會行為和角色。在移動互聯、大數據和雲計算等時代背景下，數據即價值。借助於大數據技術，深入挖掘分析用戶行為數據，構建用戶畫像，提供與用戶需求場景匹配的一體化資訊服務。在遊戲化的現今社會，通過人們在進行網上活動時，建構虛擬的文化場域，讓受眾透過網路瀏覽時，對不同文化生活圈有充分的想像空間，並將具象與實踐文化進行充分融合。透過場景交互設計，給予用戶沉浸式的體驗或激發用戶特定的行為。其中包括：情感化設計，讓使用者在操作過程中可以追溯到自身的某些情感記

---

[50] 劉思琪。（2021）。場景行銷下的消費者需求。中國集體經濟（23），2。

憶，以及巧妙的敘事邏輯，模擬真實的使用場景，讓用戶沿著文化生活圈或文化場域中的「故事線」操作並獲得持續的互動。[51]當然，該如何引領使用者進入設定場景中，並讓用戶沉浸其中，就是把實際的文化場域轉換成場景的重點。

好的場景故事來源來自於歷史與生活細節，並不是憑藉想像就可以直接創作出一個場景故事。因為好的故事要讓用戶可在內心產生共鳴，依據生真實故事設計出來的故事線才能喚起受眾內心的小確幸或者美好回憶，才可能引領使用者慢慢走入所設計的場景中。文化是一種「群體與眾不同的生活方式、生存的完整態樣」，所以，文化可以由後天學習的，文化是人類的「社會遺傳」，而非「自然遺傳」。學習是指從閱讀、聽講、研究、實踐中獲得知識或技能的過程，不過，這一過程只有通過親身體驗才能最終有效地完成，這是體驗式學習。在當前新媒介充斥的社會中，若能善用場景交互設計，融入具有特色的文化故事，讓使用者透過遊戲或者 AR（擴增實境）任何可用感官接觸的媒介為道具，通過這些線上場景創造出值得使用者產生回憶、有所感受，留下難忘印象的方式，就是把線上場景融合現下文化場域最終的目的。

文化是各種族與文化歷史記憶的組成，一方面擁有人類生活必備的基本屬性，另一方面更擁有屬於其獨特種族文化特點。不過，當人類進行不同文化傳承與保存時，因時代變化或文化趨同，導致只能部分傳承。傳統文化本身更是無法生存或趨向完美的，它必須藉由「使用者」去制定、修訂或更改。當新媒介傳統文化之所以在現今社會中尋求創新發展，是因為新一代的人們認為除非找到其他的傳統可以取代過去或者完全拋棄，否則仍然生存在新社會的「傳統」應該被視為是一個重生或

---

[51] 孫海洋，& 吳祐昕。（2017）。移動應用中的場景交互設計研究。設計，000（010），104-105。

新生的機會[52]。這點，正是每個人都應該去尊重文化傳承與保存文化的核心意義，畢竟文化是人類知識創新與累積的總和，文化不會因為時間而消失，它只是更新或者改變。隨著新媒體在社會生活中的應用日臻廣泛，其對於社會文化的影響也進一步凸顯。較之於傳統媒體，新媒體有著針對性強、覆蓋面廣以及受眾群體更年輕等特徵，這也使得新媒體能夠迅速滲透到社會生活中，成為強大的社會潮流。在新媒體的卓越功效下，文化傳播管道更為優化、傳播方式更為新穎，文化形式也更為多樣，文化傳播力的提升顯而易見[53]。

三、科技結合內容，說好閩南故事

新媒介的網路化、數位化的特性決定了其資訊傳播的優勢。文化傳播的效率和效果，往往取決於傳播介質的選擇和合理運用。海量流量開放的互聯網為傳統文化傳播構造一個全新的傳播場域和社會場域，其中快速發展的智能設備，也讓傳統文化借助娛樂類 APP 的設計，以「寓教於樂」的方式達到潛移默化的傳播效果；另外，虛擬現實技術獨特的敘述能力與場景式的交互設計，讓受眾在身臨其境的沉浸感中接受傳統文化的薰陶，達到傳播無障礙化的終極目標[54]。利用新媒體的特點進行文化重組，把過去由上而下的文化保存方式，在新媒介的特色下，進行由下而上，或者化整為零的文化重組；進一步把原本嚴肅單調的文化保存方式，透過新媒介豐富文化傳播形式，讓受眾可以從多元視角去對文

---

[52] Shils，Edward、呂樂譯（1992），《論傳統》，臺北市：桂冠出版社。

[53] 孫宜君，＆王建磊。（2012）。論新媒體對文化傳播力的影響與提升。當代傳播（1），3。

[54] 林虹，＆張瑜。（2018）。淺析新媒體衝擊下傳統文化產業面臨的機遇與挑戰。新聞傳播（18），2。

化有全新的審視與定義。因此，善用新科技與數據，迎合受眾與用戶為主的潮流下，打造適合當今用戶的文化傳播形式與方法，似乎已將文化傳播帶向一個新時代承上文，除去以科技為助力的文化傳播之外，利用故事化敘事的文化傳播，在當下逐漸凸顯出其獨特優勢。好的場景故事來源來自於歷史與生活細節，並不是憑藉想像就可以直接創作出一個場景故事。文化故事是保存文化的重要內核之一，通過敘事化、符號化的場景交互設計，容易讓保存文化變得更容易。這就是以科技場景為方法，利用在地故事為內容，線上輔以線下真實故事，凸顯在地文化特點，這就是一種文化行銷。文化行銷指商品以文化價值為依託，通過市場行為將文化價值轉變為經濟價值，並同時使受眾在潛移默化地接受此文化的過程。[55]

　　閩南文化可說是種特殊文化形成的標誌，其中包括：獨特的語言、獨特的風俗與共同的信仰，不容易被輕易改變變動。從區域來說，包括廈、漳、泉、臺灣與海外地區，它既是中國傳統文化重要組成部分，更富有鮮明的區域文化特色。閩南文化具有一體多元特徵，以閩南文化為主體，兼吸納了南洋文化、阿拉伯文化、西方文化的某些因素等。如建築文化中除以「宮殿式」古大厝、臨街騎樓為主流建築外，也可見到中國傳統建築、中西合璧建築、阿拉伯式建築、僑鄉特色建築等。另外，閩南文化又具相容性和開拓性特點，在宗教信仰（多種宗教）、民間信仰（多神）、建築、戲劇、方言等等都有所反映。如戲劇方面，多種劇種並存，歌仔戲、梨園戲、高甲戲交相輝映，即便同一劇種，也是各種流派，各種技藝爭奇鬥豔而競相發展[56]。因此，閩南故事蘊含著豐富的多元文化，這些多元文化反映了閩南在地文化的許多與其他地區文化的

---

[55] 張巨才，& 黃鵬。（2008）。基於文化傳播的文化產品行銷。企業經濟（11），62-64。

[56] 蘇振芳。（2004）。閩南文化與中華文化的內在聯繫及其特點。福建論壇（人文社會科學版），000（002），104-107。

不同之處。因此，在閩南文化的保存與維護上，因擁有更多不同特點的閩南故事，更可助力科技場景的交互設計，利用閩南文化價值進行有效文化傳播，讓在眾多影像與文字資訊充斥不同媒介的現在，閩南文化的內容行銷，確實可實踐真正內容為王的目標。

　　文化是一種生活方式，其中有人類普世性共通的經驗，也有屬於在地脈絡的特殊發展。沒有根本，哪來的創造？多點故事，想像就多點。說故事，就是一種文本敘事，彈要說好或傳播完整的故事，不是一個故事或者幾個故事可以說清楚的。內容行銷或者故事行銷，主要通過合理的故事內容的創建、發布及傳播，向受眾傳遞有價值的資訊，從而實現網路行銷的目的。簡單的說，透過說故事方式，將各種線索以隱性或顯性方式，散布在故事情節裡，藉以改變受眾的情感或認知，並將美好留在客戶腦海，以及產生認同感。因此，善用內容行銷與說故事，再透過場景行銷與人工智慧，建構受眾在身臨其境的沉浸感中接受傳統文化，形成美好的回憶與意象。從科技出發，結合內容故事，會讓後疫情時代無法隨便移動的窘境下，可以比較輕鬆透過行動網路，讓受眾以接近體驗式參與學習的方式，不僅能參與回到閩南文化的豐富歷史故事中，更可讓科技賦能閩南文化的保存，實踐從場景到內容，說好閩南故事的終極目標。

四、結論：善用文化傳播，建立文化自信

　　解決文化自信的問題要從經濟政治的角度進行考察，畢竟經濟政治不自信，文化沒法自信。此外，中國人的文化不自信來自中國文化與各地區域文化太博大精深與太多元、太複雜。過去在沒有推動白話文之前，甚至在中國沒有解決貧窮之前，文盲過多，導致許多中國人不是不自信，而是根本不清楚「中國文化」或各地文化的偉大與特色之處。因

為不瞭解，又如何建立自信。因此，如何培養當地居民對自己所在土地的關懷感與認同感，重新學習自己居住鄉土裡各種文化生活型態，才可能有機會建立屬於自己家鄉的文化自信。當每個地區的民眾有地方文化的自信心時，中國的整體文化自信，才能被建立。

文化傳播，在現今被媒介「傳播形定」的社會下，是一個透過媒介管道去建立上下對某種文化共識的一種手段。文化傳播的定義隨著時代而改變，已不是單指某文明擴散到其他地區這種狹隘的說法。現今更精準的表述是，文化傳播是指各種文化保存過程中，透過傳播行為，可以將每位受眾的「認知世界」加以改變，並賦予受眾對文化保存較崇高的理想與目標，進而主動去關心、保存地方文化。當地方文化保存就成為每位受眾責無旁貸的社會規範與認知，地方文化的未來就會比較簡單。文化傳播不單是一種手段，更是一種擴散，它幫助某地方文化保存時，其影響不只單為某特地區域、族群或者文化盡其功能，它所要表現的是一種影響力。只要有任何區域或某地方文化成功利用文化傳播方式完整保存，文化傳播就已成功扮演其傳播媒介的角色了。簡言之，文化傳播，更像是一種潛移默化的過程，讓普羅大眾於不知不覺中被同化或者被麻醉。

經濟成長，對於國家推動民眾幸福感的關聯性程度愈來愈少，反而致力推動文化自信建立、文化保存等精神層面的建設與宣傳，已經成為一個國家努力的方向。不過，如何透過方法，讓文化保存的目標內含一般民眾對文化的解釋與詮釋權，讓文化主體從沒有溫度的器物或者古建築，轉換成有溫度的文化生活圈。換言之，該利用何種方法讓讓一般普羅大眾理解且清晰透過文化保存建立文化自信的重要呢？單透過政府的文化宣傳手段，單一、制式的由上往下傳遞資訊，似乎不足以完成。近年來，透過參與體驗的設計愈來愈受到重視，體驗的過程包含感知、理解、認知、闡釋及移情等特色，體驗在經濟上的重要性牽涉到從情境中

萃取價值[57]。這種方式融入在文化保存中，就是一種文化體驗。文化體驗，重點在於透過對於文化實體與文化記憶的互動體驗，進行文化凝聚、教育深耕，凝聚一般民眾對於在地文化保存的理念，促進地方特色傳遞，並提倡本土文化教育，提高對文化認同感，這就是文化共識建立的過程。

　　不過，在後疫情時代，這種參與式文化體驗是無法實踐，但因新媒體的跨越式發展，讓文化傳播開闢了前所未有的空間與路徑，透過把傳統文化生活區的文化場域，轉移到以數據為核心背景的場景，在移動互聯、大數據和雲計算等時代背景下，提供與用戶需求場景匹配的一體化資訊服務。透過場景交互設計，給予用戶沉浸式的體驗，讓用戶沿著虛擬文化場景，輔以類娛樂類 APP 的設計、虛擬現實技術獨特的敘述能力，讓受眾在身臨其境的沉浸感中接受傳統文化的薰陶，達到即便無法線下體驗參與，也能感受到閩南文化的豐富歷史故事線，更可以閩南文化故事中的美好，保留在線上使用者的腦意象。一旦有機會接觸，就會萌發認同，產生美好的印象。

---

[57] 陳姿汝（ZI-RU CHEN），& 曾碧卿（BI-CHING TSENG）。（2018）。文化體驗設計與社會企業營運模式初探。輔仁管理評論，25（1），83-107。

第五章　文化傳播與兩岸交流

第一節　從文化接近性到文化認同建構兩岸文化共識

壹、兩岸交流現況與瓶頸

　　臺灣人口的族群比例依照臺灣地區「行政院《國情簡介》」網頁的說明，以漢人為最大族群，約占總人口 97%，其他 2%為 16 族的臺灣原住民族，另外 1%包括來自中國大陸的少數民族、大陸港澳配偶及外籍配偶。在漢人族群中，閩南人約占 77%，客家人和外省人各約 10%。[1] 所以，海峽兩岸基本上同文同種是無可否認的事實，同時，無論是血緣根脈或文化傳承，如語言使用和風俗習慣，臺灣和福建閩南地區的連結都特深厚。但是，政治大學選舉研究中心的調查研究顯示，近年來臺灣地區民眾的「臺灣人認同」快速上升，「是臺灣人也是中國人」和「中國人」的認同則明顯下滑，而在「臺灣人認同」中，又以閩南族群的表現特別強烈。這種民意趨向對於兩岸關係和平發展構成了嚴重挑戰，也考驗著海峽對岸處理兩岸關係的定力和智慧。

　　雖然面對臺灣民眾國族認同往「臺灣人」偏移，但迄今為止，中國大陸方面並未放棄「和平統一」的大政方針，仍然希望透過加強經濟和文化交流，促進兩岸人民的心靈契合，進一步推動兩岸的融合發展。其中，藉由臺灣和福建閩南地區特別深厚的血緣和文化淵源，推動讓臺灣

---

[1]　行政院，〈國情簡介〉，<https://www.ey.gov.tw/state/99B2E89521FC31E1/2820610c-e97f-4d33-aa1e-e7b15222e45a>。上網檢視日期：2020 年 8 月 24 日。

民眾特別是年輕世代有感的文化交流活動，增強文化認同上「兩岸一家親」的感受，顯然是大陸方面認為可行的途徑之一。2017 年 11 月 29 日大陸國務院臺灣事務辦公室發布新聞稿，文中表示：「為持續創新兩岸青年交流形式，讓臺灣青年在體驗式交流互動中，共同弘揚中華文化，更為深入地瞭解大陸在社會經濟文化各方面的發展成就，近日，福建省台辦推動設立了首批 5 家臺灣青年體驗式交流中心。」新聞稿宣稱：「此舉為大陸各省市區首次創新設立的臺青體驗式交流中心，有助於推動兩岸青年交流由『走馬觀花』，進入更接地氣、更有獲得感的『下馬看花』階段。首批這 5 家臺灣青年體驗式交流中心，分別為福州傳統文化促進會、福州唯美客文創聚落、漳州東南花都、湄洲島媽祖文化影視園和中國閩臺緣博物館。[2]其中，漳州東南花都、湄洲島媽祖文化影視園和中國閩臺緣博物館，都座落在閩南地區。

　　兩岸間的交流含括各種領域，除了最早開啟的經貿往來之外，還有文化、學術、教育等領域的交流，這些交流有許多是由民間推動，少了官方色彩，比較容易擺脫束縛，接上地氣。兩岸自開放探親以來，顯而易見的是當時的兩岸雙方，試著用民間交流的方式，讓分治數十載的兩岸人民開始相互瞭解，官方互動敏感而牽涉甚廣，從雙方社會（民間）率先交流，有助於日後兩岸的和平發展，文化方面的交流亦是由此開展。

　　臺灣自有史記載以來，便為廣納多元文化之地。從區域來說，臺灣的移民多從閩南地區移入，相當大程度的受閩南文化影響，閩南文化在臺灣幾乎無處不在，包括語言、習俗、宗教等，這就使得臺灣和閩南地區產生了「文化接近性」（cultural proximity）的連結。如閩南語即為

---

[2] 國務院台辦，〈福建設立首批臺灣青年體驗式交流中心〉，<http://big5.gwytb.gov.cn/local/201711/t20171129_11873291.htm>。上網檢視日期：2020 年 6 月 5 日。

臺灣人民（尤其是臺灣南部）日常生活溝通常用的方言，抑或是南部仍舊保存完整的閩式傳統建築，實實在在的展現出已被內化於臺灣整體的閩南基因。

理論上，兩岸之間由於同文同種，彼此交流所遭遇到的文化隔閡會比較少。不過，民進黨執政時期，如 2000 年至 2008 年期間及 2016 年以後，其文化政策基本路線是「文化根源的斷鏈」。在談及閩南文化時，直接將閩南文化轉化為「臺灣獨有的文化」，如閩南語──源自閩南地區的地方方言被刻意稱為「臺語」，從生活中常用的「語言」面開始進行文化斷鏈，避談臺灣主要的閩南文化之根源。如此做法不利整體傳統文化的保存，並因閩南傳統文化的產物，如建築、飲食等，日漸模糊或式微，更不利於閩南文化保存。此時，姑且不論大陸方面是否有統戰的用意，以閩南地區的體驗式交流來為臺灣傳統文化尋根，不失為文化保存的一條好路徑。

其中從 2016 年政黨再次輪替之後，由於民進黨當局不肯承認「九二共識」，使得海基和海協兩會的協商中止，官方接觸中斷，不過民間的交流活動仍然持續。在官方往來無以為繼的情況下，大陸方面仍然以「寄希望於臺灣人民」的思維，持續推動兩岸之間的經濟和文化交流，希望經由「融合發展」的途徑，推進兩岸「和平統一」。特別是面對「去中國化」教育環境中成長的臺灣「天然獨」年輕世代，大陸方面企圖以具有新意的文化交流活動來影響臺灣年輕人的文化乃至於民族認同，臺灣青年體驗式交流中心的成立和閩南地區體驗式交流活動的舉辦乃應運而生。

蔡英文的第一任期針對兩岸關係的論述，拋出的是「維持現狀」以及尊重「九二會談的歷史事實」，但幾經變化後，蔡英文不再談論九二共識，對陸喊話越來越硬。另，蔡英文於 2020 年元旦談話時表示，《反滲透法》的通過，不會影響自由、不會侵犯人權，不會影響正常經

貿交流，它只會讓臺灣的民主自由更受保障；反滲透，不反交流。而第二任期的 520 就職演說，對大陸地區稍稍放軟，僅強調過往所強調過的「和平、對等、民主、對話」，並重申反對「一國兩制」。不過，綜觀蔡英文上任後的兩岸政策談話，不難發現蔡英文對陸談話由軟至硬，甚至予以一種「兩岸已是敵對狀態」的臺灣內部氛圍。兩岸政策的演變，自然影響到兩岸交流。在兩岸當前的政治氛圍之下，兩岸的交流漸漸趨緩。

兩岸之間的分歧乃至於彼此敵視，某種程度源自於官方的操弄和媒體的渲染炒作。有些臺灣民眾仇視大陸卻從未試著去瞭解大陸的實際狀況和兩岸的淵源連結，甚至於完全忽略許多被冠上「臺灣」字樣或定位為臺灣特色的文化元素，其實擺脫不掉它們的閩南根源。

貳、從文化接近到文化認同

文化交流是軟性的、互相理解的，甚為一種雙向且隱性的訊息交流。在兩岸受政治力影響而緊張情勢有所升高的情況下，如果能夠透過強化文化交流促進兩岸人民相互理解，乃至於願意為保存兩岸共用之傳統文化（即閩南文化）共同努力，多少可以減輕兩岸民間的敵意，成為避免兩岸政府政治對抗升高的緩衝。從歷史角度來看，由於臺灣和閩南地區擁有語言、習俗和宗教信仰上頗多共同元素，在文化接近性的基礎上，開展閩南地區的文化交流活動，應該會有助於參加過活動的臺灣民眾增強「兩岸一家親」的文化認同感。

施懿琳《閩南文化概論》所述，兩岸關係發展研究以文化交流、族系語言及宗族聚落背景狀況，及文學、戲劇、教育、宗教信仰、風俗習慣、飲食文化、工藝技術及建築特色等等，說明臺灣與大陸地區互動及

流通具體。[3]如潘峰《兩岸同根同源的文化展演研究：以臺灣民俗村和閩南緣博物館為例》一書，書中指出臺灣的「閩南文化」與大陸地區的「閩南文化」可能就本質來說，在文化同源沒有顯著的差異，舉閩南緣博物館和臺灣民俗村來說，前述兩者在兩岸關係的糾結中，將閩南地方的文化知識、建築、文物展示暨陳列關聯在一起，將相遙望的海峽兩岸牽在一起，其建築物、搜藏品、研究與展示宣傳教育可以說是一種相揉合的思考方式[4]。因而兩岸間有著相同之處。但由於兩岸經歷分治數十載，「閩」之於「臺」某種程度可能也有了「外」的成分；臺灣本身又由於特殊的歷史因素，臺灣的文化素有多元文化融合的影子，特別是歷經近代日本殖民的影響最深，故臺灣早已形成特有的「閩南文化」。然而因歷史的環境而有所改變，但以臺灣目前的經驗來看的話，移民社會的文化淵源、社會組織型態的轉型、海洋文化的移植這三個因素來說的話，臺灣與大陸地區的關係有著當地特有的文化與環境的結合，更呈現出多元的面貌。

　　文化接近性（Cultural Proximity）是經常被用來研究跨國文化流動的概念之一，不過，「文化接近性」一詞大多使用在傳播學領域，在Joseph D.Straubhaar 於 2009 年發表《超越媒介帝國主義：不對稱交互依賴與文化接近性》[5]論文後，被廣泛的應用。「文化接近性」認為，地方的閱聽眾（或可引申為文化的接收眾）基於對本地文化、語言等環境的熟悉，較易傾向於接受與該文化、語言、風俗習慣接近的事物——這通常是指電視節目。Straubhaar 這樣描述：「雖然先前認為美國電視節

---

[3]　施懿琳主編，《閩南文化概論》，（臺北：五南圖書出版股份有限公司，2013 年 09 月），頁 3。

[4]　潘峰，《兩岸同根同源的文化展演研究：以臺灣民俗村和閩南緣博物館為例》，〈臺北：崧博出版事業有限公司，2018 年〉，頁 137。

[5]　Straubhaar, Joseph D, 2009. "Beyond media imperialism: Asymmetrical interdependence and cultural proximity", Critical Studies in Mass Communication, Vol. 8, pp. 35-59.

目因具有一種『萬國性』（cosmopolitan），但觀眾仍偏愛那些和本身語言、文化、歷史、宗教價值較為接近的電視節目，因這些節目更具文化鄰近性和能力。」，證明「文化接近性」在國際傳播過程中影響，以及全球化下的趨勢仍存在「區域化」現象。

張軒豪進行的《本土化產業的全球化──以霹靂木偶戲為例》研究發現，在臺灣本土文化霹靂木偶戲邁向海外的過程中，本土的文化奇妙的具有外來特質，回過頭重作用於原文化，促成「逆向文化移轉」。在文化傳播交流的過程中，各種文化的成分相對比較各有不同，但人們總還是較為容易接受在語言和文化情境上更為接近的本土文化[6]。從「文化接近性」的視角切入，就地域來說，閩南文化是臺閩共同的文化根源，包含語言、習俗、宗教等等，其中有著兩岸人民彼此身體上的印記，共有的傳統、歷史、文化、記憶等。不過，長期分治的結果，兩岸人民的文化認同難免會因為差異的政治而改變，更可能隨著媒體經驗而有所變化。從過去兩岸交流的經驗看來，兩岸的文化認同和民族認同不是固定不變的。認同往往因為生活經驗和歷史記憶「持續不斷的形成與轉變」而出現分歧。

兩岸分治數十餘載，過程將近四十年未曾有過民間的交流，形成心理與實際的文化隔閡在所難免，但臺灣方面的生活習慣等仍承自中國大陸，仍可算在廣義的中華文化範疇之內，故兩岸的交流可能同時帶有一般的文化交流與跨不同文化的交流特色。文化交流是一種概念，讓我們瞭解國別之間及地區範圍限制，並因此透過邊緣及中心可能的流動關係，對應於世界史的範疇。歷史學視角下文化交流的新視野變化，可以說明文化交流這個概念在學術上發展的歷程，透過「他者」角度，對於

---

[6] 張軒豪，《本土化產業的全球化──以霹靂木偶戲為例》（新竹：交通大學傳播研究所碩士論文，2004年），頁7。

文化間自我和他者的關係有新的發現。就如同閩南文化一樣，黎昕於《閩南文化交流與合作研究》中提到，中華文化重要的組成部分，地區範圍不僅福建南部泉州、漳州、廈門等地區，更擴展到臺灣及東南亞地區，且閩南文化在兩岸文化交流中具有獨特的地位和突出的優勢。[7]近幾年來，福建地區主要以閩南文化為主要文化優勢，對於閩南文化豐富的內涵進行深入研究，並對於閩南文化大力的推動及宣傳。

文化認同（Cultural Identity）主要是指個人對於自身文化特質或偏好屬於某個社會群體的認同感。文化認同是文化社會學的一個課題，與心理學也有密切相關。這種認同感的對象往往與國籍、民族、宗教、社會階層、世代、定居地方或者任何類型具有其獨特文化的社會群體有關。文化認同不但是個人的特徵，也是具有相同的文化認同或教養的人所組成的群體的特徵。[8]文化認同與民族認同相似並有重疊，但兩者意義並不相同。當一個人可以接納並且認同某個民族具有的文化，並不代表自身屬於某個民族。不過，因為海峽兩岸同文同種，文化認同和民族認同的重疊性較高，文化認同的增強應該有助於民族認同的提升。

人是情感的動物，有情就有感。情是先天的文化接近性；感是後天的文化體驗。所以，理論上或直覺上，我們可以借著文化接近性作為基礎，辦理體驗式交流活動，以增強文化認同乃至於民族認同。這是大陸方面會在福建，特別是閩南地區成立臺灣青年體驗式交流中心，邀請臺灣年輕人前往閩南地區參加體驗式文化交流活動的用意。文化是有生命的，不過它必須經由傳播向四周擴散，才能被稱為是有生命的文化。龐志龍提出，《文化認同：臺灣媽祖文化傳播與兩岸關係互動研究》文章

---

[7]　黎昕，《閩南文化交流與合作研究》，（北京：中國書籍出版社，2015 年 10 月），頁 88。

[8]　Moha Ennaji, Multilingualism, Cultural Identity, and Education in Morocco, Springer Science & Business Media, 2005, pp.19-23.

中說明，根據文化傳播的理論，文化的傳播必須要有載體，而在現代社會中，大眾傳媒介入文化傳播完全改變了傳播的單向流通性質，它跨越了時空的限制，加快了文化傳播的速度，縮短了文化交流和更新的週期，並且打破了少數人對文化的壟斷，消除了普通人對文化的神秘感[9]。這就是一種透過文化傳播方式強化文化認同的最顯著的例子。

參、認同改變到共識建立

就目前臺灣現況而言，文化接近性與文化認同似乎沒有對兩岸交流產生影響，這點在臺灣地區的期刊文獻與調查資料中可見一般。其中，以「去中國化」的因素，影響甚鉅。黃俊傑在《臺灣意識與臺灣文化》一書中指出，1980 年代中期以後，隨著臺灣民主化步伐的邁進，「臺灣意識」也在臺灣這塊土地上逐漸高漲。「臺灣意識」的核心關鍵在於「認同」（identity）問題，「認同」問題在臺灣具體而特殊的時空脈絡之中，具有其特殊的內涵及其複雜關係。所謂「臺灣意識」內涵複雜，至少包括兩個組成部分：「文化認同」與「政治認同」，兩者之間有其不可分割性，亦即「文化認同」與「政治認同」互為支持，不可分離；兩者之所以不可分割，乃是由於華人社會中的國家認同是透過歷史解釋而建構的。[10]

所以，從歷史解釋的視角切入，切割臺灣和中國大陸的連結，讓臺灣的歷史定位「去中國化」，成了臺獨人士大力推動的主張，並隨著獨派勢力在臺灣政壇崛起，逐漸在臺灣社會產生了巨大的影響力。從李登輝時期 1997 年在國中推出《認識臺灣》教材開始，到陳水扁時期推動

---

[9] 龐志龍，《文化認同：臺灣媽祖文化傳播與兩岸關係互動研究》（蘇州：蘇州大學鳳凰傳媒學院博士論文，2016 年），頁 33。

[10] 黃俊傑，2006。《臺灣意識與臺灣文化》。臺北：台大出版中心，頁 148。

帶有臺獨意涵的歷史課綱，「去中國化」的教育環境，逐漸改變了臺灣地區民眾尤其是年輕世代的文化和政治（國家）認同。除了「去中國化」的教育環境長期性地影響臺灣地區民眾，尤其是年輕世代的文化和政治認同之外，另外一個影響臺灣民眾認同傾向的重要因素是涉及兩岸關係的重大事件。下圖是臺灣地區政治大學選舉研究中心接受行政院大陸委員會委託，所進行旳臺灣民眾有關臺灣人／中國人認同意向調查的趨勢分布圖，時間涵蓋了 1992 年 6 月至 2020 年 6 月的 28 年期間。

　　下圖中的數據顯示，1994 年以前，「中國人認同」的比例還高於「臺灣人認同」，1995 年出現交叉，1996 年至 1999 年「臺灣人認同」領先「中國人認同」的比例明顯上升。2008 年「臺灣人認同」的比例開始超過「雙重認同（是臺灣人也是中國人）」的比例，然後在 2014 年達到兩者差距的第一波高峰。此後，到 2018 年之時，兩者差距曾經縮小，但是 2019 年和 2020 年兩者差距又快速擴大。

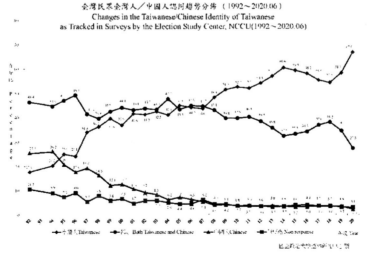

圖 1　臺灣民眾臺灣人／中國人認同趨勢分布
（1992 年 6 月至 2020 年 6 月）

數據源：國立政治大學選舉研究中心

　　以上的變化起伏可以從涉及兩岸關係的歷史性事件來理解。1994年 4 月李登輝接受日本作家司馬遼太郎的訪問，開始倡議「去中國化」的臺灣主體性或臺灣意識，使得中國大陸方面開始懷疑李登輝的兩岸立場；接著，李登輝於 1995 年 5 月赴美國參加其母校康乃爾大學的畢業典禮，引起海峽對岸不滿，導致 1995 年下半年至 1996 年 3 月臺灣總統選舉前的臺海飛彈危機；其後，李登輝又在 1999 年 7 月發表「兩國論」，致使臺灣海基會和大陸海協會的交流協商中斷。這些事件所造成的兩岸關緊張以及臺灣民眾對中共打壓的反彈，可以解釋 1995 年以後到 2000 年期間「臺灣人認同」的明顯上升和「中國人認同」的不斷下降。

　　陳水扁執政時期兩岸關係持續僵冷，但並未發生像臺海飛彈危機般的緊張情勢，「去中國化」教育的時延效應還未明顯出現，所以，「臺灣人認同」和「中國人認同」的差距雖然繼續擴大，但走勢相對平緩。2008 年馬英九繼任總統，兩岸關係趨於緩和，原本應該有利於翻轉不斷「獨化」的臺灣民眾認同走向。但受到「去中國化」教育影響的學生開始成年，「去中國化」教育的時延效應出現，所以，「臺灣人認同」繼續增長，進一步超越了「雙重認同」的比例。2014 年的太陽花運動讓兩岸敵對意識爆漲，掀起了「臺灣人認同」的第一波高峰。蔡英文執政表現不佳，使得「臺灣人認同」和「雙重認同」的差距縮小。韓國瑜掀起的政治旋風，則使得「臺灣人認同」和「雙重認同」的差距在2018 年大幅拉近。但 2019 年 1 月 2 日習近平發表「《告臺灣同胞書》發表 40 周年紀念」講話；2019 年 3 月開始到 6 月大爆發的香港「反送中」運動；以及 2020 年 6 月 30 日香港開始實施《中華人民共和國香港特別行政區維護國家安全法》，則再度讓「臺灣人認同」大幅揚升，「雙重認同」明顯下降。

　　對於「臺灣人／中國人」認同與統獨立場的變化趨勢，吳乃德的研

究指出，「認同」指的是將自己視為某一「群體」（group）的一份子，如「階級認同」、「性別認同」等。這些有關認同的社會現象，都是以具有某類特徵或特性的群體（種族、族群、階級、性別、政黨立場等）為對象，將自己視為該群體的一份子，並且因而認為自己和所屬的群體有共同的特性和利益，甚至共同的「命運」。也就是說，認同的對象是「群體」、是人所構成的群體；因為對某一群體的認同，個人認為他／她屬於該群體的一份子。可是「國家」卻是一個統治「權威」、政治權力「體制」。它不是一個我們可以歸屬、可以和它分享光榮和恥辱的「群體」。面對一個體制，一個人可能「支持」它、「效忠」它、或「抵制」它，卻不可能「認同」它。事實上，民族主義之理念的核心之一正是：一群自認屬於相同「民族」（nation）的人，在政治上要求掌握一個獨立自主的「國家」（state）[11]。這點也正是文化認同偉大之處，但在目前「去中國化」場景下，又該如何去進行文化認同與建立兩岸對閩南文化的共識呢？

　　文化是一個民族產生和發展最穩定的因素，也是最重要的凝聚力；但文化認同不等於民族認同，不過，文化認同卻能長期存在並影響廣泛。文化認同具有強大的向心力，從而使人們產生共同的文化歸屬感。「以文化人」對人們產生同化作用，正是本文最重要核心價值。但，又該如何以文化人呢？人類情感就是種有意義的文化象徵交流形式，是人類最基本的支撐力量和創造力量。情感需要激發、需要互動、需要共用。人類集體的情感交流所形成的集體記憶與想法，就是一種文化。文化，是可以演進的，更可以交流、學習與傳播。若建立共同的文化價值觀，抑或者共識，進而面對共同目標時，方法就很重要。文化共識建

---

[11] 吳乃德，〈麵包與愛情:初探臺灣民眾民族認同的變動〉，《臺灣政治學刊》，2005 年 12 月，第二期，頁 5-39。

立，不應被視為是一種所欲的「結果」，而應視其為是一種「策略」，是一種「過程」，也是一種「行動」。先前兩岸文化交流，似乎被誤解成類似 Gramsci[12]下的「文化霸權」，把「文化交流」認為是中國大陸為獲取政治及經濟霸權的手段，並刻意以自己的意識形態去統一兩岸。這個感知與意象，正是造成臺灣人民「知陸反陸」的最直接因素。臺灣民眾對於政治宣導與活動，往往都具有預設立場與政治傾向。這種立場與傾向所場生的預防針效果，容易讓政策宣導或觀念散布時，產生一層隔閡或者無效宣傳。加上兩岸文化交流的不對稱、不平衡，與沒有制度性的保障，看似熱火朝天的兩岸文化交流，但都沒有發揮相對應的效果。[13]這種結果，反讓熱衷於兩岸交流的民眾或者專家學者，對於透過文化交流、社會接觸等手段，想進一步促成兩岸之間的合作與交流，提升兩岸人民之間的相互認識和理解，以便消除偏見和誤解，產生質疑。這種質疑，正是來自目前臺灣民眾對大陸所有文化交流手段預設的感知與意象，這也是為何文化接近性與文化認同無法產生效果的另一個主要因素。[14]

西方文獻認為透過大量文化交流所產生的社會接觸，對於分崎兩邊，具有重要影響力，且大多數的研究成果仍然主張正面且有意義的社會接觸，讓接觸的雙方降低族群的歧視[15]。感知與意象，是從心理學視角去研究個體本身的認知與態度間的價值轉換。感知是一種從情感到認知過程，是人們通過認識、體驗周圍的事情而產生情感，進而轉換成內

---

[12] Gramsci, Antonio,《Selections from the Prison Notebooks》[M], New York:International Publishers，1971

[13] 鄧小冬。影響兩岸文化交流效果的因素分析[J]。《九鼎》，2017.09。

[14] 王甫昌，族群接觸機會？還是族群競爭？：本省閩南人族群意識內涵與地區差異模式之解釋[J]，《臺灣社會學》第 4 期，2002，頁 11-74。

[15] Allport, Gordon W.《The Nature of Prejudice. Cambridge》，MA: Addison-Wesley，1979

心價值觀的一種過程。雖然，個人的一開始感知價值與意象建構是必須依賴媒介的傳播力量，但經過時間維度（長時間）與個人親身參與（體驗參與），其感知與意象的建構，往往可能會有別於主流媒介上的態度與意見，換言之，個人的身分認同可能有別人集體身分認同，以及大量的個人身分認同，也可能透過媒介或者其他方式影響或撼動原本的集體身分認同。

　　臺灣民眾的身分認同，離不開自身對大陸的直接或間接感知，而自身感知也與中國大陸自身對外刻意建構出的意象密切相關。這裡所指的意象是指臺灣民眾對大陸的內心想像，以及對大陸外部發展前景的具體感知、總體看法和綜合評價，而一個良好的意象，必將有利於提升兩岸的交流與統合。因此，若要重構臺灣民眾對大陸的身分認同，就必須重塑臺灣民眾的感知與意象，則必須透過軟權力裡的文化認同，而最好的切入點，就是具有高度文化接近性的閩南文化。透過方法重塑過去或恢復兩岸對閩南文化的特殊「場域」或者「語境」，再現兩岸在某一個時間（歷史）與空間（地區）上具有共同價值與意義的存在，喚起對中華文化的想像，通過交流慢慢拼湊歷史記憶，透過實踐活動達到兩岸共同傳承歷史，這樣的文化交流，才有機會去建構兩岸對閩南文化的共識。這個共識是屬於兩岸閩南地區人民去定義，而非單一方面的一廂情願。再現的閩南文化，讓文化接近性吸引臺灣民眾體驗參與，透過接觸瞭解，潛移默化形成文化認同，最後重塑臺灣民眾對大陸的感知與意象。

肆、善用閩南文化傳播促進交流

　　人們有「情」才會感，有「感」才會動，情感互動強調情感交流的雙向性、互動性、共用性。希望透過具有文化接近性的閩南文化去重構臺灣民眾對中華文化的共識、重構臺灣民眾對大陸的意象與感知。共識

建立與感知的建立是相似的。共識的組織與建立，主要透過兩大方式，一為認知層面，即行動者提出各式論述，透過構框過程，強化潛在參與者的認知共識；一為情感層面，主要是透過情感要求及部分傳統儀式，以喚起潛在參與者的參與動機。[16]這種共識建立的方式，往往透過媒介形塑、包裝，似乎就可以完成，就是一種文化傳播。透過大眾媒介進行文化傳播，傳遞經驗與想法，對於文化保存與觀念傳達似乎是不錯的方式與工具，從文化認同視角來看，更是重構身分認同的最佳利器。兩岸文化與生活早已經受到區域環境影響產生變化，甚至被動地改變某些文化價值觀。對臺灣人民來說，對於某些文化或者價值觀，在面對兩岸交流時，卻已在心中產生歧異，這種歧異就是一種文化區域性的影響。如何通過文化傳播再度連結兩岸已經斷裂、不連續的過去記憶，就是目前當務之急。在沒有修復之前，任何的文化交流與認同，都可能是短暫、不穩定。

　　文化傳播並非單一方式或者手段，而是一種思維；文化傳播不是一種目的，而是一種過程；文化傳播的最終目標在於重構與再現過去先人的記憶與場景，透過媒介無所不在、鉅細靡遺的宣傳方式，讓兩岸民眾在認知上檢視自己身分的認同，與過去歷史記憶的情感歸屬。文化傳播之於兩岸交流，不僅僅需要通過兩岸既有的豐富軟權力，更需較重建符號語境，這個過程聚焦於重構與再現，通過共識建立想像空間，進而將族群性特點發揮，回饋到兩岸政治氛圍。利用新科技吸引青年族群留意與注意，以及建構場景，激發情感植入深度思維與想像，進而達到文化傳播的終極目標，讓文化交流不再是停留在尋根與懷舊，而是回到原點清楚文化脈絡，承認文化起源，強化文化認同，最後承認自己的身分認

---

[16] 吳翠松、吳季昕，地方文化資產保存運動的共識動員分析：以苗栗護窯運動為借鏡[J]，臺北：《臺灣社會研究季刊》（97），2014-12，頁 63-110。

同，這才是運用文化傳播的最大化功能。

　　蘭林友於〈論族群與族群認同理論〉，文化認同的構建過程，就是一個民族、一個族群、一個社會中，個體跨文化交際過程中所發生的思想與實踐的矛盾、衝突、相互和解甚至結合相互認同的過程。文化的認同主要是內部選擇，而非外力可以強加。外部的影響必然會起到客觀上影響的作用。對個體文化認同而言，就是其內心的選擇，每個人的個體文化感受，以及相應的個體的跨文化交際活動。它們集中起來後就變成集體文化認同，就會影響一個國家的主流文化價值觀。一旦上升到國家文化認同，它們就成為主流人群的集體文化認同[17]。

　　文化認同是人們對社會上存在的文化模式的接受、認可和實踐，人們根據文化認同構建自身的思想認識、價值觀念和理想信念，根據共同的思想認識、價值觀念和理想信念相互承認、相互合作進而結成群體以及確認群體之外的「他者」。在現實實踐中，是什麼造成了人們的文化認同？是共同的生活決定了人們的文化認同。共同的生活決定了人們共同的利益、共同的政治制度、共同的理想追求，而共同的利益、共同的政治制度、共同的理想追求又決定了人們的共同思想、價值和理想。總之，共同的活動造就人們共同的命運，決定了人們的文化認同[18]。

　　共同理想作為一個社會共同體全體成員共同的價值追求、價值取向和價值目標，是民族、國家的精神支柱，有了共同理想才會有強大的凝聚力和向心力，才能實現社會發展的共同目標。共同理想是凝聚人與社會共同體的精神樞紐，是社會共同文化價值觀念的重要體現，引導著社會公眾進行科學合理的價值判斷。兩岸交流，也是在建構一種兩岸共同

---

[17] 蘭林友，〈論族群與族群認同理論〉《廣西民族學院學報：哲學社會科學版》，2003 年 5 月，第 3 期，頁 26。

[18] 鐘星星，《現代文化認同問題研究》（北京：中共中央黨校博士論文，2014 年），頁 55。

體對於共同的文化保存、價值追求的共同理想，以及保存閩南文化目標一致，才有深入交流的可能。反之，若因各種因素，如政治、經濟、社會乃至更宏觀的國際因素，影響兩岸人民的認同，甚或上升至敵視彼此，遑論交流，以及更為深層的文化認同。為了深化兩岸交流，或說重拾過去兩岸民間良性互動所形成之互信互諒，在閩南地區利用文化接近性的特性，開展更具深度與廣度文化交流，以增進「兩岸一家親」的文化認同感，應屬可以嘗試之路徑。

第二節　體驗式交流對臺灣年輕人文化認同之影響 ——以閩南地區為例

壹、臺灣年輕人對閩南文化認同現況

　　兩岸歷經分治數十載，在臺獨課綱的教育下，臺灣年輕人遂成所謂的「天然獨」世代。陳水扁政府時期將臺灣的教育課綱調整成「以臺灣主體意識為重」的方向，並強調臺灣本土化及鄉土意識，由此開始撰寫課本內容；到了馬英九政府時期，馬英九政府也未對有關的臺獨課綱有較大規模的調整，原本馬英九第二任期終於打算調整課綱，拉高歷史科目的中國史比重，結果遭到反對學生激烈抗議，更指馬英九的做法乃是搞「洗腦教育」，最後，調整課綱一事不了了之。隨後，到了近期的蔡英文執政，不僅大幅度降低中國史比例，大幅度拉高臺灣史比例外，更將民進黨的政要若干人等，納入教學內容之中，儼然形成「民進黨的黨國教育」。在這種綠色教育的影響下，臺灣人的閩南文化認同是否因此遭到解構，會是觀察分析跟調查的重點，比方說知不知道臺灣民間廣為流傳的信仰，如媽祖崇拜、關聖帝君崇拜或是其他來自中國大陸，臺灣

多數的神祇崇拜是源自中國大陸的閩南沿海地區；或者是知不知道臺灣習以為常的風俗習慣、文化風情等，是來自中國大陸的閩南沿海或其他地區。

　　從「文化接近性」[19]的視角切入，就地域來說，閩南文化是臺閩共同的文化根源，包含語言、習俗、宗教等等，其中有著兩岸人民彼此身體上的印記，共有的傳統、歷史、文化、記憶等。不過，長期分治的結果，兩岸人民的文化認同難免會因為差異的政治而改變，更可能隨著媒體經驗而有所變化。從過去兩岸交流的經驗看來，兩岸的文化認同和民族認同不是固定不變的。認同往往因為生活經驗和歷史記憶「持續不斷的形成與轉變」而出現分歧[20]。所以，如何基於臺灣和閩南文化接近性的特質，透過適當的文化交流活動規劃設計，增進臺灣年輕人對於臺灣和閩南文化關聯性的認識，提升「兩岸一家親」的文化乃至於民族認同，是作為兩岸關係和平發展新途徑值得探討的課題。人是情感的動物，有情就有感。情是先天的文化接近性；感是後天的文化體驗。所以，理論上或直覺上，我們可以借著文化接近性作為基礎，辦理體驗式交流活動，以增強文化認同乃至於民族認同。這是大陸方面會在福建，特別是閩南地區成立臺灣青年體驗式交流中心，邀請臺灣年輕人前往閩南地區參加體驗式文化交流活動的用意[21]。

　　曾經在中國大陸福建省（閩南地區）旅遊、求學或者工作的青年們，是否會因為親自體驗、用手觸摸，進而感受閩南文化的溫度，產生文化認同呢？兩岸部分文化交流活動雖然存在太多政治目的，也存在許

---

[19] 劉阿榮，2008。《全球在地化與文化認同──臺灣文化認同的轉化》。臺北：元智大學通識教學部出版。

[20] 龐志龍，2016。《文化認同》（臺灣媽祖文化傳播與兩岸關係互動研究）。蘇州市：蘇州大學。

[21] 陳惠蘭、王建紅，2017。〈閩台共同歷史敘事與兩岸青少年文化認同〉《閩南師範大學學報》，第 4 期，頁 128。

多偶然與不連續性，讓兩岸文化交流僅能爆發出瞬間的火花。不過，有些研究仍認為，透過社會接觸與交流，會讓接觸雙方降低彼此歧視；透過兩岸人民不斷地交流與接觸，同樣可以建立兩岸人民間的友誼關係[22]。因臺灣民進黨執政後的刻意「去中國化」，在臺灣部分相關學術調查發現，臺灣青少年對大陸「他者」定位，已形成刻板印象，且多是負面的，從而形成偏見與歧視。這種偏見認知主要是對大陸瞭解不足、觀感不佳、顧慮深重。不過，這群人主要特點往往缺少社會經驗，感性用事大於理性思考，所以在兩岸關係認知與對大陸的身分認同上，感性用事大於理性，透過體驗或接觸方式，應該有機會改變他們的認知與態度[23]。

大陸「以文化人」的對臺政策，在文化接近性高的閩南地區，透過大量的文化接觸，應該會對臺灣年輕人在文化認同上有所成效。誠如上述論點，良好的文化互動，有助於兩個群體破除因相互不瞭解所致之誤會。文化接觸與大量的社會交流，應該會讓接觸雙方降低彼此歧視。所以，本文基於閩南文化接近性的概念，透過焦點訪談，從訪談過程中釐清文化接近性、文化接觸與文化認同三者變項間關係。簡言之，大陸「以文化人」的對臺政策是否適合臺灣年輕人？邀請大量臺灣年輕人來大陸福建省參與文化接觸活動，或者用手感受閩南文化的接近，能否真正改變臺灣青年對大陸態度與印象嗎？透過文化接近性的大量交流活動，利用文化資源善盡各種文化體驗，最後形成文化認同，這推論是否科學，更是本文另一項的關注重點。

從兩岸開始開放交流以來，兩岸在民間熱絡而頻繁的交流下，逐漸開始有了「互相瞭解」及兩岸民間社會的友好基礎，來臺交流的不論是閩南地區的專家學者，或者是來臺交換的大陸學生，幾乎都是帶著美好

---

[22] 張雅倩，2016。〈讓體驗式交流深入兩岸青年〉，《臺聲》。第 10 期，頁 61。

[23] 陳文華，2017。〈海峽兩岸文化認同的現實考量與因應之策〉，《福建江夏學院學報》。第 6 期，頁 61-70。

印象離臺，這是兩岸軟性交流的成功。不過，在歷經總計 20 年的「去中國化」教育（2000 至 2020 年），2000 年之時 20 歲的臺灣年輕世代至今也已 40 歲，加上如今的 20 歲青年世代，受天然獨教育的影響究竟多深？這也必然多少導致臺灣青少年對閩南文化之認同情況不佳。不過，個人認同到社會認同、文化認同是屬於心理層面的發酵與成長，除了教育環境之外，該青少年本身的個人背景、教育程度或同儕等，都是可能的影響因素。既然歷史文化同源的提醒有助於提高臺灣民眾的「中國人認同」，那麼，基於臺灣地區和閩南地區的文化接近性，鼓勵臺灣年輕人參加閩南地區的體驗式文化交流，是否也能夠增進參與者「兩岸一家親」的感受，甚至於進一步影響到其周遭親人或同儕朋友呢？這也是本文想要回答的問題。

貳、受訪者對閩南文化認同描繪

　　本次調查採用先質化後量化兩種研究方法進行。先透過焦點團體訪問法（focus group）詳細紀錄，再透過內容分析進一步編碼後，再利用數據統計的結果進行分析推論。本次研究前後進行六場焦點訪談，每場均邀請曾經去過兩岸交流的受訪者（曾經去過大陸的背景相同）進行訪談，共計六十一位受訪者，其基本數據請見下表 1，詳細訪談時間場次與地點見下表 2。

表 1：受訪者基本數據表

年齡	性別	區域分布	教育程度
20 歲以下，2 位	男，42 位	臺北，15 位	博士，10 位
		高雄，10 位	
21-30 歲，14 位		臺中，6 位	碩士，21 位
		新北，5 位	

31-40 歲，30 位	女，19 位	臺南，5 位	大學，19 位
		桃園，4 位	
41-50 歲，15 位		彰化，4 位	高中職，11 位
		其他，12 位	

表 2：焦點團體舉辦場次與受訪者分布區域說明

場次	焦點訪談日期	受訪者分布地區				
		北部	中部	南部	東部	離島
第一場	九月四日	8	2	2	2	1
第二場	九月十一日	4	2	2	2	0
第三場	九月十八日	4	1	1	1	0
第四場	九月二十五日	4	1	3	1	0
第五場	十月二日	2	1	4	1	1
第六場	十月九日	2	3	4	1	1
合計	六場	24	10	16	8	3

　　在臺灣，「閩南」早已超逾地域、文化，更成為一種意識形態。這種「沒有認同的祖籍」現象的原因歸結為統「獨」意識形態下，祖籍認同、身分認同的分裂。簡單說，就是兩岸現狀下，在不少「臺灣意識」高漲的臺灣年輕人看來，承認自己祖籍是大陸，好像就自然被「統戰」了[24]。與其說「閩南」在臺灣成為了意識形態，倒不如說「閩南」兩字被抽離了原有的時空背景而空心化了，這使得臺灣年輕人根本沒去過大陸，卻對大陸產生負面的刻板印象[25]。在調查中，僅有 15%的受訪者清楚知道自己的祖籍來自於廈門、泉州、漳州，或者非閩南地區的福建省，以及大陸其他地區，但仍有超過 77%以上的受訪者，根本不清楚自

[24] 黃俊傑，2006。《臺灣意識與臺灣文化》。臺北：臺大出版中心。

[25] 吳乃德，2005。〈麵包與愛情：初探臺灣民眾民族認同的變動〉，《臺灣政治學刊》，第二期，頁 5-39。

己的祖籍來自於哪裡？這些不清楚的受訪者表示，曾在小時候或者被父母告知祖輩來自於大陸地區，或本身自我感覺可能是來自大陸，但因沒有實際返回大陸探親或者祭祖，所以，只好回覆不清楚。

　　不過，閩南人是臺灣最大的族群，主要文化習俗為閩南文化的臺灣漢人，母語為閩南話，傳統建築大多是原鄉閩南風格的「紅磚文化」。此外，也伴隨著許多民間戲曲、音樂，例如：南北管、布袋戲、歌仔戲、皮影戲、褒歌、念歌等，在臺灣早期農業社會中扮演寓教於樂的角色，不論是婚葬喜慶等生命禮俗，抑或是神明誕辰、廟宇慶典等宗教信仰活動之中，既是必備的娛樂專案，也承載著教忠教孝等教育責任[26]。受訪者超過 51 位（84%）表示，從兩岸閩南地區的語言、風俗、生活習慣以及宗教信仰等文化，可以從中感受到兩岸的閩南文化連結。這些受訪者感受兩岸閩南文化的文化接近性，以及過去移民歷史因素，表示閩南文化由大陸帶過來臺灣，是正常的一種文化遷徙，可視為同文同種的證明。其中有 10%受訪者表示，在進行兩岸文化交流時，可能因媒介或個人對大陸的刻板印象，或者該交流可能有過多的統戰因素，即便有機會前往大陸進行交流，但總覺得這樣的交流有太多目的性，導致在文化認同過程中有所障礙；不過，若能再多幾次交流，或許會因為交流，進而產生更多的閩南文化認同。

　　另外，除兩岸祖籍認同，認同風俗習慣也是同源同種的受訪者超過七成，其中主要是移民歷史因素、兩岸文化接近性與及參加兩岸實際交流有感，就是直接證明兩岸風俗習慣的正相關。再者，臺灣的民間信仰，更具有中國大陸的承傳，在本次調查的受訪者裡，全部均清楚知道臺灣某些重要民間信仰，例如：媽祖或者關公，是源自於中國大陸。其

---

[26] 簡銘翔、陳建安，2019。〈探索兩岸發展新方法：體驗學習共同保存閩南文化〉，《發展前瞻學報》。第 25 期，頁 65-80。

中也與近年臺灣相關民間信仰，例如：媽祖、保生大帝等，回去大陸開基祖廟謁祖進香有極大相關[27]。甚至有受訪者表示，相較於閩南語言、宗族家譜、風俗習慣，個人認為是民間信仰，特別是媽祖，更能代表兩岸的同源同種。又，因閩南地區的移民關係，受訪者也同意臺灣地區傳統戲曲與大陸閩南地區的傳統戲曲，應屬於同源同種，例如：歌仔戲、布袋戲（或木偶戲）等。不過，部分受訪者表示藝術具有原創性，臺灣在歌仔戲、布袋戲等傳統戲曲的突出表現，不可能全部源自於大陸。加上，臺灣傳統戲曲也漸漸自成一格，兩岸戲曲交流又相當頻繁，誰影響誰？誰傳承誰，並無法直接推導成兩岸同屬一家人的結論。

閩南地區與臺灣一水之隔，閩南文化隨著閩南人到臺灣而廣為流播，並產生深遠的影響。換句話說，閩南文化對臺灣文化的影響是全方位的。閩南文化在臺灣的歷史發展過程中，兼收並蓄了外來文化，有所發展，有所豐富，形成了臺灣文化，不過仍可以看到，臺灣文化更多的是保留了閩南文化的共性和特點。因此，在臺灣，不論是城市，還是鄉鎮，不論是山區，還是平原，只要有閩南籍臺灣同胞居住的地方，都能領略到閩南文化濃厚的氣息。不論是物質生活方面，還是精神生活方面，只要有閩南籍臺灣同胞居住的地方，也都能顯示出閩南文化的內涵。[28]面對多元閩南文化中，閩南語言（36%）、民間信仰（30%）、風俗習慣（15%）、家族宗譜（11%）與傳統戲曲（8%），都是讓臺灣閩南文化直接關聯大陸閩南文化的前五大因素。

在政治層面僵持對立的情況下，海峽兩岸的交流不妨以文化交流為主，透過雙方人民生活經驗與歷史記憶的分享，奠定心靈互相瞭解的基礎。簡言之，兩岸文化交流的目的，應該是喚醒兩岸人民內心深處的共

---

[27] 潘峰，2018。《兩岸同根同源的文化展演研究：以臺灣民俗村和閩南緣博物館為例》，臺北：崧博出版事業有限公司。

[28] 施懿琳主編，2013。《閩南文化概論》。臺北：五南圖書出版股份有限公司。

同記憶與想像，由於臺灣和大陸閩南地區擁有共同的閩南文化傳承，把握文化接近性進行體驗式交流，應該是兩岸文化交流可以努力以赴的重點工作[29]。受訪者均一致認為，基於兩岸閩南文化的相似性，的確是強化兩岸間民眾與文化交流的重要基礎。海峽兩岸近百年來由於歷史的斷裂與政治因素，進而使兩岸人民經歷不同的歷史經驗，從而塑造了不同的歷史意識與大同小異的閩南文化。因此，在未來的兩岸交流，除了經貿往來之外，更重要的是文化的交流，尤其是善用閩南文化的文化接近性特質，喚醒雙方人民的過去經驗再現與共享，更是當前兩岸文化交流最重要的工作。

參、交流體驗後對閩南文化認同改變

　　海峽兩岸近百年來由於歷史的斷裂與政治因素，進而使兩岸人民經歷不同的歷史經驗，從而塑造了不同的歷史意識與大同小異的閩南文化[30]。因此，在未來的兩岸交流，除了經貿往來之外，更重要的是文化的交流，尤其是善用閩南文化的文化接近性特質，喚醒雙方人民的過去經驗再現與共享，更是當前兩岸文化交流最重要的工作。若匯整有關兩岸關係研究文獻發現，傾向兩岸多交流的研究主張，透過實質關係的全面交流，包括貿易、投資、黨政官員與文化等不同社會階層的多層次交流與對話，可以藉此增加交流主體之間的互信、建立彼此共同的價值理念。若雙方交流範圍持續擴大，交流的次數、專案和層次都隨著時間的推移而不斷地增加或提高時，則將有助於全面推動雙邊或多邊的整合

---

[29] 陳孔立，2018。〈推進兩岸文化融合的思考〉，《臺海研究》。第 2 期，頁 55-61。

[30] 趙建民，2016。《大陸研究與兩岸關係》。新北市：晶典文化事業出版社。

31。其中受訪者在曾赴大陸交流體驗後，超過 69%以上的受訪者，會對兩岸閩南文化認同與印象產生改變，並且更清楚，且更堅信自己的祖輩與父母是來自大陸地區，且應具血緣關係。曾去過大陸參加交流的，大都是以參加學術交流與研討居多（46%），其次才是單純參加閩南文化慶典（15%，例如：回鄉祭祖、民間信仰回大陸交流等），當然也包含文化慶典與學術交流兼具（8%）。

　　這些曾來過大陸交流時，超過 84%明確表示，在參與和閩南相關學術或文化參訪等活動時，認為可以拉近與大陸閩南地區的距離，深入針對是哪些因素促成受訪者交流後認為拉近距離？在參與交流前，認定透過交流會有影響的受訪者僅 10%，但實際參加交流活動後，卻增加到43%的受訪者認為會受影響；在文化接近性因素是否會影響兩岸認同部分，交流前後影響相去不遠；反而是歷史因素，交流前有影響的占33%，但交流後，卻擺脫原本只是歷史因素，也僅剩下 19%的受訪者認定歷史因素拉近兩岸。詢問受訪者為何前後有如此大的差別，受訪者表現，在尚未來過大陸之前，對大陸閩南文化的印象都是來自過去移民歷史因素，想像比實際的認同多；不過，當有機會來大陸進行文化交流時，因實際臨場感與其他因素，例如：語言、親戚或血緣、生活習慣與民間信仰等，取代了想像的歷史因素。

　　受訪者們均表示，兩岸交流可從各種不同的角度切入，閩南文化確實較能使社會不同階層者皆能輕易進行交流，更像一家人的感覺。閩南文化對於閩臺來說，更親近、更容易讓人感覺兩岸一家親。至於要善用哪一種類的閩南文化相近性特點進行互動會較為親切？較為有效呢？經過全部受訪者進行排序，發現閩南語（臺語，39%）仍為文化接近性的第一名，緊接為民間信仰（32%）、風俗習慣（16%）、家族宗譜

31　蔡國裕，2011。〈從「兩岸文化論壇」探討兩岸文化交流〉。第 10 期，第 8 卷。

（10%），以及最後是傳統戲曲（3%）。不過，仍有部分受訪者擔心文化交流是屬於比較長期的交流與互動，效果可能不是很彰顯；也有部分受訪者還是擔心文化交流的目的可能不純粹，從上述調查結果來看，臺灣年輕人對於較為軟性、不涉及敏感議題（比如政治、經濟甚至更為敏感的統獨議題等）的兩岸交流，並不排斥。至於兩岸閩南文化的交流，或者是相隨而生的實際交流經驗，能否因此讓受訪者產生「臺灣與大陸屬於同源同種的一家人」的認同，多數持肯定態度。少數受訪者明確指出並不排斥兩岸閩南文化的交流，但否認會因為文化交流就產生「臺灣與大陸屬於同源同種的一家人」的認同。

　　若將這些受訪者與重新編碼後的訪談結果進行交叉分析，發現性別、教育程度在兩岸閩南文化認同方面，並未有顯著的差異或明顯的認同偏好。但是，換成分析年齡之後，會發現「持有較為強烈兩岸閩南文化認同」的受訪者，甚至希望能進一步進行文化交流的受訪者，年齡較長，年齡平均數在 38 至 39 歲之間，而對於「兩岸擁有同源同種閩南文化認同」不認同或者是較有疑慮的受訪者，其年齡平均數為 23 至 27 歲之間。值得注意的是，根據調查的結果，「持有較為強烈兩岸閩南文化認同」的受訪者年齡平均數在 38 至 39 歲之間，而從現在（2020 年）回推 20 年，他們幾乎沒有經歷陳水扁時期的臺獨課綱教育，或是經歷的時間相當少。

　　反觀對於「兩岸擁有同源同種閩南文化認同」表達不認同或者是較有疑慮的受訪者，年齡平均數落在 23 至 27 歲之間，回推 20 年，他們至少受過 15 年以上強調「啟發臺灣本土意識」課綱之洗禮。這可以說是用另一種方式說明了「學習」對於文化交流、主體意識的建立等，有著決定性的作用，學習越久則影響程度越深。這個結果也證明「體驗式學習」之於文化傳承或建立文化主體意識的重要性。鄉土課程是在營造「可供體驗的情境」，陳水扁政府開始引入鄉土教學，課堂上塑造出利

於傳播特定意識形態的情境，並讓國小學童沉浸其中，讓學童的兩岸文化或更具體的閩南文化認同受到影響，以為「中國臺灣，一邊一國」，或者「中國臺灣，文化不同」、「中國臺灣，根源不同」、「中國臺灣，身分不同」、「中國臺灣，互不隸屬」[32]。若就年齡因素所做的交叉分析顯示，我們可以從年齡差距回推受訪者過去曾經受過的教育，來解釋臺灣年輕人對兩岸關係或更具體的兩岸閩南文化認知和認同的差異。這種年齡差距所呈現出來的認知和認同差異意味著，始自陳水扁時期的「啟發臺灣本土意識」的中小學教科書課綱和教材內容，的確對於臺灣年輕世代的「天然獨」傾向產生了影響。

肆、體驗交流與未來建議

在前面大致梳理了何謂閩南文化、何謂文化認同、何謂體驗式交流（或學習）、以及閩南文化的體驗式交流是否有助於增進臺灣年輕人「兩岸一家親」的認同，總結來說，體驗式交流的確可以起到「幫助兩岸相互理解」的作用。相較於 1987 年 11 月 2 日，蔣經國總統有感於臺海兩岸之間的親人分離太久，決定讓凡在中國大陸有三親等內血親、姻親或配偶的民眾登記赴中國大陸探親的時候，現在的網路通訊科技發達得多，藉由網路通訊和大陸人士交往、瞭解大陸發展情形已經十分便利，不過，網路通訊容易出現嚴重的「假新聞」（fake news）和「同溫層」現象，未必有利於增進兩岸之間的相互瞭解。

所以，即使經過三十餘載的兩岸交流，到了 2016 年總統蔡英文上任之後，兩岸之間的分歧似乎更顯巨大。這種情況，一部分肇因於國際

---

[32] 吳乃德，2002。〈認同衝突和政治信任：現階段臺灣族群政治的核心難題〉，《臺灣社會學刊》，第四期，頁 75-118。

氛圍驟變，中美對抗態勢逐漸升高，促使臺灣內部社會氛圍開始變化，另一部分可能就是肇因於網路通訊科技的發達，各項訊息的露出、流入臺灣的各大社群網站，諸多假新聞和訴諸同溫層受眾的激烈言論氾濫，煽動兩岸民間的彼此仇視。此時，透過兩岸之間閩南文化的體驗式交流（或學習），便可能成為維繫兩岸和諧交流、友善理解的重要橋樑。以下將總結本文的調查結果與研究發現，分析體驗式交流對於臺灣年輕人文化認同的影響，以及與之相關的維繫兩岸友善理解的可能性。

　　綜合 6 場焦點座談與 61 位參與者進行訪談獲致結果的整體性分析，以及各個變項之間相關性的意涵，其結果與發現可以歸納為以下幾點：

（一）多數人認同兩岸進行文化交流

　　在本文的調查中，受訪者對於閩南文化的高度接受性，以及與之相關的文化認同和政治認同一定程度的區隔，即當兩岸交流活動不直接涉及「中國人」與「臺灣人」的身分認同或政治認同之時，臺灣年輕人比較不會產生排斥感。而且調查在兩岸閩南文化交流的基礎之上，兩岸之間民眾交流是否會比較沒有障礙？有 98.4%的受訪者認為在兩岸閩南文化交流的基礎之上會比較沒有障礙，僅有 1.6%的受訪者表示不認同這樣的說法；另外，兩岸通過相近的閩南文化進行互動時，有哪些因素會使得交流的參與者感覺比較親切？有 98.4%的受訪者認為語言、風俗習慣、戲曲傳承和宗教信仰都會影響。這個結果透露出，臺灣年輕人大多數認可兩岸之間應該進行文化交流，且高度接受此種交流奠基在兩岸閩南文化的接近性之上。此外，也能從中發現，閩南文化在臺灣的影響不光只有閩南語之類的單一因素，而是相當全面，臺灣日常生活、傳統習俗等幾乎全都有閩南文化的影子。因此，奠基在文化接近性之上的交流，並不會像某些人刻板印象中的讓臺灣民眾尤其是年輕人感到排斥或厭倦。

（二）閩南文化體驗交流是一種政治上較不敏感的交流

本文問到臺灣跟中國大陸之間，是否可以透過較為不敏感的閩南文化的體驗來進行並強化兩岸之間的交流。調查結果顯示 100%的受訪者都同意臺灣與大陸之間，透過文化接近性較高的閩南文化體驗，有助於臺灣青年對兩岸文化同源同種的認知與認同，有利於兩岸之間民間交流的開展。接著調查文化交流是否為一種較不敏感的交流（即會不會涉及政治敏感性而產生排斥感），結果同樣顯示 100%的受訪者同意這樣的文化交流不會牽涉敏感議題，對兩岸交流是屬於較適合的方式。另外，大多數臺灣年輕人對於兩岸的文化交流，尤其是閩南地區體驗式的文化交流活動是不排斥而可以接受的，且多數人認為這種交流方式是政治上較不敏感的交流，因為不涉及到國家主權的認定、身分的認同、或是其他具有高度政治性意味的議題。在兩岸具有高度文化接近性的情況下，體驗式交流似乎是一條可以選擇的路。

（三）造訪中國大陸的經驗影響認同態度

本文在調查造訪中國大陸的經驗對受訪者態度的影響時發現，有72.1%的受訪者表示曾經造訪過中國大陸且跟閩南文化體驗有關。至於參加哪一種類型的活動，會產生影響？結果顯示，8.2%的受訪者是參加閩南文化慶典，45.9%的受訪者是參加兩岸學術交流活動，41.0%的受訪者參加的是其他類型的兩岸交流活動，有 4.9%的受訪者同時參加了閩南文化慶典和學術交流活動。不少受訪者透露，造訪中國大陸的經驗，特別是閩南地區的體驗（包含閩南文化慶典、學術交流活動或二者皆有，以及其他類型的兩岸文化交流活動）對於他們的認同態度有很大程度的影響。原因在於，造訪閩南地區其實是一種對在地文化認知學習的過程，也就是沉浸到閩南文化的情境中，有助於閩南文化的體驗，從而提高相關的認同。

　　對於透過交流活動來促進兩岸人民情感，特別是增強臺灣年輕人對中華文化和中華民族的認同而言，閩南地區的體驗式交流是一條可行的路徑。綜合調查結果發現，多數臺灣年輕人對於文化交流活動的接受程度很高，且在不涉及政治議題的情況下，經由體驗閩南文化風俗習慣、戲曲傳承、宗教信仰的方式進行，鮮少有人會表現出排斥的態度。調查的受訪者也認為，基於兩岸高度文化接近性的體驗，海峽兩岸人民應該是同源同種的。這些研究發現跟前面篇幅中引用之臺灣競爭力論壇的民意調查可以相互印證，就是儘管政治性的國家認同上，「中國人」認同的比例越來越低，「臺灣人」認同的比例越來越高，但是只要先提示兩岸之間有著相同的血統、語言和歷史文化，就仍然會有 8 成的臺灣民眾擁有「中華民族」認同。所以，以臺灣的文化主體——閩南文化，作為兩岸交流的基礎，透過閩南地區的體驗式交流活動來促進兩岸人民情感，特別是增強臺灣年輕人對中華文化和中華民族的認同，應該是有志於促進兩岸關係和平發展的人士，可以採用的途徑和值得努力的方向。

　　最後，體驗式交流對於增進「兩岸一家親」的文化認同有一定的正面效果，鼓勵青少年參與體驗式交流，多提供體驗式交流的機會，有助於建構出有利於兩岸關係和諧的文化認同。畢竟在本文研究結果發現，不認同兩岸文化同源同種的受訪者年齡都偏低，落在 23 至 27 歲不等，這區間年齡剛好都已大量接受鼓吹臺灣本土意識的「去中國化」課綱之學習，而這些課程對於學習者的兩岸關係認知產生了重大影響，以為臺灣和中國大陸不僅是「一邊一治」，甚至於彼此的文化背景不同、根源不同，互不隸屬。這種情形可以見出兩岸交流幾近停滯以及「去中國化」教育的影響，也突顯了體驗式交流對於增進臺灣年輕人「兩岸一家親」文化認同的重要性。為使閩南地區體驗式交流增進臺灣年輕人「兩岸同文同種」或「兩岸一家親」的文化認同有正面的影響，除加強推廣此類活動，是有心促進兩岸關係和諧互動、和平發展的有志之士可以努

力以赴的。更應該就政策制定方面，也需要在邀訪對象和活動內容的規劃上注意以下兩件事情：

首先，在邀訪對象的年齡層上，宜往較年輕的年齡層多著力。本文的研究結果顯示，年紀相對較小的臺灣年輕人由於受到「去中國化」教育的影響較深，對於兩岸同文同種或「一家親」的認知和認同較為淡薄，在資源有限的情況下，相關資源的配置與活動設計的重心宜往年紀較小的臺灣年輕人投注，以求在可塑性較高的階段發揮作用。

其次，在活動內容的規劃上，宜避免或減少政治敏感性。本文的研究結果顯示，有部分參加過閩南地區體驗式交流或曾經造訪過閩南地區的臺灣年輕人，並沒有因為他們的交流體驗或造訪經驗而增進了「兩岸一家親」的文化認同，主要的原因是因為他們覺得其中涉及較多的政治敏感議題，摻雜了較為明顯的政治動機，因而產生了排斥感。所以，為了發揮作用和收到實效，在活動內容的設計宜避免或減少政治敏感性，以收潛移默化之功。

第三節　重構身分認同──從經貿回歸意象感知

壹、經貿交流，似乎是種想像美好？

自 90 年代中期以來，中國大陸經濟發展迅猛，如今已成為世界第二大經濟體。面對這樣的中國大陸，世界上許多國家和地區無不以搭上其經濟快速發展的列車為目標，積極主動擴大與其經貿聯繫。歐美乃至韓國等國家對中國大陸投資就以市場占領為著眼點，大陸的巨大市場也成為臺商不可忽視的重要因素。學界對兩岸經貿合作機制的研究始於 80 年代初，先後經歷了兩次研究高潮：第一次是 80 年代初至 90 年代

中期，該時期討論重點在於提出多種兩岸可能的合作機制與模式；第二次是兩岸分別加入 WTO 之後，學術界再次掀起了研究兩岸經貿合作機制的熱潮。由於歷史原因，兩岸間政治分歧長期存在，但為了兩岸經貿關係的持續快速發展，兩岸經貿一貫希望秉持務實精神來推動經貿往來正常化，透過經貿交流帶動兩岸融合。

　　近年「歐洲聯盟」（European Union，EU）（簡稱歐盟）擴展迅速，已包括了 27 個國家在內，促成歐盟最主要的理論之一即是「新區域主義」。「新區域主義」說明了推動區域整合的動力，不單純是來自經濟整合的「擴散效應」（spill-over effect），更是來自各國的「政治企業家」一種由上而下的創議，故部分學者認為，新區域整合是一種「回歸政治」的行動，而新的區域體亦如民族國家，是一個「想像的共同體」[33]同樣地，臺灣學者魏鏞也提出「聯鎖社群」的觀點來說明經貿交流的重要性，他所指的聯鎖社群，乃是一個體系內的某一群人與另一個體系的人民及社群有廣泛的接觸，導致彼此發展出相當程度的瞭解與情感，而赴大陸投資的台商所形成的社群就是聯鎖社群。透過該觀點，臺商乃是一個多體系國家內一方（臺灣）的人民，由於投資與經商關係前往另一方（大陸），而與當地人民與社群有廣泛接觸，導致臺商跨越體系界線與對方體系的人民及社會發展出相當深入的瞭解與感情；另外，這群臺商不僅跨界與對方社群頻繁接觸，並且也能夠與臺灣政治體系內的人民密切聯繫。[34]

　　不過，儘管兩岸各種關係中經貿關係發展較快，但這一關係發展也

---

[33] Bjorn Hettne,"The New Regionalism Revisited."In Fredrik Soderbaum and Timothy Shaw (eds.), Theories of New Regionalism: A Palgrave Reader(London: Palgrave Macmillan, 2003), p.28.

[34] 魏鏞，邁向民族內共同體：臺海兩岸互動模式之建構、發展與檢驗。[J]臺灣：中國大陸研究，第 45 卷 5 期，2002 年 9 月，p17-18。

並不是一帆風順或者特別有用。在 2008 年馬英九上臺提出政治上擱置爭議、經濟上追求雙贏，以務實的精神促進經貿交流，推動經貿往來朝向正常化方向前進之前，兩岸經貿關係經歷了八次較大的干擾，前七次是臺灣當局主導的對大陸經貿熱進行的降溫行動，即是發生在 2014 年 3、4 月間的所謂反服貿學生運動，該次運動以「學生運動」的名義，實質是對兩岸經貿關係往更深度發展的踩剎車行動，其影響所及遠遠超出了經貿範疇。對兩岸如何邁向統一而言，兩岸都期盼通過緊密的經貿交流，實現互利互惠，拉近雙方的政治距離，消弭政治差異。[35]2014 年 3 月的「太陽花」學運，強占立法院，並抗議其審議《海峽兩岸服務貿易協議》，卻讓兩岸經濟社會互動陷入僵局，交流形勢急轉直下，迄今尚未恢復。

根據下表數據發現[36]，縱觀過往十餘載，臺灣民眾對兩岸經貿交流的態度呈現穩定且變化不大，這點對於強化兩岸經貿交流將促進兩岸統合的願景，給予過度的美好。此外，馬英九上臺後，臺灣民眾質疑兩岸經貿且認為應降低開放交流在 2008 年僅有 22%，但 2012 年卻驟然上升到 35.81%。為何馬英九上臺後高喊「擱置爭議、追求雙贏」同時，卻不到 4 年時間，臺灣民意就從普遍歡迎經貿開放，迅速滑向疑慮，甚至引發 2014 年的抗議事件?更吊詭的是，2016 年原本在 2012 年上升的質疑態度比例再度降低，但當時卻是蔡英文上臺期間。而臺灣民眾態度傾向，卻沒有明顯的反對，只是重新停留在 2008 年馬英九上臺時的原點。為究竟為何因素讓兩岸經貿關係的發展呈現出斷斷續續的不穩定與

---

[35] 陳瑋，耿曙。經貿整合、利益認知與政治立場:臺灣民眾兩岸經貿態度的動態分析（2004-2016）[J]。臺灣研究集刊，2019（02）:1-12。

[36] 數據來源:"兩岸關係和國家安全民意調查"（2004、2008、2012），主持人:牛銘實與 https://sites.duke.edu/pass/data/;"人格特質與政治態度和參與調查"（2016），主持人:蔡佳泓。

不平衡狀態呢？部分學者認為，民間企業聯繫與發展是帶動兩岸經貿發展最為關鍵的一環，並且為兩岸關係的發展提供源源不斷的動力。因此，兩岸政府似乎應該繼續以經貿交流為主導，進一步激發民間企業的活力，在挖掘原有合作領域深度的同時，加強擴大兩岸經貿交流的廣度[37]。這樣的說法，正確嗎？

時間（年）	2004	2008	2012	2016
降低兩岸經貿	28.23%（419）	22.31%（240）	35.81%（385）	20.22%（216）
無明顯立場	24.20%（359）	21.79%（234）	22.83%（245）	24.64%（263）
加強兩岸經貿	47.57%（706）	55.90%（602）	41.36%（445）	55.14%（590）
總觀察值（個案）	1,484	1,076	1,075	1,069

　　兩岸的經貿交流，離不開政治與「一中原則」，而「一中原則」已成為發展兩岸關係中一個無法被人忽略的事實，而此一事實並非一「確切不移」的存在，而是「受到內外相關政經網路的制約」的產物；換言之，「一中原則」在兩岸之間，乃是兩岸「持著不同立場者，在實踐中互相覺察彼此處境，並透過交互主觀形成彼此的共用觀念」；再加上臺商本身的公民身分與其本身與臺灣群族內部對國家認同環境的關係，導致臺灣內部的「國家認同」環境影響了臺商的認同，進而影響台商的「國家認同」[38]。有關臺商「國家認同」相關文獻，可從臺灣銘傳大學在職班就讀的臺商吳賢卿，透過學術調查，對於上海一帶臺商的生活方

---

[37] 謝瑞明（Jui-Ming Hsieh）。兩岸經貿關係發展之研究[J]。中華行政學報，2011（9）:91-110。

[38] 衛民（Min Wei）。「一中原則」與大陸台商國家認同之芻探[J]。聯大學報，2011，8（1）:25-49。

式與情感認同，作了初步統計分析。據吳賢卿的調查[39]，在大陸，臺商生活孤獨幾乎是常態，臺商交往的對象七成八是臺灣人，這與《遠見》雜誌在 2003 年委託大陸的徵信公司在大上海地區所做調查的結果幾乎完全相同；吳賢卿的調查並顯示，在大陸經商的臺商儘管基於經商所需或有遷居大陸者，臺商仍以「以臺灣為家者」占多數（51%），「兩邊都有家」的則居次（34.3%），其餘不到 15%的臺商「以大陸為家」；此外，據一位大陸臺商表示，「其實商人是無國界的，什麼地方成本低就去什麼地方，就算愛國，也不是拿生意來愛國，我可以賺了錢再捐出去，但不能說因為愛國，明明大陸成本便宜，我還是要在臺灣做[40]。」

當數據證明兩岸經貿交流熱烈與否不會影響民眾對大陸的認同與否，加上從文獻的調查結果中，也顯示出臺商本質與兩岸統合並無直接相關時，發現臺灣非但不能從兩岸經貿關係中獲得比其他國家和地區更多的利益，「一中原則」的緊箍咒還使臺灣經濟在對兩岸經貿往來的種種限制中開始了「自我邊緣化」的進程。儘管兩岸的經濟體量不同，但只要兩岸經貿關係發展仍存在相當多的障礙，其發展仍處於不平衡、不對稱與不公平的狀態，更遑論透過兩岸經貿縮短兩岸統合的可能期程，這點似乎是想像的美好。

貳、回歸身分認同，助力兩岸統合

身分認同是指個人與特定社會文化的認同。在每一特定歷史文化語境中，個人必然要與世界、與他人建立認同關係，並遵循文化編碼程

---

[39] 吳賢卿，新歡與舊愛：大上海台商認同轉移之研究[D]。臺北，銘傳大學國際發展研究所碩專班碩士論文，2004。

[40] 同注 7。

式，逐步確定自己在這一社會文化秩序中的個體角色[41]。身分認同分為四類，即個體認同、集體認同、自我認同、社會認同。第一，個體與特定文化的認同，就是個體身分認同。從文化角度講，在個體認同過程中，文化機構的權力運作促使個體積極或消極地參與文化實踐活動，以實現其身分認同。第二，集體身分認同，是指文化主體在兩個不同文化群體或亞群體之間進行抉擇。因為受到不同文化的影響，這個文化主體須將一種文化視為集體文化的自我，而將另一種文化視為他者。第三，自我身分認同，強調的是自我的心理和身體體驗，以自我為核心。第四，社會身分認同，強調人的社會屬性，是社會學、文化人類學等研究的對象。這四種不同身分認同的定義與區隔，都離不開所謂的文化認同。文化，就是某種生活、習慣與記憶；自身透過參與文化實踐活動，完成個體認同，形成某個單一文化主體；然後該單一文化主體必須去抉擇，選擇某一個文化群體成為集體自我，這就是集體身分認同；同樣的，當這個文化主體已經確認自我身分與選擇某一集體身分時，就必須跟自我溝通、跟社會磨合，形成自我身分認同與社會身分認同。

這種透過文化認同的相關理論，最早於 20 世紀 50 年代初期就由美國學者埃裡克松（Eriksson）提出，後被廣泛應用於社會學、心理學、政治學等相關領域。西方國家從多種理論角度分析文化認同的問題，對於兩岸文化認同問題的研究具有重要的借鑑意義。其中，袁曙霞[42]認為，海內外同胞的文化認同就是對中華文化的認同，文化認同可以促進弘揚和傳播中華文化，使中華文化在世界上發揚光大；鄭方圓[43]則認

---

[41] 陶家駿。身分認同導論[J]。外國文學。2004（2）。P37-39。

[42] 袁曙霞。兩岸文化大交流對臺灣同胞認同的影響研究[J]。貴州師範學院學報，2011（10）。

[43] 鄭方圓。兩岸統合趨勢下臺灣民眾政治文化認同問題研究[J]。山東行政學院學報，2014（5）:59-62。

為，兩岸政治文化認同的異化給「一個中國」歷史進程的推進帶來了巨大的阻力，「文化臺獨」是造成臺灣民眾政治文化認同困境的主要原因；蘇振芳[44]認為，兩岸青年的中華文化認同有著良好的發展空間，對推動祖國和平統一具有重要作用；李詮林[45]更認為，借助文化產業等有效的文化影響手段來增強臺灣民眾的中華文化認同感。

早在西元 1990 年，美國學者約瑟夫‧奈就指出，國際社會的權力結構已經發生了變化，美國應該學會通過新的權力源泉——軟權力[46]來實現其霸權目標。約瑟夫‧奈認為，一個國家的軟權力主要有三個來源：對他國具有吸引力的文化、在國內外事務中得到普遍遵守和認真實踐的政治價值觀、正當合理並且具有道德權威性的對外政策以及塑造國際規則決定政治議程的能力。綜合國內外研究成果可知，國家軟權力由歷史性、現實性和未來性三部分要素構成。歷史性要素的核心是一國的優秀文化傳統；現實性要素就國內層面而言，主要包括一國被普遍認可的流行文化、良好的社會制度、具有一定普世性的政治經濟模式和價值觀、國內的善治、國家凝聚力等；國際層面包括國家形象、由道德聲望或者訴求而產生的全球影響力、全球責任的擔當能力、他國對本國的依存度、有利於促進世界和諧的外交理念、政策以及制定國際規則的能力等。未來性要素的核心是源自於教育科研體系的國家綜合創新能力，包括制度創新和技術創新能力[47]。在這些要素中，文化和制度是國家軟權

---

[44] 蘇振芳。兩岸青年文化認同與兩岸和平發展[J]。福建論壇，2011（6）:151-155。

[45] 李詮林。文化產業:兩岸關係和平發展的助推器[J]。福建行政學院學報，2013（1）:8-14。

[46] （美）約瑟夫‧奈‧軟權力：世界政壇成功之道[M]‧吳曉輝，錢程等，譯‧北京：東方出版社，2005：11‧

[47] 孫斌。以軟權力促進兩岸統一研究[J]。齊齊哈爾大學學報（哲學社會科學版），2017（3）。

力的核心要素[48]。

　　結合文化認同理論，及中華民族擁有非常豐厚的軟權力資源，而這種軟權力資源其最重要部分，是早已蘊藏於中國傳統文化之中。中國傳統文化中雖然沒有「軟權力」這個概念，但類似的思想與成功案例很多。其中以族源認同與文化認同促進和鞏固統一，最為明顯。中國古代各部族都承認自己是「炎黃子孫」，不僅華夏各部族如此，少數民族，特別是入主中原的各少數民族也自稱華夏「先王」之後，在族源上與漢族認同，而且其建國者都學習吸收乃至推行漢文化，以中華自居，爭取正統地位。這些豐厚的軟權力資源和歷代在以軟權力促進和鞏固國家統一方面積累的豐富經驗，是我們構建軟權力戰略以促進兩岸統一的客觀基礎。文化交流的正當性與可行性，對於兩岸民眾的身分認同而言，重要性不言而喻。

　　但是，因歷史因素與地理隔閡，臺灣民眾一般則認為文化在中國大陸是屬於意識形態的範疇，是由中共政權控制的宣傳，和臺灣以民間為主的文化、文創不同，甚至對大陸多次想簽訂兩岸文化交流協議置之不理，並回應尚無此需要。兩岸人民原本同文同種在社會交流是幾乎完全沒有障礙，然海峽兩岸隔海分治迄今已經 60 多年，期間各自採取不同的政治、經濟、社會制度，生活方式與經驗有很大的不同，確實需要一段長時間的交往來相互瞭解。不過，臺灣主要族群系先後來臺，對大陸文化認同高，對於兩岸文化交流，或許會因兩岸人民不斷的社會接觸，獲得改善。從臺灣學者楊開煌[49]研究證實，族群態度評估，的確是兩岸文化交流重要因素，兩岸文化交流推動者，是必須考慮當時臺灣民眾對於大陸的族群評估，才能規劃適的文化交流時程與方式。這裡群族態度

---

[48] 黃金輝，丁忠毅·中國國家軟實力研究述評[J]·社會科學，2010，（05）：35—36。

[49] 楊開煌（Kai-Huang Yang），劉祥得（Hsiang-Te Liu）。社會接觸及政治態度影響臺灣民眾對大陸印象、認知、政策評估之分析[J]。遠景基金會季刊，2011, 12（3）:45-94。

評估，其實就是身分認同裡面的集體認同。

　　從身分認同視角再度說明兩岸經貿與臺商的角色扮演，不難發現現今經貿交流與臺商對於兩岸統合的幫助不大，雖然由於不同族群背景，部分在外省籍臺商在大陸經商，多了一份「尋根的幽情」，但這種個體認同卻因為臺商本身在臺灣地區被逼選擇集體認同時，無法違背整個臺灣地區社會與政治環境下的社會認同。因此，如何集合或者聚集某些傾向以中華文化為集體文化認同的單一文化主體，透過長時間的文化傳播方式，以社會接觸前後的感知與意象，先改變整體集體認同之後，再去改變目前臺灣地區的主流社會認同。而這樣的文化交流，甚至經貿交流才會有意義。

參、感知意象，再現共同記憶

　　文化是一個民族產生和發展最穩定的因素，也是最重要的凝聚力；但文化認同不等於民族認同，不過，文化認同卻能長期存在並影響廣泛。文化認同具有強大的向心力，從而使人們產生共同的文化歸屬感。「以文化人」對人們產生同化作用，正是本文最重要核心價值。但，又該如何以文化人呢？人類情感就是種有意義的文化象徵交流形式，是人類最基本的支撐力量和創造力量。情感需要激發、需要互動、需要共用。人類集體的情感交流所形成的集體記憶與想法，就是一種文化。文化，是可以演進的，更可以交流、學習與傳播。文化最早的研究來自於遺傳學，進而慢慢演進至語言、種族主義等[50]。

　　若建立共同的文化價值觀，抑或者共識，進而面對共同目標時，方

---

[50] 路易吉・盧卡・卡瓦裡・斯福爾劄著，石豆譯，《文化的演進》[M]，北京：《中國社會科學出版社》，2018.07

法就很重要。文化共識建立，不應被視為是一種所欲的「結果」，而應視其為是一種「策略」，是一種「過程」，也是一種「行動」。但目前兩岸文化交流，似乎被誤解成類似 Gramsci[51] 下的「文化霸權」，把「文化交流」認為是中國大陸為獲取政治及經濟霸權的手段，並刻意以自己的意識形態去統一兩岸。這個感知與意象，正是造成臺灣人民「知陸反陸」的最直接因素。臺灣民眾對於政治宣導與活動，往往都具有預設立場與政治傾向。這種立場與傾向所場生的預防針效果，容易讓政策宣導或觀念散布時，產生一層隔閡或者無效宣傳。加上兩岸文化交流的不對稱、不平衡，與沒有制度性的保障，看似熱火朝天的兩岸文化交流，但都沒有發揮相對應的效果。[52]這種結果，反讓熱衷於兩岸交流的民眾，對於文化交流、社會接觸等手段，是否可進一步促成兩岸之間的合作與交流，提升兩岸人民之間的相互認識和理解，以便消除偏見和誤解，產生質疑。這種質疑，正是來自目前臺灣民眾對大陸所有交流手段預設的感知與意象。[53]

　　兩岸具有共同的語言與相當接近的歷史背景，值得慶倖的是，截目前為止，雙方仍未脫離和平改變兩岸現狀的範疇，以及追求和平統一的目標軌道上。部分西方文獻認為，透過大量的文化交流所產生的社會接觸，對於分岐的兩邊，具有重要影響力，且大多數的研究成果仍然主張正面且有意義的社會接觸，讓接觸的雙方降低族群的歧視[54]。但是，首先必須先轉變臺灣民眾對大陸的預設感知與意象。感知與意象，是從心

---

[51] Gramsci, Antonio，《Selections from the Prison Notebooks》[M], New York: International Publishers, 1971。

[52] 鄧小冬。影響兩岸文化交流效果的因素分析[J]。《九鼎》，2017.09。

[53] 王甫昌，族群接觸機會？還是族群競爭？：本省閩南人族群意識內涵與地區差異模式之解釋[J]，《臺灣社會學》第 4 期，2002，頁 11-74。

[54] Allport, Gordon W. 《The Nature of Prejudice. Cambridge》，MA: Addison-Wesley，1979

理學視角去研究個體本身的認知與態度間的價值轉換。感知是一種從情感到認知過程，是人們通過認識、體驗周圍的事情而產生情感，進而轉換成內心價值觀的一種過程。雖然，個人的一開始感知價值與意象建構是必須依賴媒介的傳播力量，但經過時間維度（長時間）與個人親身參與（體驗參與），其感知與意象的建構，往往可能會有別於主流媒介上的態度與意見，換言之，個人的身分認同可能有別人集體身分認同，以及大量的個人身分認同，也可能透過媒介或者其他方式影響或撼動原本的集體身分認同。

人們有「情」才會感，有「感」才會動，情感互動強調情感交流的雙向性、互動性、共用性。目前兩岸交流的情感建立乃是種「帶目的性的」任務，希望透過交流重構臺灣民眾對中華文化的共識，及重構臺灣民眾對大陸交流的意象與感知。共識建立與感知的建立是相似的。因為共識的組織與建立，主要透過兩大方式，一為認知層面，即行動者提出各式論述，透過構框過程，強化潛在參與者的認知共識；一為情感層面，主要是透過情感要求及部分傳統儀式，以喚起潛在參與者的參與動機。[55]這種共識建立的方式，往往透過媒介形塑、包裝，似乎就可以完成。而這種過程，就是一種文化傳播。

臺灣民眾的身分認同，離不開自身對大陸的直接或間接感知，而自身感知也與中國大陸自身對外刻意建構出的意象密切相關。這裡所指的意象是指臺灣民眾對大陸的內心想像，以及對大陸外部發展前景的具體感知、總體看法和綜合評價，而一個良好的意象，必將有利於提升兩岸的交流與統合。近年來，中國大陸本身在外所呈現的發展前景與意象，已經是全世界的第二大經濟體，世界上許多國家無不以搭上大陸經濟快

---

[55] 吳翠松、吳季昕，地方文化資產保存運動的共識動員分析：以苗栗護窯運動為借鏡[J]，臺北：《臺灣社會研究季刊》（97），2014-12，頁63-110。

速發展的列車為目標，並積極主動擴大與其經貿聯繫；但是，若僅利用「經貿」這種陽謀來進行兩岸交流，部分臺灣民眾會有擔心因有「臺灣安全」的疑慮與意象，而拒絕與大陸進行更深度的交流，而讓兩岸經貿交流停到某個停損點，數十年如一日，更無法透過其他包裝改變民眾對大陸的感知與意象。因此，本文特別提出，若要重構臺灣民眾對大陸的身分認同，就必須從經貿回歸感知意象。而重塑臺灣民眾的感知與意象，則必須透過軟權力裡的文化認同。

如何透過方法重塑過去的中華文化的「文化場域」或者「語境」，再現兩岸在某一個時間（歷史）與空間（地區）上具有共同價值與意義的存在，喚起對中華文化的想像，通過交流慢慢拼湊歷史記憶，透過實踐活動達到兩岸共同傳承歷史，這樣的文化交流，才有機會讓已經有預設立場的臺灣民眾卸下心防，轉而去建構兩岸對中華文化的共識。這個共識是屬於兩岸人民，而非單方面由中國大陸或者臺灣自主定義，而非中國大陸或者臺灣地區政府的一廂情願。被再現的文化場域，找機會讓臺灣民眾通過體驗參與，主動瞭解兩岸共同的文化記憶，進而重塑臺灣民眾對大陸的感知與意象。

肆、文化傳播，連接兩岸共識

透過大眾媒介進行文化傳播，傳遞經驗與想法，對於文化保存與觀念傳達似乎是不錯的方式與工具，若從文化認同視角來看，更是重構身分認同的最佳利器。但在目前眾聲喧嘩的資訊社會中，實際的傳播目的因資訊製作成本降低，移動終端的普及，資訊傳達效果轉弱，導致文化真正的意義被誤解，或者共識建立相較困難。這種文化傳播似乎未能進到傳承經驗的目的，連如何保存文化的真正內涵，及再現過去的文化記憶，效果都大打折扣。同樣地，看是簡單的文化，卻又是一種難以捉模

的型態，如果沒有刻意包裝、塑造，不只讓一般民眾無感，更無法吸引臺灣民眾，更遑論通過文化認同達到身分認同的終極目標。

意象的建立，隨著科技發展、新媒體誕生，例如：微信（社交軟體）、博客、短視頻、電子遊戲，已不再只是通過書籍、廣播、電影、電視等傳統媒介進行。意象構建與傳播過程兩者是一個有機的整體，互相影響交融；意象構建的目的是為了傳播，而傳播的過程與結果，則是對意象的構建有強化作用，這正是文化傳播的重要所在之處。文化傳播，像是一種潛移默化，讓大眾於不知不覺中被同化或者被麻醉，更精準的表述是，文化傳播就是遇到某現象、思維或概念需要被保存、宣揚時，通過不同媒介與通路，去建立共識的一種手段。文化傳播一開始會比較困難，但是一旦故事開始了，就停不下來。[56]

美國傳播學者李普曼在 1922 年《公眾與論》中提出了「擬態環境」的概念，他認為「媒介環境」，並不是現實環境「鏡像」的再現，而是大眾傳播媒介通過象徵性的事件或者資訊選擇與加工，重新加以建構後再向人們提示的環境。一般人經過長期暴露在媒介資訊下，往往都會被媒介真實所洗腦，只不過時間比較長。因此，文化傳播最後目的就是建構傳播者所欲的「擬態社會」。當「擬態社會」再透過媒介長期宣傳與包裝，釋放更多適合這個「擬態社會」的媒介真實，量變產生質變，就形成潛移默化，那就是一種共識。兩岸文化與生活早已經受到區域環境影響產生變化，甚至被動地改變某些文化價值觀。對臺灣人民來說，對於某些文化或者價值觀，在面對兩岸交流時，卻已在心中產生歧異，這種歧異就是一種文化區域性的影響。因此，如何通過文化傳播再度連結兩岸已經斷裂、不連續的過去記憶，就是目前當務之急。在沒有

---

[56] 陳建安，閩臺文化的保存與創新：以宜蘭傳統藝術中心為例，漳州：2018 年閩南文化青年論壇暨 2018 年福建省社科聯學術年會分論壇論文集，2018.12.07

修復之前，任何的文化交流與身分認同，都可能是短暫、不穩定。

　　文化傳播並非單一方式或者手段，而是一種思維；文化傳播不是一種目的，而是一種過程；文化傳播的最終目標在於重構與再現過去先人的記憶與場景，透過媒介無所不在、鉅細靡遺的宣傳方式，讓兩岸民眾在認知上檢視自己身分的認同，與過去歷史記憶的情感歸屬。文化傳播之於兩岸交流，不僅僅需要通過兩岸既有的豐富軟權力，更需較重建符號語境，這個過程聚焦於重構與再現，通過共識建立想像空間，進而將族群性特點發揮，回饋到兩岸政治氛圍。利用新科技吸引青年族群留意與注意，以及建構場景，激發情感植入深度思維與想像，進而達到文化傳播的終極目標，讓文化交流不再是停留在尋根與懷舊，而是回到原點清楚文化脈絡，承認文化起源，強化文化認同，最後承認自己的身分認同，這才是運用文化傳播的最大化功能。

第六章　文化傳播與現況調查

第一節　臺灣民眾對閩南語（方言）認同與使用現況調查研究[1]

壹、臺灣地區閩南語使用現況

　　閩南文化可說是種特殊文化形成的標誌，其中包括：獨特的語言、獨特的風俗與共同的信仰，不容易被輕易改變變動。從區域來說，包括廈、漳、泉、臺灣與海外地區，以閩南方言為主的區域文化，它既是中國傳統文化重要組成部分，更富有鮮明的區域文化特色。目前臺灣人口的族群比例依照臺灣地區行政院《國情簡介》網頁[2]的說明，以漢人為最大族群，約占總人口 97%，16 族的臺灣原住民族約占 2%，另外 1% 包括來自中國大陸的少數民族、大陸港澳配偶及外籍配偶。在漢人族群中，閩南人約占 77%，客家人和外省人各約 10%。

　　長久以來，以閩南方言為語言載體的閩南文化始終保留著古漢語精髓，成為連接海峽兩岸人民情感的重要橋樑。因有共通的閩南方言，閩臺兩地使用閩南方言進行傳播的南音、梨園戲、高甲戲、歌仔戲、民間「講古」、提線木偶和布袋戲等等藝術形式，才始終保持著長久不衰的

---

[1]　本研究數據來自於 2020 年度閩南師範大學兩岸語言研究交流中心開放課題基金《臺灣民眾對閩南文化認知現況調查研究》。

[2]　行政院，〈國情簡介〉，<https://www.ey.gov.tw/state/99B2E89521FC31E1/2820610c-e97f-4d33-aa1e-e7b15222e45a>。上網檢視日期：2020 年 8 月 24 日。

生命力和傳統文化底蘊。從兩岸閩南人所使用的閩南方言中，我們可以看出，承載於閩南方言之上的閩臺文化豐富而多元，是閩臺兩地人民日常生活智慧的結晶，也是閩臺兩地建立良性溝通和穩固關係的媒介，具有豐富而獨特的文化風貌和內涵。

閩南語是閩南文化的載體，對發展閩南文化具有重要意義，由於過去臺灣地區整個社會過分推廣普通話，閩南語有漸漸衰微的趨勢。根據臺灣地區張學謙教授主持的《106 年本土語言使用情況計畫》，主要針對中小學學生進行調查，根據其調查結果發現，只有 22.41% 的學生覺得自己的閩南語聽力「很流利」，而覺得自己閩南語說得「很流利」的只有 16.84%。依照聯合國 LVA 的標準，閩南語的世代傳承應該是介於第三級「明確危險」和第四級「不安全」的狀態之間，明顯較接近第三級的「明確危險」。

1946 年，當時臺灣地區行政長官陳儀指示要加強國語（普通話）推行，成立「國語推行委員會」，進行語言統一運動，減少日語和閩南語、客家話等語言的使用，甚至在當時使用日語會受處罰。國語推行委員會自 1946 年開始即開設「國語廣播教學」，以國語常識課本及民眾國語課本為教材，每日清晨六時在臺灣廣播電臺播音，為全省各地國民學校教師及國語推行員作發音示範，並解釋語音的變化。1951 年 7 月 10 日，臺灣省教育廳令各級學校應以國語教學，嚴禁方言，教師和學生之間談話都必須用國語。聘請教員時，應考慮其國語程度，如國語程度太差者，不予聘用。1952 年 11 月 28 日有《臺灣省國民學校加強國語教育辦法》，明文規定必須說國語，而且責成校長監督、考核之責；1963 年 7 月 22 日教育廳再頒《臺灣省公私立小學加強推行國語注意事項》，此一命令最重要在於推行國語成為校長考核教師年終考績之一，而學生說不說國語，也影響到其操行成績。由於注音符號在「臺灣省國語推行委員會」的努力之下，在小學切實推行，成效卓著。

　　1983 年 4 月，《語文法》起草小組以「切實推行國語，保持固有國字，以防簡防濫」為宗旨，著手草擬《語文法》於 1985 年 12 月公布，規定在會議、公務、三人以上場合、各級學校以及大眾媒體中應以國語文行之，第二次違反者罰 3000-10000 元罰鍰，連犯得連罰。不過，此舉引起黨外省議會民代抗議，以及人權團體的反對，並延燒到立院。雖最後取消立法，但後來有爭取語言權的「還我母語運動」（如還我客家話運動），為期近四十年的國語化運動才慢慢消失。根據「臺灣語言使用調查」[3]得知，雖然閩南語是臺灣人本土語言之一，但語言流失在世代之間相當明顯，例如：「奶奶跟鄰居說臺語，轉頭跟孫子說國語」是常見的現象。臺灣地區長期沉浸於國語教育之下，導致許多家庭之間的對話漸漸轉變成國語模式，使得許多年輕人不會說、聽不懂閩南語。閩南語，是目前臺灣地區民眾主要使用的語言之一。

　　然而，原本應是生活語言的閩南語，現在卻面臨弱化困境，並只是淪為與家人或者僅成為家庭之間交流的語言，讓以往無論在市場買菜、長輩交流聚會或路上碰到街訪鄰居聊家常，還是工作場合最常使用的閩南語，逐漸式微。除先前國語化運動外，臺灣年輕人不會說、不愛說與不習慣說閩南語都是讓閩南語走向式微的原因之一，而閩南語的式微更可視為閩南文化的真正內涵的流失。華語（國語）是政治體制支持的標準語，而華語之下的閩南語，則是以自然共通語在實際的語言社會支配著所有的傳統語言，這種傳統語言才是該地區文化傳承與認同的最有效的方式[4]。對社會交往來說，語言發展很重要的語言發展理論，強調社會交往對語言獲得與發展的作用，人們可以利用語言來交際交流，達到互相瞭解。因此，如何理解臺灣地區民眾目前閩南語使用現況，對如何

---

[3]　資料來源：台灣語言調查研究網站 https://twlangsurvey.github.io/

[4]　洪惟仁，台灣的語言政策何去何從？各國語言政策研討會，淡江大學公共政策研究所，2002.09.27

振興閩南語，以及強化臺灣地區對於閩南文化認同有正面意義。語言是
人類觀念和思想表達的工具，是特殊的傳播符號，是記錄文化的重要載
體。閩南語作為一種地域方言，是地域人民重要的交際工具，同時也是
閩南文化的載體，所以瞭解臺灣地區民眾使用閩南語現況，對促進臺灣
地區民眾對閩南文化認同方面起著無可替代的重要作用。

貳、語言作為地區文化認同利器

在人類的發展過程中，語言成了彼此之間相互交流的工具，是人們
交流思想、情感，維繫生活、生產不可缺少的工具。在滿足人們交流的
基礎之上，本身還成為傳承文化的載體，積澱下濃厚的文化印痕，既是
文化的一部分又是文化的鏡像折射，二者之間相互依存。20 世紀 20 年
代，美國語言學家 E・Sapir 在《語言論》一書中就指出：「語言的背後
是有東西的， 並且，語言不能離開文化而存在。」[5]因此，語言是不能
脫離文化而獨立存在的，必須附著於文化才能彰顯它的價值。語言在承
載和傳播文化的而過程中，除了是交流工具外，還包含著更深層次的文
化內涵。古人用詩詞、文章等形式來表明自己當下的心境，現如今專家
學者通過對詩詞語言的學習與研究，去瞭解當時的社會文化和社會的生
存狀態，這就是語言的對文化承載的方式。

語言具有天然的認同功能，表現在思想認同、行為認同和文化認同
等不同方面。在構建臺灣地區民眾對閩南文化認同過程中，語言扮演了
非常重要的角色，甚至可以說語言是文化認同的核心部分。使用同一種
語言的人往往是同一個民族或者同一個族群的人，在此基礎之上使用同
一種語言的人會存在一種天然的文化認同。語言也是民族彼此之間相互

---

[5]　薩丕爾。語言論〔M〕。北京：商務印書館，1985： 7。

認同的標記，是增進彼此之間感情和拉近雙方距離的紐帶，就此語言的
凝集價值得以體現。語言是一個群體形成文化認同的重要標誌，語言因
交流而成為工具，因認同而濃縮成為一份情感，上升到精神層面，語言
也體現了民族的親和力、感召力、凝聚力，所以，地區性的方言是散落
在外的遊子內心永恆的精神家園。[6]

　　方言作為一種文化符號，是文化認同的重要依據，使用同一方言進
行交流能喚起人們的文化認同感。語言認同的實質是一種人為的文化選
擇，使用某種語言就是選擇了某種文化，這種共同的語言身分象徵將相
同文化背景的族群連接在一起。[7]方言建立並維持了族群以及個體的身
分認，因為方言代表的某一地域文化會讓消費者產生親切、熟悉的感
覺。國外學者 Luna 曾提出，本地語言會比第二語言引起個體更多的情
感依戀。[8]Straubhaar 發現在其他條件相同的情況下，受眾會更喜歡與他
們自己的文化相似的內容，當地人更熟悉當地的語言，文化接近意味著
觀眾更傾向於接受與他們當地文化、語言、習俗等接近的內容，因為他
們對這些內容很熟悉[9]。文化認同是個體被群體的文化潛移默化地影響
的感覺，文化認同指個人調整自己的觀念、行為，以期達到和群體一致
的歸屬感的過程。認同相同的文化符號，致力於共同的文化理念，採用
共同的思想和行為模式，是文化認同的基礎。

　　方言傳播的認同功能包括了對意識形態的認同、對地域文化的認同

---

[6]　申虹。語言流變是構建文化認同節的客觀反映(以陝北方言為例)[J]。 陝西檔案， 2016
　　（6）：3。

[7]　黃亞平，劉曉寧。語言的認同性與文化心理[J]。中國海洋大學學報（社會科學版），
　　2008（6）：78-81。

[8]　Luan D,Peracchio L A.(2005).Advertising to Bilingual Consumers:The Impact of Code-
　　Switching on Persuasion[J].Jouranl of Consumer Research,31(4):760-765.

[9]　Straubhaar J.D.. Beyond media imperialism:Assymetrical interdependence and cultural
　　proximity[J].Critical Studies in Media Communication, 1991, 8 (1) :39-59.

和文化認同。語言文字代表了某種文化，方言是地方認同的重要標誌，方言傳播是傳播者創造認同的重要途徑，方言是社區概念非常重要的催化劑，方言的媒體傳播可以形成和鞏固社區，方言使用的數量、範圍和頻率的增加可以使說方言的人更加意識到社區的存在，變得志同道合。[10]方言的交流容易促進了該區域文化的文化自信、文化認同，凸顯了方言的文化歸屬和文化認同的強大吸引力。以被廣泛傳唱的閩南方言歌曲——《愛拚才會贏》為例，即使歌曲發行時間已經過去三十幾年，即使不是地道的閩南人，也會跟著唱一句「愛拚才會贏」。一句「三分天註定，七分靠打拚」不僅道盡人生、幸福、財富的本質，更成為了閩南地區的精神代表，象徵著勇敢拚搏的碼頭精神，隨著朗朗上口的方言和動人的旋律流傳在臺灣地區民眾心中，這就是方言的獨特魅力，把身處異地的遊子與故土重新聯繫起來。

在當今世界，方言肩負著確認區域文化地位和傳播區域文化的重要任務，方言歌曲現象證明了方言的傳播和方言棲息地的提升與該地區豐富的文化魅力密切相關，也證明了在一定的經濟和社會條件下，方言載體可以以新的形式被開闢，當它被開發出來時，就會產生一種驚人的文化力量與文化認同。閩南語具有濃郁地方特色和文化價值的語言，是瞭解豐富的地方文化和傳承閩南文化的重要交流工具。因此，深刻去瞭解目前臺灣地區民眾使用閩南語現況，不僅有助於瞭解不同年齡層對閩南語使用現況，更可知道閩南語傳播在臺灣地區的不足，為未來臺灣地區的母語教育提供更多的參考依據，讓臺灣民眾在學習閩南語時，更可同時瞭解閩南文化，有利於傳承閩南文化。

---

[10] 石義彬，楊喆，賀程。文化認同視角下中華文化對外傳播的危機與策略[J]。湖北社會科學，2013（10）：4。

參、研究調查方法與發現

本次「臺灣地區民眾使用閩南語（臺語）與認同現況」調查，主要透過 Google 問卷表單，在網路平臺上透過社交媒介進行開放式隨機調查。從 2020 年 8 月 1 日起進行調查，直到 2020 年 9 月 30 日為止，整個調查期間共計兩個月。為使問卷回收有效問卷數目符合較嚴謹的抽樣架構與原則，特將臺灣地區分成四大區（北、中、南與東等四區），利用此四區人數數量與全臺灣地區人口總數量的比例當成有效問卷的回收的原則設置，以 1200 份有效問卷採擷為目標，依比例進行資料的採集。本次問卷內容主要分為四大部分，共計 21 道題目，其中針對受訪者基本資料、閩南語使用情況、閩南語在臺社會運用情形與受訪者的閩南語的使用技能，詳細問卷題目如後附件。

本調查受訪者的基本資料，除性別、年齡、教育程度與職業之外，還包括受訪者自我認知（刻板印象）下的自我族群分類。文化認同，其實是一個人對於自身屬於某個社會群體的認同感，也是一個人的自我概念及自我認知。這種認同感的對象往往與國籍、民族、宗教、社會階層、世代、定居地方或者任何類型具有其獨特文化的社會群體有關。在族群認知調查中，超過 77%自我認知屬於閩南族群，13%（163 位）屬於外省人、6%（80 人）屬於客家人、2%（19 人）屬於臺灣原住民族、1%（13 人）屬於新移民、1%（13 人）不清楚自己來自哪裡。這邊的外省人是指由中國國民黨政府 1949 年轉境臺灣帶來非福建省的其他省分族群，而新移民則是泛指大陸配偶、越南或菲律賓等東南亞配偶或者第二代。至於不清楚自己來自哪裡的受訪者，則是有可能是閩南與客家、外省人混合族群、或者閩南與外國、東南亞人混合族群等。本問卷調查受訪者的基本圖像如下表 1 說明。

表 1：受訪者基本圖像描述

年齡	性別	教育程度	職業分佈	族群分佈
18 歲以下（未成年），占 1.9%	男性 45.9%	國中（含以下），占 1.7%	教育文化，占 21%	閩南族群，占 77%
19-40 歲（青少年），占 36.2%		高中（職），占 19%	一般商業，占 16.8%	外省族群，占 14%
41 歲-60 歲（中壯年），占 58.9%		大專，占 3.9%	醫療養護，占 7.5%	客家族群，占 6%
61 歲以上（老年人），占 3.1%	女性 54.1%	大學，占 43.9%	製造批發，占 7.1%	臺灣原住民，占 2%
		碩士，占 25.3%	金融保險，占 6.8%	新移民，占 1%
		博士，占 6%	其他，占 40.8%	不清楚，占 1%

在臺灣地區民眾個人的閩南語使用習慣中，針對最先習得語言、最常使用語言與求學期間、工作場合使用語言習慣等四大部分進行調查。在調查結果中發現，超過半數的臺灣民眾第一習得的語言是閩南語，其次才是國語；而最常使用的語言，則是以國語夾雜閩南語兩種語言的民眾約 54%，但第二常用語言卻是占 25% 的國語、閩南語夾雜英語的使用習慣，而單單使用國語的臺灣民眾卻僅有 11%。就以常用語言進行分析發現，臺灣以前的國語化運動、現今學校教育提倡的英語教學與超過七成的閩南族群，的確是現在臺灣民眾常用語言分布情形的三大因素。細究臺灣民眾求學時的常用語言，國語、國語閩南語夾雜與國語英文夾雜是前三名，這是國語化運動，以及英文教育所致；但在工作場合上，最常使用的語言又回到以國閩夾雜，或者單純以國語兩種情形占 70% 以上，這更符合閩南族群是臺灣地區最大的族群。詳細請見圖 1、2、3 與 4。

圖 1

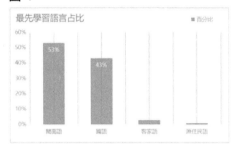

圖 2

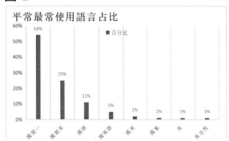

圖 3

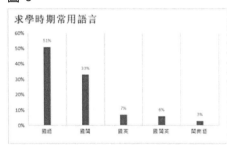

圖 4

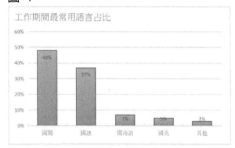

　　就個人閩南語使用技能的習得與運用上，包括：透過何種途徑學習閩南語？學習閩南語的原因為何？以及受訪者是否願意用閩南語與他人交流？在工作上應具備哪些語言能力？以及受訪者本身使用閩南語的水準為何等等五大問題。就是否能運用閩南語去溝通交流方面，超過 83% 受訪者均擁有使用閩南語與他人溝通能力；將近 68% 以上是在家裡學習閩南語的說話方式、超過 31% 的是因為社會或者工作領域上學習閩南語，並且有 14% 的臺灣民眾則是透過閩南語節目、閩南語歌曲學習閩南語；讓民眾學習閩南語的最主要動力，45% 的臺灣民眾是為了與家人溝通交流；80% 的臺灣民眾均願意使用閩南語與其他人溝通交流，並有能力利用閩南語進行簡單交談與互動。至於在臺灣工作場域應該擁有哪些語言能力？除國語之外，閩南語仍高於英文，在臺灣屬於第二種必備的語種。這項研究結果與目前多數縣市閩南語通行比例差不多，更是符合

「臺灣語言使用調查」結果中的最常用或通行的語種是閩南語相符。雖然國語與閩南語是工作時最須具備的前兩種語言能力，但因國際化關係，閩南語在職場上可能漸漸被英語所超越。請詳見圖 5、6、7、8、9與 10。

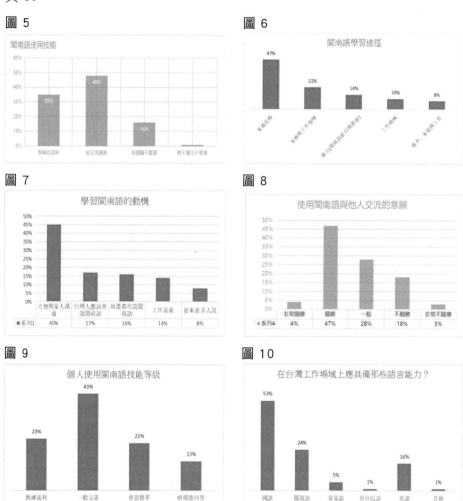

最後，透過閩南語節目內容的民眾喜好與否，及臺灣民眾判斷臺灣社會交往與使用語種的優先順序，進一步說明閩南語在臺灣社會的被接

受與認同程度。這部分問卷涵蓋了民眾是否喜歡或者是否有收看閩南語電視或收聽閩南語廣播的習慣？以及臺灣社會優先使用的語種是哪些？依照民眾心中的重要程度排序，哪些語種之於臺灣社會是更加重要的呢？結果發現，臺灣民眾喜歡收看閩南語電視節目的比收聽廣播電視節目的比例高，有將近七成以上都有習慣且喜歡閩南語電視節目；但卻有超過七成以上的民眾偶爾會收聽廣播節目；至於在臺灣社會中，國語閩南語夾雜使用是社會常見現況，但同時臺灣民眾也認為，除了國語與閩南語兩語種重要外，英文能力也是臺灣社會應具備的條件之一。詳細內容請見圖 11、12、13、14、15 與 16。

圖 11

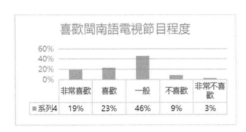

圖 12

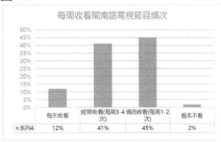

圖 13

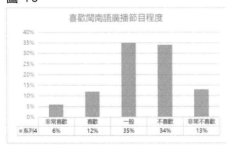

圖 14

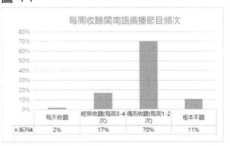

圖15

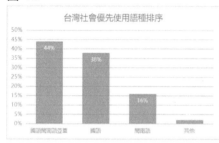

圖16

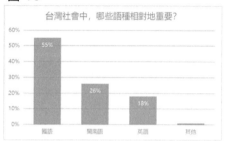

肆、研究結論與建議

　　從語言與文化的關係上看，閩南語就是代表著閩南文化。閩南語是一個跨出省界、走出國門、走向世界的漢語方言，是聯繫全世界閩南人的重要紐帶，是傳承閩南文化的重要基石。以閩南語作為聲音媒介進行傳播的南音、歌仔戲、閩南語歌謠、猜燈謎等閩南文化，蘊含著閩南人的文化基因和知識智慧，是最能夠表達和詮釋閩南文化的一種傳播形式。正是由於閩南語的存在，這些音樂戲曲才能擁有著強大的生命力和強盛的文化底蘊，同時繼承、傳播和發展閩南文化。本次調查的現況結果與目前臺灣地區民眾與社會流通的語種相似，在臺灣現今社會中，確實以國語、閩南語與英語等，是較多臺灣民眾使用與認同的語種。不過，根據「臺灣語言使用調查」[11]得知，雖然閩南語是臺灣人本土語言之一，但在世代之間語言流失當明顯，例如：「奶奶跟鄰居說臺語，轉頭跟孫子說國語」是常見的現象。這個導致於長期沉浸於國語教育之下，導致許多家庭之間的對話漸漸轉變成國語模式，使得許多年輕人不會說、聽不懂臺語。從本文調查與臺灣地區2019年的語言調查結果[12]兩

---

[11] 資料來源：臺灣語言調查研究網站 https://twlangsurvey.github.io/

[12] 同註12。

項結論同時都指出，多數縣市閩南語通行比例還是達 50-75%，而雲林、彰化地區更高達 75%以上，可理解「不會講閩南語」的現象中，很大一部分是能使用且理解閩南語，但自己可能不太會說或者選擇不說。不過，閩南語近年似乎又開始流行或有復興趨勢，這點跟網路傳播與流行文化驅動有很大原因[13]。從本文結果也可出來，仍有大部分民眾還是有觀看閩南語的影音節目，而這些媒介內容可以順利跨越語言障礙，提高民眾使用與學習興趣；同時也讓部分年輕人轉去欣賞或崇拜這些用閩南語創作內容的視頻。

　　人們如何說話，會反映他們鑲嵌在什麼樣的社會網路中。由於社會網路傾向同類相聚，同性別、同年齡層或同階級的人們，言語也會趨同，這部分解釋了性別、年齡與階級等社會因素的作用[14]。文化是被動的，必須要有人為因素去推動，而人類發展的社會實踐更證明了語言認同是促進文化認同的重要方面，畢竟統一的語言文字是減少社會各族群交流成本、增強民族認同感的根本保證。另，良好的文化氛圍的薰陶，更有助於語言的傳承與發展，同時相通的語言更能夠塑造雙方共通的文化認同，建構共同的記憶。由此可以推論出，閩南語是應該是臺灣地區閩南文化的基本內涵，是文化認同、民族認同的最明顯的表現，學習閩南語可以幫助大陸更多的瞭解臺灣的文化，通過閩南語的學習，更可以塑造對於閩南文化的共同記憶。所以，善待閩南語的運用，其實是變相的保存閩南文化。

　　根據行政院 2020 年的統計數據，臺灣地區漢人為最大族群，約占總人口 97%，而 16 族的臺灣原住民族約占 2%，另外 1%包括來自中國

---

[13] 蘇歆彥，台語正潮？流行文化領頭後，台語能走向正常化嗎？報導者，2020.11.18，https://www.twreporter.org/a/taiwanese-popular-trend-possibility

[14] 葉高華，臺灣民眾的家庭語言選擇，臺灣：《臺灣社會學刊》第 62 期，2017.12，p59-111。

大陸的少數民族、大陸港澳配偶及外籍配偶。而在漢人族群中，閩南人約占 77%，客家人和外省人各約 10%。可知臺灣早期的移民大多是來自漳州、泉州，因爲商貿活動和軍事活動的影響形成大量的移民，並將閩南語傳到臺灣，只不過因政治因素讓臺灣閩南語在原有的基礎之上不斷的繼承和發展，形成了現在的全新地域方言：由閩南語轉化成臺灣閩南語。但，即便臺灣閩南語，從文化同源或者接近性角度來看，仍屬於閩南文化的一種傳播形式。這點更可從本次研究結果中顯示出臺灣民眾對閩南文化裡的閩南語認同感不低。如果將會說閩南語認定是某種「身分認同的形塑」，一個在地的臺灣閩南人，若不會用閩南語溝通與交流，肯定是不行的。

不過，要促進閩南語與閩南文化認同，政府政策的合理化還是仍嫌不足，畢竟臺灣目前在實現多元語種、還我母語等政策方面，尚未成功。此外，鄰近效應因素影響，其居住地的國語盛行率愈高，人們愈傾向說國語；相對地，居住地的閩南語盛行率愈高，人們愈傾向說閩南語。因此，除必須多加培育本土語言師資，並在教育制度上增加更為專業和完整的本土語言教育，進一步把本土語言納入國家升學考試（如愛爾蘭），逐步完成本土語言教語的完整性。另外，在心態上，不管是國語、閩南語、客家語、原住民語或者新移民的語言，都要正視彼此存在於臺灣這塊土地的事實，並且必須協助保護、保存。最後，在推廣上，若能搭配年輕人想法與新媒體宣傳方式、管道進行推廣，想透過閩南語去推動閩南文化認同之路，就比較會事半功倍。

附件：「臺灣地區民眾使用閩南語（臺語）與認同現況」問卷內容

壹、受訪者基本資料

一、性別：□男 □女

二、年齡

三、受教育程度

四、職業分布

五、族群身分

1. 父親族群身分：□外省族群 □閩南族群 □客語族群 □原住民
   □新移民 □其他

2. 母親族群身分：□外省族群 □閩南族群 □客語族群 □原住民
   □新移民 □其他

3. 您的族群身分：□外省族群 □閩南族群 □客語族群 □原住民
   □新移民 □其他

貳、閩南語（臺語）言使用情況

一、第一習得語言（最先學會的語言）：□國語 □臺語 □客語 □原
   住民 □新移民語 □其他:

二、能用哪些語言（話）與人交談？（可選多項）□國語 □閩南話
   （臺語） □客家話 □原住民語 □英語 □其他

三、在日常活動中最常說哪種語言（話）？（可選多項）□國語 □閩
   南話（臺語） □客家話 □原住民語 □英語 □其他 □不知道／
   很難說

四、在工作時最常說哪種語言（話）？（只調查在職者，可選多項）
   □國語 □閩南話（臺語） □客家話 □原住民語 □英語 □其他
   □無此情況（非在職人士）

五、在學校時最常說哪種語言（話）？（只調查在校學生，可選多
   項）□國語 □閩南話（臺語） □客家話 □原住民語 □英語

□其他 □無此情況（非在校學生）

三、閩南語（臺語）在臺灣社會運用情形

1. 平時收聽閩南話（臺語）的電臺節目嗎？□是 □否 □無此情況
（不收聽電臺廣播）

2. 平時收看閩南話（臺語）的電視節目嗎？□是 □否 □無此情況
（不看電視）

3. 喜歡看閩南話（臺語）節目嗎？□非常喜歡 □喜歡 □一般 □不太
喜歡 □非常不喜歡 □ 不知道／很難說

參、 受訪者閩南語（臺語)能力：

一、 覺得自己閩南話（臺語）程度怎麼樣？□能熟練使用 □基本能交
談 □能聽懂，但不太會說 □聽不懂，也不會說 □其他：會說一
點／會聽一點 □不知道／很難說

二、 主要是通過哪種途徑學習閩南話（臺語）？（可選多項）□家裡
人的影響 □學校學習 □培訓班學習 □看電視聽廣播 □網路學
習 □社會交往 □其他途徑 □不知道／很難說 □無此情況（從
無學閩南話）

三、 學習閩南話（臺語）的主要原因是什麼（可選多項）□工作、業
務需要 □為了同更多的人交往 □學校要求 □臺灣人應該說閩南
話 □閩南話好聽 □以往曾在大陸的閩南方言區旅遊、居住 □家
人母語是閩南話／要與家人溝通 □接觸說閩南話的人越來越多
□有需要使用／溝通 □方便唱歌／聽歌 □不知道／很難說 □興
趣 □無此情況（從無學閩南話）

四、 願意使用閩南話（臺語）與人交流嗎？□非常願意 □願意 □一
般 □不太願意 □非常不願意 □不知道／很難說 □不會講閩南
話

五、 現在的工作需要具備哪種語言能力呢？（只調查在職者，可選多

項）□國語 □閩南話（臺語） □客家話 □原住民語 □英語
□不知道／很難說

六、 希望你的閩南話達到什麼程度？□能流利準確地使用 □能熟練使
用 □能進行一般交際 □沒什麼要求 □不知道／很難說

七、 認為臺灣語言使用是國語優先、閩南話（臺語）優先，還是二者
並列？□國語優先 □閩南話（臺語）優先 □二者並列 □不知道
／很難說

八、 按照對臺灣社會交往的重要程度給語言排序。（選項為：第一、
第二、第三、第四）國語【 】、閩南話（臺語）【 】、英語
【 】、客家話【 】不知道／很難說 【 】

第二節　從文化接近性詮釋臺灣青少年對閩南文化認同現況調查[15]

壹、前提：政治無法阻隔文化接近

　　從西元 1949 年新中國成立，到 1987 年 11 月蔣經國先生開放兩岸探親迄今，兩岸在政治實質上已分治六十年以上。雖然在臺灣解嚴、開放大陸探親到馬英九執政期間，兩岸交流曾經漸趨頻繁，由此作為兩岸和平交流的開端，取而代之的是和平往來。甚至在 2010 年時，兩岸達成一定共識並簽署 ECFA，除規範兩岸經貿事項之外，並在兩岸文化及文創產業擴大合作，深化兩岸文化交流。不過，兩岸互動與交流仍存在部分政治阻礙，尤其在民進黨政府執政時期：陳水扁與蔡英文政府的政策轉彎，以及自 2020 年迄今新冠肺炎疫情阻斷兩岸交流。不過，陳水扁政府雖然以統合論作為兩岸關係的基調，除政治關係稍微緊張，但民間文化交流、經貿往來卻是逐漸增加，兩岸軟性交流從未斷過，經貿往來甚而更加密切。但現任的蔡英文政府在不支持「一國兩制」前提下，採取不應將生產據點與市場過度依賴大陸市場、堅實美臺關係、推動南向政策，並堅持臺灣應有自己的生活方式與制度價值；加上新冠肺炎肆虐等原因，讓兩岸不僅在政治經濟上漸行漸遠，連文化交流幾乎中斷。

　　不可否認的是，雖將近四十年未曾有過民間的交流，兩岸民眾形成心理與實際的文化隔閡在所難免，但臺灣方面的生活習慣等，仍是承自中國大陸，亦可算在廣義的中華文化範疇之內，故在兩岸交流中，同時

---

[15] 本文章 2020 年度福建省高校以馬克思主義為指導的哲學社會科學學科基礎理研究項目（項目編號：JSZM2020039，經費專案：5 萬），兩岸閩南文化交流對臺灣青年文化認同的影響研究

帶有一般的文化間交流（閩南）與跨不同文化（閩臺）的交流特色。就
區域而言，包括廈、漳、泉、臺灣與海外地區以閩南方言為主的，都可
以稱之為閩南文化圈。它既是中國傳統文化重要組成部分，更富有鮮明
的區域文化特色。閩南文化可說是一種特殊文化形成的標誌，其中包
括：獨特的語言、獨特的風俗與共同的信仰。閩南文化具有上承下傳的
雙重傳播性特徵，即主體文化由中原傳播而來，融合土著文化形成富有
地方特色的閩南文化，爾後又通過移民臺灣傳播到臺灣及通過移居國外
的華僑華人傳播到國外[16]。在施懿琳《閩南文化概論》所述，兩岸關係
發展研究以文化交流、族系語言及宗族聚落背景狀況，及文學、戲劇、
教育、宗教信仰、風俗習慣、飲食文化、工藝技術及建築特色等等，這
更說明臺灣與大陸地區互動及流通具體。[17]如潘峰《兩岸同根同源的文
化展演研究：以臺灣民俗村和閩南緣博物館為例》一書，書中指出臺灣
的「閩南文化」與大陸地區的「閩南文化」可能就本質來說，在文化同
源沒有顯著的差異。

　　良好文化互動，有助於兩個群體破除因相互不瞭解所導致的可能誤
會，不過，若可透過文化接觸與大量社會交流，會讓雙方降低彼此歧
視、誤解。同上道理，兩岸人民若可不斷地交流與接觸，同樣可建立起
兩岸人民間的正常友誼關係，尤其在兩岸的閩南人與閩南文化，更是最
為相通，雖然因時間及時代演變，可能使得兩岸間的閩南文化出現了不
一樣的發展；但就生活上、宗教上，甚至在語言上的相通，是不容易斷
裂的，在兩岸閩南人骨子裡的傳統思想中，對於部分閩南傳統文化是不
可抹滅的。關於這點，楊毅周曾提出要儘快建立兩岸文化合作機制，推

---

[16] 簡銘翔、陳建安，〈探索兩岸發展新方法：體驗學習共同保存閩南文化〉《發展前瞻學
　　報》，2019 年 9 月，第 25 期，頁 72。

[17] 施懿琳主編，《閩南文化概論》，（臺北：五南圖書出版股份有限公司，2013 年 09
　　月），頁 3。

動兩岸文化共同體的構建，保證兩岸文化交流可持續的進行[18]。李詮林則認為要借助文化產業等有效的文化影響手段來增強臺灣民眾的中華文化認同感[19]；劉相平更是提到，兩岸應該努力尋求傳統文化核心價值的對接，在對外推廣中國傳統文化的過程中，聯手合作，擴大共識。[20]簡言之，善用兩岸閩南人的文化接近性，突破因兩岸政治分歧乃至於彼此敵視的觀感，畢竟這些錯誤的觀感在某些程度上，源自於臺灣地區綠營政府操弄和媒體的渲染炒作，導致有些臺灣民眾仇視大陸，但卻從未試著去瞭解大陸的實際狀況和兩岸的歷史淵源連結，甚至於完全忽略許多被冠上「臺灣」字樣或定位為臺灣特色的文化元素，其實擺脫不掉它們的閩南根源。

綜上所言，文化交流對於兩岸的和平發展、穩定互動等，增加互利的利基，具有相當幫助。臺灣社會因政治的因素，使本應追根溯源的文化互動、探尋交流等活動，卻逐漸與大陸漸行漸遠，甚至發展出與史不符的文化認同，這可說是一種偏見。若欲消弭上述所說偏見的影響，則須從強化文化交流及互動方面著手；無有文化，則無身分認同，價值混亂之下的認同容易被他者價值填充，反而稱了某些有心人士的如意算盤。因此，為確認臺灣地區當下對閩南文化認同的現狀，主要針對臺灣閩南人後代，以在臺灣地區土生土長的閩二代、閩三代青少年們，是否仍對於閩南文化有充份瞭解、對閩南文化是否仍保有喜好、甚至如同父輩般認同閩南文化與否等？亦如上述所言，是否正因兩岸閩南人所保存的相同文化接近性，讓文化認同似乎突破政治與其他因素的阻隔。本研究透過定量的網路問卷調查方式，期待透過數據搜集並加以描繪當下臺

---

[18] 楊毅周。深化兩岸文化交流 促進兩岸和平發展[J]。臺聲，2007（6）。

[19] 李詮林。文化產業:兩岸關係和平發展的助推器[J]。福建行政學院學報，2013（1）：8-14。

[20] 劉相平。兩岸認同之基本要素及達成路徑探析[J]。臺灣研究，2011（1）。

灣青少年對閩南文化的喜好與認同程度。

貳、理論：文化接近應有助文化認同

文化是人類活動且成為彼此之間共同符號的某種符號化結構，其中包含文字、聲調、圖騰、語言，乃至於文學、繪畫等，皆可包含在文化的範疇當中。另一方面，文化同時指涉了同一歷史時期的遺蹟與遺物的綜合體，同樣的工具、用具、製造技術等是同一種文化的特徵，自然的、自願的文化交流，並非文化殖民或侵略。在此定義下，可將文化功能和成效概括如後：文化可促進瞭解彼此的文化，乃至尊重彼此的文化，包括相同與不同部分；吸收、學習對方優良或實用的文化，同時檢討、改進不良或不合時宜的文化；促進彼此文化融合與文化發展，發展出豐富、燦爛、多彩多姿的多元文化。

從區域來說，臺灣地區移民從歷史記錄得知，大多從閩南地區移入，因此在生活、風俗習慣與民間信仰等，相當程度受到閩南文化影響；換言之，閩南文化在臺灣地區幾乎無處不在，包括閩南語言、生活習俗、宗教信仰等。雖然，兩岸部分交流活動仍存在政治目的，不能排除的是，兩岸閩南文化的接近性，仍是有機會讓兩岸文化交流爆發出瞬間火花的最主要因素。從部分歐美與臺灣地區相關學術研究結果指出，透過多數社會接觸與交流，會讓接觸雙方降低彼此歧視；同理可證，若可以讓兩岸人民在相似的文化場域下，不斷地交流與接觸，應可以再度建立兩岸人民間的友誼關係。所以，文化接近性（cultural proximity）無疑是最符合兩岸閩南文化現況，也是兩岸閩南人交流互動最大動因，更是未來增進兩岸人民心理距離的關鍵概念。

再以閩南語方言為例，族群生活方式從某種意義上來說就是族群的文化。遷移中的華人社會內部以方言作為寬泛的紐帶，意味著共同或鄰

近的家鄉。為穩固遷移族群的內部聯繫，加上崇鄉重祖的文化傳統，海外閩南人會以地緣、宗親等聯繫組成宗親和鄉親團，還原祖地群體生活記憶，進而追求穩定和持續的群體生活，而其中最有效果的是雙方溝通所使用的方言：閩南語。閩南方言伴隨閩南族群遷移海外積澱了歷時和現時、個體與群體的豐厚養分，從中挖掘穩固海外閩南族群身分認同和文化認同的財富，這對臺灣地區的閩南人來說，就是種最明顯的文化接近與認同。這種更接近且夯實的閩南方言認同，對海外閩南人與閩南文化的延續以及保持語言多樣性都具有積極的作用[21]。

換言之，臺灣既有的傳統文化乃中原文化經由福建傳播和延伸而來，閩臺文化代代傳承，迄今仍相同或相近，而形成了閩臺文化共同體，就是具有高度的文化接近性。若歷史文化同源的提醒，有助於提高臺灣民眾的「閩南人認同」，如何善用並推進和加強閩臺文化交流，無疑是克服兩岸現今障礙的最有效的途徑方式之一。以「文化接近性」（cultural proximity）當成兩岸閩南文化交流的理論基礎，是將美國學者斯特勞哈爾（Joseph D. Straubhaar）1991 年所發表〈超越媒介帝國主義：不對稱交互依賴與文化接近性〉的學術論文中的文化接近性，將其在傳播研究領域的運用，特別以跨國文化相關研究為主，轉換成閩臺之間文化交流發展的重要依據。

人是情感的動物，有情就有感。情，是先天的文化接近性；感，是後天的文化體驗。透過文化接近性的交流活動，利用文化資源善盡文化體驗，最後形成文化認同。交流是文化發展的題中應有之義，文化是被動的，文化只有透過人的交流，才能激發其富有生命力的豐富內涵，才能展現其獨特的魅力、力量和影響力。在閩臺關係發展的系統結構中，

---

[21] 王曦。族群認同視域下閩南方言的跨境傳播[J]。湖南科技大學學報：社會科學版，2020，23（5）：6。

文化接近性應該是文化交流中，居於最重要的地位；透過文化接近性的交流，才有感情交融，才有親情的昇華，才有文化的認同。文化是一個民族產生和發展最穩定的因素，也是最重要的凝聚力。如何「以文化人」對人們產生認同作用，正是文化的積極功能之一。

文化認同是人們對社會上存在的文化模式的接受、認可和實踐，人們根據文化認同構建自身的思想認識、價值觀念和理想信念，根據共同的思想認識、價值觀念和理想信念相互承認、相互合作進而結成群體以及確認群體之外的「他者」。在現實實踐中，是什麼造成了人們的文化認同？是共同的生活決定了人們的文化認同。共同的生活決定了人們共同的利益、共同的政治制度、共同的理想追求，而共同的利益、共同的政治制度、共同的理想追求又決定了人們的共同思想、價值和理想。總之，共同的活動造就人們共同的命運，決定了人們的文化認同[22]。文化認同應該要先從聽過到知道、要從喜歡到認同，而閩臺之間的文化接近性，是否容易讓臺灣地區的閩二代、閩三代，仍對閩南文化保持正面態度呢？正是本文最想瞭解的問題核心。

文化交流是軟性的、互相理解的，甚為一種雙向且隱性的訊息交流。有鑑於兩岸受政治力影響而緊張情勢有所升高的情況下，文化接近性是否能夠依舊協助兩岸閩南人願意為保存兩岸共用之傳統文化而努力呢？這種文化喜好或認同，是否也會因祖父輩傳承，或親赴大陸交流體驗而反映在臺灣青少年的心中，甚至留下認同感受與理解態度，亦是本文研究的重點。不管是閩南文化，還是更大範疇的中華文化，海峽兩岸本就是共用文化記憶，在歷史和文化敘事中存在巨大交集，尤其在基於閩南地方文化傳統的兩岸敘事中，有著文化接近的明顯優勢。如果兩岸閩南人無法講述共同的歷史故事，不能分享共同的文化記憶，那麼兩岸

---

[22] 钟星星。現代文化認同問題研究[D]。中共中央黨校。頁 55。

之間的文化連結和情感紐帶勢必被割斷，兩岸同胞或許只能淪落為「最熟悉的陌生人」[23]

參、調查：臺灣青少年對閩南文化的認同現況

本調查主要是 2020 年度福建省高校以馬克思主義為指導的哲學社會科學學科基礎理研究專案〈兩岸閩南文化交流對臺灣青年文化認同的影響研究〉的前期研究，針對〈臺灣地區青少年對閩南文化的認同現狀〉進行線上問卷調查。Google 線上調查可直接在行動或網路瀏覽器進行，無需額外安裝特殊軟體。利用網路線上調查的原因在於臺灣有超過 95.8%[24]以上的民眾，幾乎都使用移動手機進行行動上網，或透過公共 WiFi 使用網路服務。進一步來說，臺灣民眾超過 9 成以上都是線民，透過網路問卷調查法時，並無太多不適性。本次調查期間是從 2021 年 1 月 9 日開始到 24 月 10 日結束，為期共三個月。本次問卷調查內容主要針對臺灣地區的青少年[25]，針對這些受訪者在閩南文化的知悉（聽過）、知道（清楚）、認知（理解）與情緒態度（喜歡）等四大面向，以及哪些因素、管道會影響他們對閩南文化的認同進行調查分析。

知悉（聽過），是指聽過閩南文化；知道（清楚），是指知道哪些屬於閩南文化？而認同則是本身不僅聽過，且清楚、理解哪些是閩南文化，更發自內心喜歡。當然，也針對哪些因素會導致臺灣地區的青少年們不知道、不理解，或者不認同閩南文化的受訪者進行圖像描繪。知

---

[23] 王強。海峽兩岸閩南文化「敘事共同體」的建構[J]。閩南師範大學學報：哲學社會科學版，2020，34（4）：6。

[24] 財團法人臺灣網路資訊中心，2019 年臺灣網路調查報告，https://www.twnic.tw/doc/twrp/201912e.pdf,2019.11

[25] 本次研究調查物件是指 13 歲以上，45 歲以下的臺灣地區少年與青年。

悉、理解與認同較偏向理性選擇；另，在本分問卷也針對偏向喜歡與否的情緒選項，以期待將兩種結果加以比較。這次調查是為期三個月的線上隨機調查，共 2,568 位受訪者填寫問卷，經整理後僅有 1,333 位屬於有效問卷[26]；排除超過 45 歲以上的有效問卷，僅剩下 810 位的有效問卷。這 810 位有效受訪者人口基本資料圖像如下表一，其中認定自己本身屬於閩南族群的占有效受訪者 78%，這個數字與臺灣地區「行政院」官方網頁公布的數據相去不遠。

表一：有效受訪者基本資料

年齡	男	女	職業	男	女
13-15 歲	13	11	一般商業	53	65
16-20 歲	23	80	工廠製造	13	6
21-25 歲	46	84	公家機關	8	7
26-30 歲	40	73	生技產業	2	1
31-35 歲	46	62	交通運輸	5	1
36-40 歲	55	77	事務人員	0	3
41-45 歲	92	108	服務仲介	7	30
合計	315	495	法律諮詢	1	0
教育程度	男	女	社工社福	2	8
國中	15	9	金融保險	12	21
高中職	23	26	建築營造	9	3
大學（專）	164	304	退休待業	11	15
碩士	82	134	教育文化	56	120
合計	284	473	飯店旅宿	2	1
族群	男	女	資訊科技	11	3
閩南人	238	398	農林漁牧	5	1
臺灣本地	11	9	管理人員	26	8
客家人	35	45	學生	67	165
外省外省後代	12	14	醫事護理	3	13

---

[26] 有效問卷是必須要將整份問卷填寫完畢。

原住民	2	6	藝術傳媒	17	22
閩客人	1	10	員警軍人	5	2
閩外省	1	3	合計	315	495
客外人	1	2	區域	男	女
閩原住民	1	1	北部	192	284
新移民	11	7	中部	69	124
不知道	2	0	南部	39	68
合計	315	495	東部	12	19
			離島	3	0
			合計	315	495

　　在知悉（或聽過）閩南文化部分，超過 95%的受訪者均有知悉（或聽過）閩南文化，沒有聽過的受訪者當中，並沒有性別、年齡的差異，但在不同族群確有明顯差異，其中臺灣原住民（12.5%）、新移民（16.7%）的受訪者是沒有聽過閩南文化的。至於，是否知道（清楚）什麼是閩南文化，卻僅有約 73%受訪者知道（或清楚）什麼才是閩南文化？同樣地，不知道（或不清楚）什麼是閩南文化的，同樣並無年齡、性別差異，但相比不同族群間是否存在差異，閩南族群不知道（或不清楚）比例相對較少，僅 26%；同屬於鄰近閩南區域的客家人，也僅有 31.3%；其餘像原住民（37.5%）、新移民（33.3%）與外省人（或外省人二代、三代）（34.6%）確實更不知道（不清楚）何謂閩南文化？見表二說明。

　　在知道（清楚）何謂閩南文化中，閩南語言（99.2%）、閩南民間信仰（91.7%）是大部分的臺灣民眾所聽過且清楚的閩南文化；閩南式生活（85.5%）、風俗（84.8%）與閩南式建築（84.5%）也是大多數臺灣民眾對閩南文化的印象；不過，唯一屬於同源同種最直接證據的祖先來自於閩南地區，卻僅占 68.1%。若進一步追問上述最可以代表閩南文化的是哪一項？結果仍然顯示閩南語言（93.8%）最能

代表閩南文化，其次是閩南風俗（91.6%）、民間信仰（85.1%）、閩南建築（84.0%）、閩南生活（79.2%），最後仍是以祖先來自於閩南地區，僅有60%，詳見圖一、圖二說明。

表二：受訪者知悉與知道閩南文化族群對比表

	閩南人	客家人	原住民	新移民	外省人	不知道	小計
聽過閩南文化	640	79	7	15	24	2	767
沒聽過閩南文化	33	4	1	3	2	0	43
小計	673	83	8	18	26	2	810
聽過百分比	95.1%	95.2%	87.5%	83.3%	92.3%	100.0%	
沒聽過百分比	4.9%	4.8%	12.5%	16.7%	7.7%	0.0%	
知道閩南文化	498	57	5	12	17	1	590
不知道閩南文化	175	26	3	6	9	1	220
小計	673	83	8	18	26	2	810
知道百分比	74.0%	68.7%	62.5%	66.7%	65.4%	50.0%	
不知道百分比	26.0%	31.3%	37.5%	33.3%	34.6%	50.0%	

圖一：知道哪些是屬於閩南文化？ 圖二：哪一項最能代表閩南文化？
（多選題）

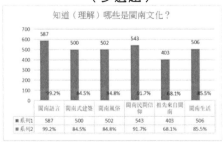

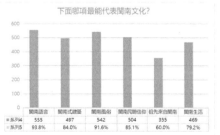

若從喜歡詢問臺灣青少年是否喜歡閩南文化？不牽涉是否知道（清楚）何謂是閩南文化下，發現非常喜歡與喜歡閩南文化的受訪者比例約

60%，若加上「一般」（指態度傾向中間偏喜歡），結果與聽過閩南文化的受訪者比例相同是超過 95％是喜歡閩南文化的；這個結果與性別、年齡層與教育程度無明顯相關。不過，當詢問喜歡閩南文化的原因時發現，不論男、女大都是「閩南文化已經融入日常生活」（74%）、「是祖輩傳下來的文化已遺產」（62.7%）與「在臺灣隨處可見閩南文化」（49%），其中僅 8.5%的臺灣青少年是因為曾經來過大陸的體驗交流經驗，請詳見圖三。再者，從知道（理解）何謂閩南文化的大部分受訪者中分析他們透過何種管道理解？發現「從父母或長輩口中得知」（80.1%）、「學校教育與書本上得知」（71.8%）與「從媒體或新聞報導得知」（52.4%），是主要的三大管道。另外，「與大陸有過交流」（24.2%）以及「與大陸親戚仍有往來」（4.1%）兩項結果加總發現，透過面對面的體驗交流影響產生的比例，不到受訪者的 1/3 強，請詳見圖四。

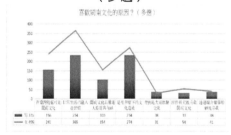

圖三：喜歡閩南文化的原因？（多選）

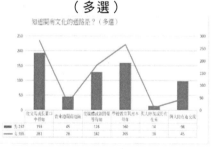

圖四：從那裡知道閩南文化？（多選）

在最後一部份認同閩南文化的選項裡，約 71.4%受訪者明確表示認同閩南文化（其中包含：非常認同、很認同與一般認同），該結果不分年齡、性別與教育程度。若詢問為何認同閩南文化的原因，其中日常中已經習慣有閩南文化（66%）、在臺灣隨處可見閩南文化（61%）與是祖輩父母留下的文化遺產（59%）是前三項因素。而閩南文化具備迷人

特質（34%）以及曾經來過大陸與閩南文化有過交流（23%）則是分屬
第四、第五主要因素，請見圖五。其中 28.6%的受訪者卻是不認同閩南
文化，詢問其不認同原因發現，不清楚閩南文化真正特質（45%）是主
要原因，而不分性別、年齡。但第二主要原因卻是認為閩南文化似乎有
政治意圖（36%），而且男性（41.6%）認為政治意圖的比例高過於女
性（32.9%），這結果對比另三個選項結果有明顯的差異，請見表三。

圖五：認同閩南文化的原因？（多選）

認同閩南文化的原因？（多選）

- 媒介報導瞭解後認同 8%
- 因曾研究後認同 8%
- 曾到大陸與閩南文化有交流 23%
- 祖輩父母留下的文化遺產 59%
- 具備迷人特質與內涵 34%
- 在臺灣隨處可見閩南文化 61%
- 日常生活中已習慣閩南文化 66%

表三：男女不認同閩南文化因素對比表

	男	女	小計
選項：不認同閩南文化統計結果	89	143	232
	38.4%	61.6%	100%
閩南文化似乎有政治意圖	37	47	84
	41.6%	32.9%	36%
沒有閩南文化，只有臺灣文化	13	21	34
	14.6%	14.7%	15%
不清楚閩南文化真正特質	36	68	104
	40.4%	47.6%	45%
閩南人意識形態很重	3	7	10
	3.4%	4.9%	4%

肆、結論：文化接近性與體驗交流可促進認同

　　本文希望從文化接近性說明臺灣青少年對閩南文化認同現況，透過網路問卷調查佐證文化接近性對於文化認同的影響。從文化接近性加以詮釋是基於每個人對不同資訊來源，都會有選擇性感知（selective perception）。從心理學視角來說：「每個人選擇、組織與解釋外在感官刺激，並賦予外在世界某種意義的複雜過程，就是種感知」。感知是很主動、理性的，這過程涉及學習、更新觀點，並與所觀察的現象互動，其中還包括推論過程。影響這個感知過程仍包括每個人的預存立場、文化背景、當下動機、情緒反應與態度等五種因素。[27]如上述可知，選擇性感知是種理性行為，這個選擇行為包括選擇性暴露（知悉或聽過）、選擇性理解（知道或清楚）與最後選擇性記憶（認知或認同）；當然，在任何選擇決策過程，仍包括情緒或態度（喜歡與否）。所以，在問卷選項中，包含知悉、知道、喜歡與認同等四大部分。

　　在本次調查中發現，95%的臺灣青少年知悉（聽過）閩南文化，但僅有73%臺灣青少年知道（清楚）何謂閩南文化；將這兩項結果分別與性別、年齡與族群進行交叉分析後，發現其中性別、年齡與知悉（聽過）、知道（清楚）並無相關，但在族群上明顯發現閩南人相較於臺灣原住民、新移民或者外省第二代、第三代的族群，明顯對於閩南文化更清楚、瞭解。那些影響是否知道（清楚）哪些屬於閩南文化內容中，受眾選擇最少的「祖先來自於閩南地區」選項，也有約 68.1%的受訪者選擇；若再繼續詢問，那項內容更能代表閩南文化呢？「祖先來自於閩南地區」，仍有60%受訪者選擇。這項結果很大幅度證明臺灣地區的閩南文化仍有超過六成以上是來自於同源同種的大陸閩南文化。

---

27 鐘建安。探索心理的奧秘：心理學及應用[M]。浙江大學出版社，2009。

　　若不涉及是否知道（清楚）何謂閩南文化，發現非常喜歡與喜歡閩南文化的受訪者約占 60%，這個結果與喜歡閩南文化原因相比後發現，不論男、女性別與年齡，喜歡原因來自「閩南文化已經融入日常生活」（74%），以及「是祖輩傳下來的文化遺產」（62.7%）與「在臺灣隨處可見閩南文化」（49%）等三個因素有相當程度關連。這群喜歡閩南文化的臺灣青少年是從哪種管道知道閩南文化呢？發現「從父母或長輩口中得知」（80.1%）是受訪者最主要管道，更是證明受訪者們的文化背景依舊是最主要影響臺灣青少年的感知與喜好。

　　此外，約七成受訪者明確表示認同閩南文化，其認同原因在於日常中已經習慣有閩南文化（66%）、在臺灣隨處可見閩南文化（61%）與是祖輩父母留下的文化遺產（59%）等前三項主要因素。這直接說明目前臺灣閩南文化的文化認同，一方面來自「祖輩父母留下的文化遺產」的直接證據外，另一方面長期受到兩岸傳統閩南文化的接近性，也間接讓臺灣在日常生活與各項閩南特色、風俗習慣等，不僅讓臺灣青少年知道、理解、喜歡，進一步在潛移默化下認同閩南文化的另一種原因。總體來說，不管臺灣或大陸的閩南文化，閩南文化的同源同種背景，目前仍是造成文化認同的主因，但仍受到族群因素影響；至於，因兩岸閩南文化的文化接近性間接造成的認同，是另一種在文化傳播下的社會心理與文化背景的接收與認同。

　　不過，約 28.6%的受訪者是不認同閩南文化，這個比例與族群分布有關。臺灣閩南人數占全體人口七成，這七成的臺灣閩南人，因祖輩的文化傳承與口耳相傳，以及身處在到處都有閩南文化特色的各種生活場景中，確實有約六成以上的閩南人認同閩南文化，但仍有約 10%的閩南人後代，對閩南文化采保留態度。所以，這 28.6%的不認同閩南文化有其自然背景存在。若詢問不認同受訪者原因發現，不清楚閩南文化真正

特質（45%）是主要原因，但第二主要原因卻是認為閩南文化似乎有政治意圖（36%），其中男性（占 41.6%）認為閩南文化有政治意圖的比例高過於女性（32.9%）。值得注意的另一個因素，「沒有閩南文化，只有臺灣文化」的比例，僅占整體受訪者的 4%不到，這代表了閩南文化還是兩岸除政治經濟外的最大公約數。

　　最後，從研究結果中發現，兩岸在閩南文化認同上仍須強化的是體驗交流，唯有體驗交流才能有機會達到以文化人的目標。在是否喜歡閩南文化中，僅 8.5%是因曾經來過大陸的體驗交流經驗喜歡上閩南文化；至於是否知道（理解）什麼是閩南文化的受訪者，「與大陸有過交流」或「與大陸親戚仍有往來」所占比例過低。這兩項結果都證明兩岸近幾年來，除了政治與疫情因素外，交流似乎有所中斷，兩岸閩南文化的連結，仍僅靠著文化傳承與文化接近性的支撐，而這樣的支撐又被時間慢慢的抹除。所以，如何強化面對面體驗接觸交流，應是未來兩岸閩南文化在文化傳承與文化接近性的大背景上，以接觸體驗達到以文化人，最終實踐兩岸一家親的終南捷徑。

國家圖書館出版品預行編目（CIP）資料

文化傳播實證與應用/陳建安著. -- 初版. -- 臺
北市：元華文創股份有限公司，2023.03
　　面；公分

　　ISBN 978-957-711-293-4(平裝)

　　1.CST: 文化傳播

541.34　　　　　　　　　　　　　111020634

文化傳播實證與應用

陳建安　著

發 行 人：賴洋助
出 版 者：元華文創股份有限公司
聯絡地址：100 臺北市中正區重慶南路二段 51 號 5 樓
公司地址：新竹縣竹北市台元一街 8 號 5 樓之 7
電　　話：(02) 2351-1607　　傳　　真：(02) 2351-1549
網　　址：www.eculture.com.tw
E - m a i l：service@eculture.com.tw
主　　編：李欣芳
責任編輯：立欣
行銷業務：林宜葶
出版年月：2023 年 03 月 初版
定　　價：新臺幣 400 元

ISBN：978-957-711-293-4 (平裝)

總經銷：聯合發行股份有限公司
地　址：231 新北市新店區寶橋路 235 巷 6 弄 6 號 4F
電 話：(02)2917-8022　　傳　真：(02)2915-6275